# 數字公民

如何打造你的識數世界觀，輕鬆成為現代公民！

安德魯·C·A·艾略特 **ANDREW C. A. ELLIOTT** 唐澄暐│譯

# IS THAT A BIG NUMBER?

當你可以把你說的測量出來，並以數字表達的時候，你就多少瞭解了它。—— **克爾文勳爵** Lord Kelvin

# 大數字讓你困惑嗎？

世界上有 76 億人。

*那是個大數字嗎？*

40 億前年地球首度出現生命。

*那是個大數字嗎？*

野生牛羚有 155 萬頭。

*那是個大數字嗎？*

美國海軍一艘超級航空母艦造價 104 億美元。

*那是個大數字嗎？*

跳高選手能跳過 2.4 公尺高。

*那是個大數字嗎？*

給我的兒子，班（Ben）和亞力克斯（Alex）

# 目錄

## 中場休息 到了回顧思考的時候

## 第三部 科學的數字

## 第四部 公共生活的數字

# 引言
## 數字說了算

沒有數字，我們什麼都不能瞭解，什麼都不能認識。

——菲洛勞斯（Philolaus）[1]

1　譯注：古希臘畢達哥拉斯學派哲學家之一。曾提倡地球非宇宙中心說。

---

**下列哪個數字最大？**

☐ （2016 年為止）生產的波音 747 架數

☐ 福克蘭群島人口

☐ 一茶匙裡的砂糖顆粒數

☐ （2015 年時）環繞地球的人造衛星數

---

　　本書每個主要章節的開頭，都有上述這種小測驗。解答在本書末尾。

## 引言

　　公元前 200 年左右，埃拉托斯特尼（Eratosthenes）計算了地球的大小。他身兼數學家、地理學家和圖書管理者，是著名亞歷山大圖書館的第三任館長。他知道在相隔約八百四十公里的亞斯文那地，到了夏至當天正午時分，太陽會在頭頂正上方。

同一時間，埃拉托斯特尼在亞歷山大港測量了太陽和天頂的角度差距；他量出的角度接近圓的 1/50，然後運用了一點幾何學（畢竟這個詞〔在希臘文中〕的意思就是「測量土地」），計算出地球的周長。他的解答正確到和實際值相差不到 15%。

將近十七個世紀後，哥倫布出航橫越大西洋時，他卻忽視了埃拉托斯特尼的計算，反而仰賴一張托斯卡內利（Toscanelli）繪製的地圖；此人來自佛羅倫斯，也是一位數學家兼地理學家。托斯卡內利曾與馬可波羅之後第一位從遠東返回的義大利商人尼科洛·康提（Niccolo Conti）見面，並把康提的第一手記事，加入自己研究獲得的知識裡。但托斯卡內利的計算弄錯了亞洲大小，最後導致哥倫布使用的是一張將地球大小低估了 25% 的地圖。當哥倫布踏上美洲時，還以為自己抵達了亞洲。其實（對歐洲人來說）那裡是一個「新世界」，而哥倫布始終不知道這點。數字很重要：數字弄錯了會差很多。

數字窮盡各種方法，給世界賦予大小和形貌，而我們會仰賴數字來讓我們的抉擇有所本。然而當數字太大時，光是想到數字的規模就會使人麻痺。

這本書不是在談那些驚人的數字資料，也不是在談令人訝異的統計結果。這整本書在談的是「盡我們所能，在無法領會的大數字荒原中尋找一條路徑」。這本書講的是為數字的地景繪製地圖、學習如何辨別出安全地帶，以及如何察覺泥濘地形。這本書是在提供地標，好確認我們的位置，並讓我們安全地走在正路上。

## 世界混亂無序

最近，我心裡反覆浮現一個畫面。那畫面是一片水域，一面巨大湖泊或是河面。水面上充滿亂七八糟的雜物，有人造廢棄

物、樹葉、種子和花粉以及油汙的虹彩輪廓。風吹過水面時混亂地掀起波浪，並出現或大或小的漩渦。水岸上有灣口和死水。

定睛在這整張水面畫布的局部，你會看到表層垃圾一下往這移、一下往那動。被風掀起的波浪帶來一種單向運動的假象，但仔細看，你就會看到樹葉和菸屁股正緩慢地往波浪的反向飄移運動，最後被渦流逮住而回到起始點。

問題就在這裡：這整面水是否有朝特定方向漂動呢？如果有的話，是往哪個方向？

最近當我試圖弄懂世上發生的事情時，就會反覆想到這個畫面。這世界似乎每天、每週、每月都有慘劇上演。難民的危險旅程，從難以言述的驚駭，逃向最樂觀也只能稱為「未知」的未來；而蠱惑民心的各路政客和極端主義者，正煽動著不滿、仇恨和暴力。

然而，我們（至少我們之中某些人）生活在一個物質奢華且充滿人生機遇的世界，那是我們的父母輩難以想像的世界。我們也知道，不僅是已開發國家的生活水準提高，大致上來看，整個世界也是如此。所以，情況是變得更好還是更糟呢？

讓觀點更客觀的一個方法，就是去拓展視野，不要近距離看一小片水面，而要盡可能爬上最高的樹，從看不到泡沫雜物細節的高處俯瞰，尋找能透露深水走向的水色變化。

若想打造一個能引領我們瞭解「什麼才真正重要」以及「什麼可以先忽略」的可靠世界觀，就一定要瞭解消息中的數字。光有識數能力並不夠，但那是必要能力。在最理想的狀態下，一個識數的世界觀是可驗證且可辯論的。它要能始終挑戰自己的固有觀念，因為不一致處很容易會自行現身。

科學家和工程師所具備的能力，就是以數字方式瞭解目標對象。這讓他們能發展出穩固而一致的模型，而他們的研究工作就奠基於這個模型上，藉由把模型應用在實際狀況中，如此反覆驗

證模型的正確性。研究結果往往立即而明顯，而這就是操作定義下的「真實」——至少是在某個觀點下世界的片面真實版本。

要打造我們自己的數字世界觀，我們倒不用像工程師那樣精通於算數和數字。對我們大多數人來說，日常識數就夠了。通常光有這個能力就足以提出正確的問題：「這比較多還是比較少？」以及「那是否達到一個大數字？」

## 數字說了算

沒有數字，我們的當代世界就永遠沒辦法出現。數字思考有根深蒂固的源頭。

第一份書寫是為了記帳所用：蘇美人會把代表運送貨物的貨幣包在一個黏土封球（bulla）內，就像是一種文件證明，一份貨單。隨著時間過去，要在這種封球外部留下代表象徵物的刻痕已經很方便，也就不需要打開封球了。又過了一段時間，顯然只要有印痕就綽綽有餘。藉由印痕留下圖像，然後圖像又簡化成符號，接著一個象形文字就出現了。同類象徵物也不需要以多個複製品來交代數量，用另一個不同符號來代表物品的量即可。

興建城市的過程，是很需要數字的。一小群採集捕獵者在最基本的算數和分享之外，對於數字的需求有限。但城市需要更複雜的計算，對建築、貿易、管理來說，數字都不可或缺。在克里特島上的克諾索斯（Knossos）遺跡中發現的黏土板，被認出是「線形文字 B」後，證明是政府的管理紀錄。行政管理始終存在，對一個井然有序的國家來說，數字至關重要。數字就是行政管理的精髓。

在書寫的初始、信史文明的初始，人們就已在使用數字了。《聖經》的頭幾節就講了個數數的故事：數算創世的日子。之後，《聖經》又詳細描述了約櫃的準確大小（還有挪亞方舟的

精確尺寸）。畢達哥拉斯派的哲學家宣稱，一切都是數字，萬物都由數字而來。一直都是數字說了算。

## 開發數感

　　我用「數感」，[2] 來指一種我們思考過程中即時出現、不需仰賴額外思考來處理、領悟數字的直覺能力。科幻作家羅伯特・海萊因（Robert Heinlein）創造了「grok」這個詞來代表「深刻且直覺地瞭解到」，很接近我在這邊的意思。

　　我們在進入學校之前，是在個位數範圍內學習「grok」數字。對大多數人來說，直覺地使用這些小數字已是根深蒂固的能力，以至於我們很少會留意到，說出「我布袋跳跑得第五名」，其實涉及了一個數字技巧。

　　剛進學校的頭幾年，我們的數字範圍一直在擴大，對於好幾百的數字都滿熟悉的；此後的整段就學時光和成年生活，我們把這範圍擴張了或許十倍，以至於絕大多數的人對於好幾千之類的數字都還有一定程度的安心感。那些研究科學的人會學習處理更大的數字，但那樣的操作技巧和對數字本身「有感」的能力，未必是一樣的。

　　當我們遇上較大的數字，尤其像遇上國家（或國際）層級的公共生活時，我們就沒那麼有把握。不論面對的是移民人數、國家預算或赤字、太空計畫的成本、公衛服務或國防預算，我們都缺乏輕易整理出脈絡的能力。這多半是因為我們無法徹底領略大數字本身的含義。

## 思考大數字的五種方法

　　本書呈現各種思考大數字的思考策略，劃分為五個主標題，

[2] 我從史丹尼斯拉斯・德海恩（Stanislas Dehaene）的絕佳好書《數感：心靈如何創造數學》（*The Number Sense: How the Mind Creates Mathematics*）借來了這個詞。

而這五個主標題都是為了要促成一個整體性的指導原則。

這個指導原則就是**交叉比對**。瞭解大數字意義的最佳方式，就是將其放入適當的脈絡當中，找到有意義的比較方式和對比特性，把大數字和其他已知的測量值連結起來。做這件事有各式各樣的方法，本書中我會呈現五種主要方法，每一種都能強化其他幾種能力，每一種都有助於打造那個由數字資料構成的網路，而該網路有助於創造一個識數的世界觀：

- **地標數字**：使用好記的數字來做立即比對或做為準繩。
- **視覺化**：利用想像力，在某種能進行思考比較的脈絡中，把數字描繪成形。
- **分而治之**：把大數字拆成小部分，並從小部分下手。
- **比率和比**：藉由將數字以某個基底為分母的比值來呈現，把數字尺寸縮小。
- **對數尺度**：處理大小規模差異極大的數字時，測量這些數字在比例上的差異，而非絕對值的差異。

每一種方法都會輪流在適當時機成為本書焦點，但也都會在全書篇幅中不時派上用場。請留意它們！

## 一切都相互連結

就跟驚悚推理劇的劇情一樣，單一線索可能很難破案。同樣地，一個孤立的數字資料可能也講不出多少情節。但當多個數字「事實」開始連結，謎團便開始變得清晰，一種真相便會浮現。為了企劃本書，我曾建立過一整批生動有趣的數字資料，並儲存在一個資料庫裡。其中任一個數字資料可能都沒什麼特別，但組合成一套之後，你就會開始看出它們彼此之間的連結，

接著就會積極地尋找其他數字。你會發現第一台印刷機的歲數，大約比第一則跨大西洋無線電報多了五倍（577 年對比 116 年）。你會發現體積的一品脫、重量的一磅和一英鎊的錢，在詞源和想法上都有所連結（然後又會連結到里拉〔lira〕和利弗爾〔livre〕，接著是黃道十二宮的星座天秤〔Libra〕）。你會看到人類人口數成長和野生動物數量減少之間的不平衡。

將一個事實連結到另一個事實，你就會開始把它們結成一張網，藉此抓住眼前的新數字資料或是主張。有了這樣的裝備後，你就更能評斷數字的價值：是寶藏還是垃圾？這些數字的絕大部分價值就藏在它們的脈絡之中，以及它們的組合和對比之間。

## 巧合的數字

這不是一份專寫孤立事實的無聊清單。IsThatABigNumber.com 這網站使用一種規則來搜羅自身的資料庫，以找出那些從隨機並列的數字中浮現的不尋常配對。

以下是一些例子：

- 倫敦聖保羅座堂（St Paul's cathedral）的高度，幾乎正好是《星際大戰》裡機器人 R2D2 身高的 100 倍。
- 阿基米德出生至今的年數，大約是達文西的 4 倍（2300 年對比 565 年）。
- 長城是天安門廣場的 10000 倍長。
- 活著的北極熊有幾隻，大英圖書館就有牠 1000 倍的藏書量。

## 觀看世界的嶄新方式

當你多知道些什麼，並能根據你所知的來替自己計算些什

麼，會帶來一種微妙而古怪的喜悅。你在這裡找到的地標數字和經驗法則，會讓你發現一種新的觀看世界以及更認識眼前所見事物的方式。書中的準則和案例會幫助你多瞭解一下（且更能清楚評斷）我們周遭世界的數字，以及這些數字的含義。但本書的大半部分就只是識數——計算和測量——的派對，以及數字深深嵌入我們對世界及生命的理解、並使得這種理解更加豐富的方式。

## 隨機列隊

你會在本書各處發現下面這種文字框。那是彼此之間碰巧有工整比例的一對對數字。配對的精確度總在 2% 以內。這些連結沒什麼特別意義存在其中（但它們的確顯示出一件事；陰謀論者要找到一個巧合並繞著它編織各種臆測，有多麼簡單）。而且，儘管這些配對的意義不比夜空中火星和木星連成一線的意義來得多，但通常會為比對所提到的數字帶來一種觀點，並協助你發展出一種數感或規模感。

---

你知道嗎？（謬誤的數字巧合）

- 經典福特野馬（classic Ford Mustang）的長度（4.64公尺）跟大白鯊（4.6公尺）差不多一樣長
- 最早的石製手斧至今度過的歲月（260萬年）是最早書寫文字證據（5200年）的500倍
- 水星的質量（3300垓公斤）是冥王星質量（（131.1垓）的25倍
- 螺旋槳飛機的最高爬升高度（29.52公里）是吉力馬札羅山（5.89公里）的5倍
- 泰晤士河的長度（386公里）是蘇伊士運河（193.3公里）的2倍
- 花拉子米（al-Khwarizmi）[3] 出生至今的歲月（1240年）是歐拉（Leonhard Euler）[4] 出生至今歲月（309年）的4倍

---

[3] 譯注：波斯數學家、天文學家及地理學家，是代數概念的創造者。

[4] 譯注：瑞士數學家、物理學家，是近代數學的先驅。

# 第一種技法：地標數字
## 迷路時，請尋找地標

　　我在南非出生，長大後搬到英國。過去我學習的英國歷史甚少，因此知道的不多。在我抵達英國幾年後，有位朋友建議我讀塞繆爾・皮普斯（Samuel Pepys）的日記。這不是我平常會閱讀的書，但我相信他的判斷，之後便欣喜地發現這本書既生動、有趣、感人，又極有助於認識皮普斯所生活的世界。因此只要一有機會，我就會把朋友的推薦再傳出去，而我現在就要這麼做：你一定要讀讀《塞繆爾・皮普斯日記》（*The Diary of Samuel Pepys*）！

　　他的第一篇日記從 1660 年的第一天開始，那年在英國歷史上非常重要：流放在外的國王查理二世（Charles II）於該年回到不列顛——史稱「王政復辟」。皮普斯在這次國王回歸的後勤工作中起了一點作用（他最後在往返於船和岸邊的小舟上負責照顧國王的狗）。

　　他寫到：

我，還有曼瑟爾先生，以及國王的一名侍者，伴隨著國王的愛犬（牠在小舟上拉屎，這讓我們笑了出來，而我認為一位國王和所有屬於他的一切就跟其他人的一樣）……

　　這是段值得紀念的文字，但先不要管國王的狗：令我糾纏

的是那個日期，1660 年。對我來說，那個日期成了**地標**。而那改變了我對歷史的理解。那些日子裡，不管我讀歷史事件或讀歷史名人的相關文字，那一個日期成為我的參照點。莎士比亞——他的一生全部在公元 1660 年之前；牛頓是那日期之前出生的，但他的生涯在其後開展；詹姆士·瓦特生於那日期之後。那一個日期履行了了不起的職責：給了我一個脈絡，來替眾多其他事件在時間中定位。

　　不只是日期如此。以下是我選出的一組組能吸引我的地標數字，它們可能也會吸引你。它們都有相似之處：它們「多少」是正確的，工整到足以被記住，也精確到足以讓你回答一個問題：那是不是一個大數字？

- 世界人口——超過 70 億且持續增加
- 英國人口——超過 6000 萬且持續增加
- 美國人口——3 億
- 中國人口——超過 13 億
- 印度人口——13 億且持續增加
- 英國國內生產毛額——2.5 至 3 兆美元[1]
- 英國國家預算——超過 1 兆美元
- 美國國內生產毛額——18 兆美元
- 美國國家預算——6 兆美元
- 床的長度[2]——2 公尺
- 足球場長度——100 公尺
- 一小時走的距離——5 公里
- 赤道的長度[3]——4 萬公里
- 珠穆朗瑪峰的高度——9 公里
- 馬里亞納海溝的深度——11 公里
- 茶匙——5 毫升；大餐匙——15 毫升

- 玻璃酒杯——125 毫升；茶杯——250 毫升
- 攝氏零下 40 度等於華氏零下 40 度（同樣溫度、同樣數字）
- 攝氏 10 度等於華氏 50 度（微冷天）
- 攝氏 40 度等於華氏 104 度（嚴重高燒）
- 一世代人——25 年
- 羅馬帝國滅亡——公元 500 年[4]
- 信史起點——5000 年前
- 現代人從非洲向外散布——5 萬年前
- 恐龍滅絕——6600 萬年前
- 塞繆爾・皮普斯開始寫日記——公元 1660 年

[4] 我在本書中使用公元前和公元，而不是西元和西元前，以符合目前普遍用法。

你會在整本書中發現更多這種地標數字。我的意思不是說你得一一知道，而是其中最吸引你的數字會與你產生共鳴。有些會長駐心頭，而你將會發現它們各有巧妙用處，不管是用來快速判斷「誰多誰少」，或者當作建立脈絡的粗略準繩，或者就只是讓你知道有人想矇騙你而已。

# 第一部
## 數數字

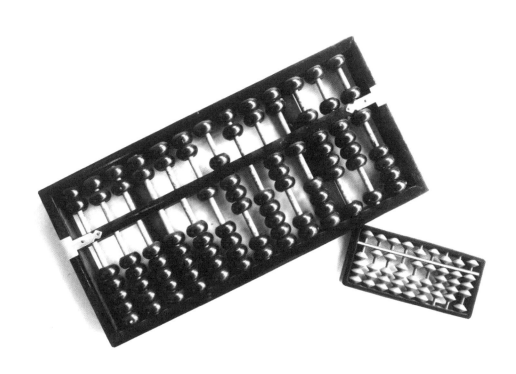

# 什麼算數？
## 我們怎麼從「1,2,3」數到「海裡有多少魚？」

如果你覺得狗不會數數，試試看把三塊狗餅乾放到口袋裡，然後只給狗狗兩塊。

——菲爾・帕斯托雷特（Phil Pastoret）[1]

[1] 譯注：美國老牌連載漫畫《我們的宿舍》（*Our Boarding House*）的文字作者之一。

---

下列哪個最多？

☐ 世界上的航空母艦數

☐ 紐約的摩天大樓數

☐ 蘇門答臘犀牛的估計頭數

☐ 人體內的骨頭數

---

## 數出總數

—巴西有 2 億人。那是個大數字嗎？

—托爾斯泰的《戰爭與和平》有 564000 字。那是個大數字嗎？

—世界上有 438000 人死於 2015 年的霍亂。那是個大數字嗎？

世上有千萬事物，每一種都用不同的方式數算過。而在我

們能對這些問題開始提出明智的回答之前，我們需要稍微思考
一下「數數」這種最基本的數字技巧。

## 數數是什麼？

我們來查詞源：

**count (v.) 數（動詞）**
*14 世紀中，來自古法語「加上去」（**conter**），也來自拉丁文*
*「講故事」（**computare**）。*

本書是關於數字，若要講一個關於數字的故事，就必須從
數數開始。不管數字會變得多大，都還是從數數開始。

當我們還是孩子時，我們早早就學習到如何辨認並標記抽
象數量。[2] 雖然我們可能並沒有察覺，但那些明亮的圖畫書都
是在教我們抽象思考的藝術。蘋果的紅就像小紅帽的紅，蘋果
的圓就是滿月的圓。而當 5 顆蘋果放在籃子裡要帶去給祖母時，
我們就學習了數字。

這些是可數數的正整數（自然數）：5 顆蘋果、5 顆梨子。
從這裡就會出現數字 5 的抽象概念。這個 5 的性質本身成了一
種東西，獨立於實際存在的 5 顆蘋果之外，獨立於任何蘋果之
外。但什麼是「5 的性質」？你既摸不到也嚐不到、看不到也聽
不到，但你可以命名它、討論它、記得它。「數字」是我們在
這個世界中學會的一種抽象概念，是一種柏拉圖式的理想，連
三歲小孩也可以領略。

我們會學到，這些可數數成了其他概念的基礎，好比說「多
於」或者「少於」。賽跑中的第 4 名被標上了數字「4」，但他
不是 4 個人。換言之，我們開始滿足於「實體世界可以用抽象

2　當我說我們學了這些事情時，我並不
是說我們坐下來，然後用這些名詞來
學習數字。我指的是，日常的好奇心、
經驗和幼兒的學習，偷偷把這些了不
起的想法運進了我們的心智中。雖然
這些想法外頭披著幼稚的外衣，卻真
真切切地非常了不起。

方式呈現」的這種概念。

　　這個概念就落在所有科學思考和「理論建立」的心臟地帶。透過這個方式，我們可以對宇宙做出夠精確的預測，能夠打造可飛行的機械、能夠把光束打上月球彈回來，並將太空船送到冥王星。

　　而邁向這些事的第一步，其實在學步幼童學習數數的那一刻，就已經踏出了。

## 數烏鴉（像烏鴉那樣數數）

　　關於烏鴉怎樣數數，是有個故事的。一位有名的地主在他的地產上立了一座古塔。一隻討人厭的烏鴉棲身塔中，而地主想殺了這隻烏鴉。不過，每當他帶著獵槍往古塔走去時，烏鴉就會飛走。當他走離古塔時，烏鴉又會飛回來。所以他想了個妙計：他約了一個同伴一起去古塔，然後讓同伴離開，自己則留下來。他的推理是，當烏鴉看到他朋友走掉，就會飛回來，然後他就可以打死烏鴉。

　　但烏鴉沒有受騙：只有兩個人都離開塔時牠才會回來。所以那人又和兩個同伴一同前來，變成三個人，然後兩人離開，但烏鴉還是沒有被騙，直到三人全部離開之前都留在外面。他把隊伍增加到四人，其中三人離開，還是沒成功。五個來了四個走了，但烏鴉還是聰明到不上當。最後，他找了五個朋友來幫忙，現在一隊共六個人抵達古塔，然後有五個人先離開。烏鴉終於搞不清楚數目而飛回，最後被打死。這故事要講的是，烏鴉可以數數，但最多數到 5。

　　這個故事還是有一點真實性在其中：烏鴉確實是聰明到不同凡響的鳥類，並在測試動物智力的實驗中被科學家大量使用。牠們確實有數感。在某次對照實驗中，有隻烏鴉能靠著辨認蓋

子上標記的點數，從好幾個相似的容器中選出裝有食物的容器。

其他動物也展現出相近的認數和數數能力。這些能力只有在非常小的數字上才管用，當數字超過 5 之後就失效了。

關於人類和其他動物共享這種原始的數感，德海恩在他的《數感：心靈如何創造數學》中，將這種天生的數字能力區分成兩個面向。

第一個叫做「小數速算」（subitising，來自拉丁文的「突然」〔subitus〕）。這種本性難移的能力，讓我們可以直接且（或多或少是）在不用去數的情況下，就能立即感知 1 ～ 4 左右的數量。把一丁點豆子丟到桌上，你能立刻看出有多少；數字再大一點，你的表現就會失常。丟 11 顆豆子在桌上，你就得用數的了。[3] 若缺少有系統的數數能力，就連 10 也會是個大數字，因為它超出了直接感知的範圍。羅馬數字的頭三個只有直線，但羅馬人知道，要快速閱讀數字，不能仰賴數筆畫。大概從「IV」（4）開始，就需要一個顯著的符號。而到了「V」（5），這個符號就不可或缺了。

嚴格來說，小數速算指的是不借助圖形辨識而能直接領略一個數字。有些人把這個詞的意義加以延伸，將那些因其圖形構成而能讓我們立即辨認的數字也包含在內——好比說，骰子上的 6，或者骨牌或撲克牌上的點，或者足球場上球員的陣型。如果我們看到的物體，在人為安排下或在無意中降轉為圖形，我們就可以快速認出它們的數字，而這是一種熟能生巧的能力。但這是一種學來的技巧，而不是天生內建的能力，這仰賴的是被數物件有其構成圖形。

小數速算之外，也有證據顯示人類具備第二種生來固有的算術技巧，一種感知近似數字的能力，而這也會出現在其他動物身上。德海恩寫道：

[3] 有些被稱作「奇才」（savant）的人似乎能立刻感知遠比這還大上許多的數字。目前的思潮認為，這樣的奇才可能有種思考路徑，能讓他們直接獲得感知，和我們相比就更不需要經思考處理。

……科學家針對數字量的感知做描述時，會說「大量」（numerosity）或者「無數」（numerousness），而不是數字。（這）讓動物能估計事情有多龐大，但不用算出準確數字。動物的心智只能記住模糊的數字。

所以，當我們比對包含（好比）80 件東西和 85 件東西的兩個群組時，我們會認為這兩組數量「差不多」。這種能力中固有的不精準性約在 15% 到 20% 之間，所以 90 看起來跟 80 差不多。但我們卻可以察覺到 100 個物件和 80 個明顯不同。狡猾的烏鴉展現的就是這個技巧，但也是這個技巧在數字變得太大時讓牠完蛋。

當我們要快速數算數量中等的群組（比如介於 5～20 個物件的群組）時，我們通常會將大群分成子群。把一群物件感知成一個個小組構成的集合，就會比較簡單。我們的心智接著就可以用小數速算或圖形辨識技巧，來數算每一個較小的群組，然後再用簡單的算數來快速得出總數。

這個能力之所以有趣，是因為它展現的某些特質，是我們在處理比這大上太多的數字時會再三看到的特質。這是一個把多種技法組合在一起的三階段途徑：首先在心中把大群體打散，接著決定每個小群的數目，最後組合這些子數目，來得到整體總量。[4] 這裡有一個演算法在運作，為了得到正確結果，我們的心智執行了一連串特定步驟，而這是前述五種思考策略之一，稱為**分而治之**。等到我們要來看看該如何應付大上太多的數字時，就會再次與它相見。

這兩個能力——小數速算，以及遇上大數時的近似估計，可能是我們唯二擁有的天生數字感知能力。我們比數到 4 還強的所有精確算數技巧，都奠基於其他策略：「思考技巧」及「外在支援」兩者的程序性組合。

4　這和資料科學技術專家最主要使用的原理，即所謂的「投射歸約」（Map-Reduce）相似到不可思議。首先，你把一個問題打破成幾個部分，然後「投射」一個功能（在我們的例子中就是「數數」）到這些部分裡，最後再把這些部分的結果歸約成單一個整體結果。

## 數羊的演算

　　為了超越小數速算及小數圖形辨識的限制，我們必須使用涉及程序和記憶的策略：而這些策略的第一項，就是系統化的算數策略。讓我介紹一點 calculus。

　　calculus？不要緊張──不是「微積分」。「calculus」是鵝卵石的拉丁文，而這個詞的數學意義來自古代用鵝卵石來協助計算和計數。[5] 想像一個牧羊人坐在山坡上，她的皮囊或口袋裡有跟她顧的羊一樣多的鵝卵石。晚上趕羊回家時，每有一頭羊進了欄，她就把一顆鵝卵石從一個口袋移到另一個口袋去。直到第一個口袋沒有任何鵝卵石，她才確定所有的羊都安全返家了。

　　所以她「數」了綿羊，但要做到這一點，她使用了一種技術，而這個技術是基於一個程序（一頭羊配上一顆鵝卵石），以及記憶（在這個例子中，不是指她的記憶，而是口袋裡的鵝卵石）。毫無疑問地，她可以仰賴自己的記憶，但她比較喜歡外在的記錄工具，因為追逐羊隻有可能會讓她分心。

## 數數就是唱歌

　　但有時候牧羊人確實會運用了自己的記憶，好比說數著織好的羊毛球。她還是會進行「一個配一個」的技巧，但這次她會把羊毛球和她記得的數列，也就是語言中的數字：「1、2、3……」配對起來。

　　當我們學習數數，那些代表數字的字詞就成了一種歌謠。我們同時以聲音和符號這兩種形式，來記住這些可數數的順序。我記得自己年幼時練習過這種背誦數數，越背越快，還因為可以一口氣數到 20 以上而驕傲不已。另一種我們會去記住的字詞

5　有一種推測認為，我們用來當作零的橢圓形符號，起源來自從裝滿沙的算數碟中取走一顆圓鵝卵石所留下的凹痕。那是代表失去了什麼的形狀。

序列，其實也是數數假扮而成：一個禮拜的 7 天，一年的 12 個月。[67] 許多童謠和民謠都是數數歌：「1、2，扣鞋子」、「1 是難過，2 快樂」。數數和朗誦兩者可說是關係密切。

## 費曼可以數和讀；圖基可以數和說

偉大的物理學家理查・費曼（Richard Feynman）對於自己專長以外的主題也十分投入：不論是開鎖、邦哥鼓還是喉音唱法，費曼都樂在其中。在《你管別人怎麼想》（*What Do You Care What Other People Think?*）中，他對拉夫・雷頓（Ralph Leighton）描述了他的數數實驗，那是用來更進一步瞭解自己心智如何運作的實驗。

費曼訓練自己在連續一段時間內確實地數到 60。這用不著一分鐘，他追求的是連貫性，而他發現他可以把這控制在 48 秒內。建立了這種能力之後，他接著試圖打亂自己數數的心智程序。在進行「數到 60」時，同時透過運動提高自己的心跳速度，讓自己熱起來，但這並沒有打亂他數數節奏。

然而，在他一邊數自己要洗的衣物（特別是襪子）一邊數到 60 時，情況開始有所不同。他發現，只要他還能以視覺辨認出物件數量（利用小數速算及圖形辨識），這個在心中數到 60 的過程就不會被干擾：

我可以在「褲子」前面寫下「3」或者在「襯衫」前面寫下「4」，但我沒辦法數襪子……

這不令人意外——他頭腦的數數迴路已經滿載了。他發現，靠著玩弄視覺技巧，把襪子 4 隻組成一組，他就可以利用分成子群的方式來做算數，計算出有多少隻襪子，但他沒辦法真的

[6] 譯注：英文中每個月份各有其名，與數字有關的名字也並不對應其順序，甚至還包括字母。

[7] 當我們把英文字母分派給（好比說）文件的各部分（附錄 A、附錄 B……）時，我們實際上就是在用字母來數數。

按順序一隻隻去數。

他試著利用類似的視覺技巧數算一本書的行數，他成功了。他甚至可以一邊讀文章同時連續數 48 秒的數字。只有當他試著大聲讀出內容時，這流程才會被打斷。

某天，他在早餐時間把這個實驗告訴他的朋友約翰‧圖基（John Tukey），圖基對此難以置信。圖基堅稱，不可能一邊讀一邊數，反而覺得大聲講話時邊數數比較簡單。對此，費曼十分震驚。就這樣，兩人都跟對方宣稱，自己的主張是正確的，而對他們各自來說的確如此。

費曼表示：

我們討論了一陣子，然後發現了某些事情。最終證明，圖基數數的方法是另一種：他顯現出的畫面，是一捲上頭有數字的帶子在跑動。他會說「瑪莉有隻小羊兒」，而且他同時會看著那帶子！這樣的話，事情就很明瞭了：他是「看著」他的帶子在跑，所以沒辦法讀；而我數數時是在對我自己「說話」，所以我沒辦法講話！

不用說，兩人都沒辦法在心裡數數的同時，把眼前閱讀的東西大聲朗讀出來：圖基是被「得要閱讀」卡住，而費曼則是被「得要說」卡住。

那些我們可以小數速算的極小數字，可能有一個直接的內心呈現；但在那些小數字之外，我們在心中呈現數字的方式，反映了我們與這些數字進行思考互動的方法。有些人像圖基一樣，思考呈現以視覺為主（好比說數字的輪廓和形狀），而其他人則像費曼一樣，大多是聽覺呈現（數數的聲音）。然而，還有其他人可能會使用其他感官，比如觸覺心智圖像。

我可以理解費曼／圖基的區別：我是個業餘的薩克斯風演奏者，為了強化吹奏，常常會練習說出「咿」和「嗚」，讓嘴

巴在兩個形狀之間來回變換：張大拉回，然後縮圓向前。這套
練習建議把這動作做上 50 次。在我嘗試之後，我發現有個難題
——我沒辦法在嘴巴動成這樣時，在思考中數數，因為「咿」
「嗚」之間的口形變化，很像當我說「1」[8]時嘴巴的移動方
式。這個吹奏法練習一直把我腦中的計數器歸回到 1 ！

　　所以我應該像費曼一樣，是講話型的數數人。

8 譯注：英語的「1」，發音接近國語「萬」（one）。

## 唱歌就是數數

音樂是人類心靈從正在進行、但自身未曾察覺的數數行為中所經驗到
的愉悅。

　　　　　　　　　　——戈特弗里德・萊布尼茲（Gottfried Leibniz）[9]

9 17 世紀德國的通才學者，在數學、哲學等多方面都有極大貢獻。

　　當我們想到音樂會上那個被分配到三角鐵的傢伙時，總是
忍不住微笑。他必須等上許多小節，上場的那一刻才會到來。
在那之前，他就只能「休止」，然後必須在那準確的瞬間敲出
他的那一個音。他都是怎麼數算著拍子的？

　　我在一支業餘爵士樂隊裡演奏。我們所演奏的許多爵士經
典曲目，都有一段公式化的 32 小節結構。在這樣的曲子中，會
有一個叫「副歌」的反覆結構。副歌共 32 小節，每小節 4 拍。
每演出一次曲子，副歌就會演出好幾次，每一次都有 32 小節的
結構。

　　表演時，樂隊會先演奏主調（「曲頭」），接著節奏組會
一段副歌又一段副歌地演奏下去，同時獨奏者會輪流即興發揮，
每次花上 32 小節。當所有獨奏都演奏完畢，整個樂隊再次演奏
起 32 小節的曲頭。在我們的樂隊中，這些事並沒有被寫下來：
這個大尺度結構，是不用多想就匆匆決定的。一般來說，每名
樂手手上的成文樂譜，只有一張 32 小節的樂譜，裡面包含了和

弦進程，以及只寫了主調的音符，有時候連音符都沒有。

知道自己正在整首曲子的何處是很重要的。你必須在對的時候開始獨奏，而且每個人都需要在最後一輪合奏的起頭加入合奏。理論上，這代表每個人都應該在持續數著拍子和小節。

但事實上，沒有人是靠著數 32 小節 ×4 拍＝ 128 拍，來演奏到每次副歌結束。大多數人並不是有意識地數著節拍，而是因為曲子本身就有**結構**。

一個將 32 小節樂曲演奏了好幾千次的爵士樂手，會發展出一種在每次重複副歌時用來數 128 拍的直覺。她會藉由瞭解那 32 小節的起伏高低來替自己定位。一般來說，一首爵士曲有個公認形式。舉例來說，一個普遍形式是「AABA」，指的是 4 個 8 小節的段落。「A」段落基本上都一樣，但「B」段落，也就是「中間 8 小節」，在合音上會不一樣，因而產生張力，並在最後一個「A」段落獲得紓解。任何一位勝任的爵士樂手，都會留意到節奏組演奏的合音，而會隨時「知道」這些合音在副歌裡的什麼位置。

在一個較細緻的時間尺度上，每名演奏者心中都有一座節拍器，4 拍、4 拍一組地報著拍子。對某些人來說，這種報拍會呈現在身體動作上，好比說踏腳打拍或是點頭打拍，或者，就像彈吉他時那樣確實地出現。對於其他人來說，這就只會發生在他們的腦袋中。

有了一些經驗後，我們就可以開始把這些數數活動內部化。神奇的是，在大部分的情況下，我們全都能在最後的副歌時對上拍子。所以，數數和節拍，以及測量時間之間彼此緊密關聯；能在這種即時演奏中算對數字，仰賴的是能辨認出規模更大的結構（在本例子中不只是拍子，還包括小節、段落和副歌）。

## 記錄數字

　　這種把物件組合成更大規模的結構、把 4 拍綁成一小節，然後持續推動下去的策略，將我們帶入另一種數算更大數字的技法。在腦中有系統地數到普通大的數字（好比說上百）是可能的，但隨著數字增加，出錯頻率就會增加，也容易受到分心的影響。實際進行時，設下一個「數到這裡都還不需要停下來做個記號或是留下某種紀錄」的極限，是很合理的。我們的口袋可沒有鵝卵石。

　　就跟小數速算到了某個點上就不再有效一樣，在腦中連續數數也有界限，過了那點就不再有效。數學上來說，數數可以永遠進行下去——可數數是一組無限的數字。但「人類數數活動」這種實際行動很快就會見底。小孩子很喜歡展現他們的數數能力：或許可以數到 20，或者到 100，但不會比這再多上多少。有系統的連續數數有其極限。

　　如果數數程序會被打斷，或是數數時間要花上很長一段時間，我們就需要一種記錄工具，用來清楚掌握狀況。卡通裡的囚犯會用數數來計算自己的刑期。每五天，他就在之前的四條記號上畫一條穿過去的記號，想法在於：他可以數一綑一綑的 5天，然後把還沒綑起來的剩下日子加在這個數字上。

　　當銀行櫃員數鈔票時，他們通常會 10 張一數，弄成綑之後放到一邊，最後再來一綑一綑點數。選舉的計票員也是，他們會把每個候選人的得票做成一綑綑，然後幾綑組成一個更大的單位，直到變成一堆堆 500 張票（英國的做法），最後再把用500 張票組成以千計的單位。這種計數程序代表不管有什麼干擾，都只會打亂整個流程的一小部分，而且也有助於重新開始和檢查。

　　將成綑的數目加上剩餘數就能計算出總數，這讓我們能夠

走得更遠,並在生活的各個層面上讓我們更有能力。有了這種技法,我們可以在一天收工時結算現金收入、進行存貨盤點,還可以接收大批進貨。

當我們數到大數字時,我們就不再相信自己的腦袋可以在數數中保持正確——確實也不該這麼相信。我們之所以能從數 1,2,3 躍升到能數幾千幾萬,靠的是遵守程序。雖然我們不相信自己的猴子腦,但我們確實相信系統的一貫性。當我們把 20 張選票綑在一起,然後又綑了一綑,最後剩下 7 張時,我們就會相信演算規則能確保我們藉由加法得到的數字,會等同於我們真的一張一張數到 47 時數出的數字。

## 近似數數

理論上來說,數數是一種精準無誤的流程。畢竟數數的基本動作就是一直講「這個再加 1 等於……」,如果那個「再加 1」不算數的話,就不叫數數了,對吧?

但在某些時候,這個過分簡單的方法會變得難以進行。就日常目的而言,從超過 1000 以後的某個數字開始,我們就不再覺得有必要精確算到最後一位數。我們滿意於一種只數綑數、忘記餘數的方法。[10]

### 洋基球場有多大?

如果有人跟我說洋基球場的容量是 49638 人的話(維基百科是這麼告訴我的),我多半會認為,尾數「38」或「362」(該數與 5 萬之間的差額)對於我如何看待這個數字來說並不重要。我會很樂意把那數字說是「差不多 5 萬」。

然後,我們就這樣轉換到一種對付大數字的全新思考策略:我們把數字近似到「以千為單位的最近似數」。這樣做,就是

[10] 當然,如果你是在數選票或有需要特別精準的情況,你就會盡力達到準確。但估算規模以及進行「約略差不多」的計算時,我們就可以放鬆一點。

有效地將 5 萬分解成兩個部分：一個是顯著的位數 5，稱作「有效數字」；以及告訴我們處理的數字規模有多大的「倍數」（在這裡是指「萬」）。這兩個部分能讓我們對這數字有一個綜合性的理解。倍數告訴我們眼前處理的數字規模有多大——「我們在第幾頁」，而有效數字則把那數字在頁面上的更準確位置告訴我們。

我該相信維基百科嗎？若我對洋基球場一無所知，我該接受 5 萬是棒球場容量的合理數字嗎？就當作一個**交叉檢查**練習兼數字技能的鍛鍊好了——講到棒球場時，我有辦法產生一個「這是不是個大數字」的看法嗎？

問題出現了：我能否把一個有 49638 個座位的體育場直接視覺化？答案是，沒有把整體想個通透的話就無法，然而這不是隨便想想就可以辦到的。畢竟，49638 是一個大數字。

我能不能把 1000 個座位實體化？能，我可以。我想像了一個有 25 排且每排有 40 個位子的區塊，有點像一個大影廳或是中等大小的音樂廳。

我能否想像 50 塊那樣的千席區塊？可以的。用一些想像力就可以辦到。

我完全不知道洋基球場長什麼樣子，或者它的座位怎樣排列，但我現在可以開始進行視覺化。首先，座位不會全都在同一個平面上。我想像有 3 層看台，每層有 18 個「千席區塊」。這麼一來就有 54 個區塊，但底層少了 4 個區塊也很合理，因為有可能拿去用作入口和各種設施。

這些各有 18 個區塊的看台長什麼樣子？當然，棒球場是鑽石形的，所以每一層可能都是風箏形狀，有四個邊，其中兩邊各有 5 個區塊長，另兩邊為 4 個區塊長，在比較多人搶位的那一側，座位會比較密集。每個區塊或許用一道道寬廣的聯通階梯分隔開來，有小販上下來回賣檸檬汁、花生和熱狗。我幾乎

都快要聞到熱狗味了……沒錯，我可以想像這個球場！

現在我心中有張栩栩如生的畫面，而那個畫面（3 層看台、四個邊每邊有 4 ～ 5 個區塊，每區塊有 1000 個座位）看起來相當合理。實體化之後顯示這是一個大球場，但不到特別大的程度。我沒說錯吧？

如果我現在試著把這球場的容量和其他球場相比，我就能以千席座位來思考（只要所有其他的球場都是以千席來計算，它們就會全在同一頁面上，如此就能直接進行比較）。這代表我可以輕易拿洋基球場的 5 萬席和（全美最大的）道奇球場的 56000 席來做比較。

洋基球場的大小在美國球場中排名第四。波士頓的芬威球場（這個我就**真的**有去過）在榜上排名第 28，容量是 38000 人「左右」。[11] 世界上最大的（非棒球）體育場，有超過 10 萬席的容量。所以我們得出的結論：「說到體育場，5 萬是個大數字，但不能說特別大」，大致上看來正確。[12]

整個再想一次，我們在這個思考練習中做了什麼。我們採用了兩個強力工具：

我們已經把大數字「49638 個位子」簡化到非常好處理的「千席的區塊共 50 塊」。使用這技法的代價是，我們把自己和實際數算某種東西（座位）而進行的第一手估算區隔開來，並把座位的實體形象替換成「概念上的 1000 個座位區塊」這種較為寬鬆的樣貌。這看起來只是個小代價，但我們始終要記得，我們現在處理的是很多個 1000。在千的層級中，那還不是什麼沉重的負擔，但你不該忽略這個「區隔開來」的效應。畢竟，我們對於「1000 個位子到底是什麼樣子」的想法，可能沒那麼正確。以後當我們要在比這還大的數字上使用（等下也確實會使用）這個技法時，「千」還會變成百萬、十億或兆，而那些更大的倍數就有可能在我們心中變得越來越模糊，也越來越難

[11] 既然以洋基球場舉例進行視覺化，我也可以把芬威球場實體化為比洋基球場「少了 12 個千席區塊」。而那就是每一層的每一邊都少了一塊。

[12] 在處理了這個例子之後，我現在腦中關於球場大小有了幾個「地標數字」。如果有人跟我講起一個容量為 15 萬人的球場，如今我就能驚訝到抽一口氣（或是挑戰他的說法）。

掌握。但是，儘管有那麼多的條件限制，這種方法的力量，還是讓它成為本書重要的五種技法之一。我稱這個為**分而治之**，而我們接下來還會反覆回顧這個策略。

我們剛剛也探索了五種技法中另一種——**視覺化**——的力量。藉由簡單算數，我們在腦內打造了一個洋基球場模型，而那替我們確認了所謂5萬席的說法確實可信——或者多少可信。不管引自維基百科的數字是否準確無誤，我們都已經因為數字至少合理而感到滿足。那就是理解大數字的核心要旨。

## 「多少」在什麼時候才夠好？

民主政治並不在於投票；而是在於計票。
——湯姆・斯托帕德（Tom Stoppard）[13]

[13] 譯注：英國劇作家，曾獲奧斯卡金像獎。

選舉中重新計票是很常見的事。當結果落在誤差範圍內，就會重新計票（英國國會選舉中，通常 50 張票的差距就足以請求重新計票），直到一個不再能提出法律質疑的判決出爐。

這裡頭暗藏的假設是：在所有選舉中，數票過程必然會出現瑕疵。總是會有些錯誤、有些不準確處，但只要勝選的差距遠超過錯誤的可能範圍，我們就可以開心地忽略「開出的數字可能不完全正確」的事實。

進行普查時（說穿了，就只是一個複雜的數數行動），統計員允許一定比例的不回應者以及其他多種緣由的不精準，最後定出一個最佳估計值。

美國普查局網頁有個人口鐘。它的意義是要顯示美國的人口總數，而人口計數就像車上數著哩數的里程表一樣向前跳動。當然，美國的人口普查並不是根據真實時間在運作；他們是根據一連串以十年為單位的人口普查來工作，用每年進行的「測

量」來補強；從這些資料中，他們推導出一套每月估計和每月預測值，然後根據當前這個月的平均速度，來定下時鐘向前跳動的速度。

因此，人口鐘的目的雖然是數人，但其實是以一單位一單位的人來測量時間。所以，費曼用數數來估計時間，爵士樂手用數節拍和小節來測量時間，至於美國普查局則是把時間當成一種展現人口變化的替代物。

就大多數場合來說，當數數真的數到很大時，使用近似值就足以讓我們滿意。日常算數時，我們不需要精準到最小一位數都正確。當然，我們會希望最大的頭幾位數是正確的，而且最重要的是，我們要求**數量級**是正確的。出於普查目的來數人口或許很難，但有些物種的個體數起來甚至比人口數還更難纏。

### 海裡有多少魚？

電影《海底總動員》（*Finding Nemo*）的宣傳海報宣稱，海裡有 3.7 兆條魚。這個數字是打哪來的？很確定的是，不是一條一條數來的。像這樣的數字永遠只會是一個估計值，但這個估計過程中用了什麼技巧呢？

答案是建模和取樣。科學家打造出一個把世界上的大小海洋分成多個區域的「模型」，然後把哪一種魚預期會在每個區域中找到多少條的細節加進去。接著，他們以各種不同的方式，盡可能在最多的區域內對最大範圍的海洋進行取樣。

取樣的方法包括觀察商業捕魚者帶進港口的漁獲紀錄，以及科研船所做的專門調查，藉此替模型的每個部分取得估計值。接著就可以進行計算，把所有片段元素加總並容許未知數，如此得出一個「最佳估計」數字。

如果能做**交叉比對**的話就更好，而且渴望成為識數公民的我們，可以尋找其他做出這種估計的方法。舉例來說，2009 年

不列顛哥倫比亞大學（University of British Columbia）的一位研究者做了一項研究，觀察了海洋植物的生長以及生長過程中如何透過食物鏈來拓展。她得出一個魚類的生物質量總值，介於 8 億至 20 億噸之間。所以，我們可以取這個範圍的中間值（14 億噸），而如果我們判斷每隻魚的平均重量為半公斤，就得出約有 2.8 兆條魚。這已經夠接近了，足以讓我做出結論，認為《海底總動員》的 3.7 兆條估計量至少在數量級上是正確的，多少有對到。

**天空裡有多少星星？**

當然，我們不可能一顆一顆數星星，但就像海裡的魚一樣，綜合建模、取樣和計算方法，能夠產生最佳估計值，給我們近似的數量級。

舉例來說（非常粗略地來說），天文學家估計一個普通星系裡的平均恆星數可能是介於 1000 億和 2000 億之間。此外，可觀測的宇宙中估計大約有 2 兆個星系。[14] 那代表說，應該有 2000 垓到 4000 垓顆恆星。

警報響起：「垓」？萬、億、兆——這些是我不用思考太多的詞，但「垓」是每次我碰到時都得在腦中算一下的某個東西。垓就是一億兆，$10^{21}$，而那確實是一個相當大的數字。這在英文中幾乎已差不多是用「-illion」來稱呼數字還有用的極限了。所以，此時我們轉身投靠科學標記法，開始說可觀測宇宙中的星星數量可能介於 $2 \times 10^{23}$ 和 $4 \times 10^{23}$ 之間。

# 所以，什麼才算數？

從最後的結果看來，數數一點也不簡單。數 1,2,3 的能力似乎是天生的，但超過那之後，我們要不就勉為其難地接受數字

[14] 在本章的第一版草稿中，我用的數字是 2 億個星系——當時普遍為人接受的最佳估計數。然而，2016 年 10 月，利用哈伯太空望遠鏡研究多年後的結果發表，將最佳估計數增加了 10 倍。

**地標數字**

- 一個星系中估計恆星數的低標值：1000 億
- 宇宙中估計的星系數：2 兆
- 可觀測宇宙中的星星數低標估計值：$2 \times 10^{23}$

的近似印象，要不就是要靠「跟記得的數列配對」的思考策略，使用到聽覺或視覺途徑。但就算是這些有系統的數數技巧，也是很快就會用罄，屆時還是得使用到紀錄。面對真的很大的數字，我們不會真正去一個一個去數，而是會去建模，從模型中取樣，然後用機器運算。至於那些最大的數字，我們光是能把數量級弄對，就已經覺得很幸運了。

## 10 億有多大？

東一點西一點看這本書的話，你會發現有好幾頁是像接下來這樣：我把下面這個稱為「數字梯」。我會開一個起頭數字或測量值（在這裡是 1000），然後舉出一兩個真實世界中「多多少少」合乎這數字的例子。接著，一步步增加數字，以致每三步我們就會來到一個大 10 倍的數字。然後繼續下去……

| | |
|---|---|
| 1000 | 湯瑪斯・愛迪生持有的專利權數 = 1093 |
| 2000 | 畢卡索畫過的繪畫張數 = 1885 |
| | 諾福克島（Norfolk Island）的人口數 [15] = 2200 |
| 5000 | 世界上的貨櫃船數 = 4970 |
| | 蒙特塞拉（Montserrat）人口數 [16] = 5220 |
| 10000 | 庫克群島（Cook Islands）人口數 [17] = 10100 |
| 20000 | 帛琉的人口數 [18] = 21200 |
| 5000 | 法羅群島（Faroe Islands）的人口數 [19] = 49700 |
| 100000 | 澤西島（Jersey）人口 = 95700 |
| | 墨爾本板球場（Melbourne Cricket Ground）的座位數 = 100000 |
| 200000 | 關島人口 = 187000 |
| 500000 | 維德角（Cape Verde）人口 = 515000 |

[15] 南太平洋的一個澳屬小島。

[16] 一個多山的加勒比海島嶼。

[17] 有 15 個島的南太平洋群島國。

[18] 有超過 500 個島嶼的西太平洋群島國。

[19] OK，有更多島……我在這邊打住。

100 萬　　　賽普勒斯人口＝ 115 萬

## 100 萬和其以上……

100 萬　　　賽普勒斯人口＝ 115 萬

200 萬　　　斯洛文尼亞人口＝ 205 萬

500 萬　　　挪威人口＝ 502 萬

1000 萬　　　匈牙利人口＝ 992 萬

2000 萬　　　羅馬尼亞人口＝ 2130 萬

5000 萬　　　坦尚尼亞人口＝ 5070 萬

1 億　　　　菲律賓人口＝ 9980 萬

2 億　　　　巴西人口＝ 2.02 億

5 億　　　　全球犬隻數量＝ 5.25 億

10 億　　　　全球車輛數＝ 12 億

　　看看國家之間的人口規模差異有多大：舉例來說，光看上面列出的就好，巴西（約 2 億）就是羅馬尼亞（約 2000 萬）的10 倍，更是斯洛文尼亞的 100 倍（200 萬）。這些不就是很好的**地標數字**嗎？

## 10 億以上……

10 億　　　　全世界家貓估計隻數＝ 6 億

20 億　　　　臉書使用者人數（2017 年 6 月）＝ 20 億

50 億　　　　人類基因中的鹼基對數＝ 32 億

100 億　　　　全球人口＝ 76 億

200 億　　　　全世界雞隻數量＝ 190 億

500 億　　　　人腦內的神經元數量＝ 860 億

1000 億　　　　所有曾經活過的人估計總數＝ 1060 億

2000 億　　　　銀河系內的恆星總數＝ 2000 億

5000 億　　　一頭非洲象腦中神經元數＝2570 億

1 兆　　　　仙女座星系內恆星總數＝1 兆

2 兆　　　　全世界樹木總數＝3 兆

5 兆　　　　海中魚的總數＝3.7 兆

10 兆　　　　1TB 容量硬碟內的位元數＝8.8 兆

20 兆　　　　人體內細胞總數＝30 兆

50 兆　　　　人體內細菌總數＝39 兆

1000 兆　　　人腦內突觸數量＝1000 兆

　　超過這個就要來到天文數字了──會有另一章專門談那些
數字哦！

**更多數數時出現的謬誤巧合**

- 日本人口（1.26億）是英國人口（6360萬）的2倍
- 艾菲爾鐵塔的鉚釘數（250萬根鉚釘）是史瓦濟蘭人口（125萬）的2倍
- 溫布利球場（Wembley Stadium）的座位數（90000個座位）是漢默史密斯阿波羅（Hammersmith Apollo）座位數（3630個座位）的2倍
- 印度武裝部隊（Indian Armed Forces）的現役人數（132.5萬人）是印度伊甸園板球場（Eden Gardens Cricket Ground）座位數（66000）的20倍
- 全世界的自動提款機數量（300萬）是全世界馴鹿頭數（150萬）的2倍
- 全球獅子的高標估計頭數（47400）跟斑點鬣狗的高標估計頭數（47400）一樣多

# 世界上的數字
## 識數怎麼和日常生活產生連結的

你周遭的一切都是數學。你周遭的一切都是數字。

　　　　　　　　　　——夏琨塔拉・戴維（Shakuntala Devi）[1]

**1** 譯注：列入金氏世界紀錄的印度心算高手。

---

下列哪個重量最小？

□ 中等大小的鳳梨

□ 普通的一對男用皮鞋

□ 一杯咖啡（包括杯子）

□ 一瓶香檳

---

## 由來已久的問題：啤酒有多烈？

　　1890 年代初期，俄羅斯的埃及學家弗拉狄米爾・戈倫尼斯謝夫（Vladimir Golenishchev）在埃及毀壞的底比斯（Thebes）城買下一捲紙莎草紙卷。該紙卷有 5.5 公尺長，最寬處有 7.6 公分，包含了二十五道有教育用途的數學難題。這份紙莎草紙的年份約為公元前 1850 年左右，現被稱作「莫斯科數學紙莎草紙」（*Moscow Mathematical Papyrus*）。

　　紙卷內容包含一連串給學生的練習題，廣納了各種主題。其中兩題得要計算一艘船某部分的比例：舵和桅杆。另一題則要計算鋸成圓木的木材體積；還有一題是要算出涼鞋工人的產量。其他題目則是幾何題，比如算出一座金字塔去頭的體積。

　　二十五道題目中有十題和烘焙及釀酒的算數有關。製作特定數量的麵包和啤酒要用到多少穀物？還有，最重要的，若是想預測進而控制啤酒的酒精濃度，需要做哪些計算？

　　或許有些事情永遠都排在前頭。運作正常的複雜社會隨時都需要數字。而古埃及需要識數的抄寫員處理那些數字，不只是為了蓋金字塔，也要應付日常生活所需，好比釀啤酒的問題。

## 什麼是識數？

### 那不是數學

　　動筆期間，由 Teach in Scotland 所營運的網站，對於「識數」做了以下這個合宜的定義：

識數，是邁向並詮釋我們周遭世界時所需的日常知識，是對數字的理解以及一種推理技術。如果我們有能力運用數字來解決難題、分析資訊，並根據計算來做出有見識的決定，我們便是識數的人。

　　小心：這不是描述數學。數學家當然對數字和數字概念感興趣，而數論是數學的一個專門的重要分支，但不要被名字給誤導了。數論跟識數非常不同。

　　數學的本質，是讓你用嚴謹的方式對數學「對象」進行推理的一種抽象思考。數學對象本身是抽象概念（其中有些是數字，此外還有很多種其他類型的數學對象）。

　　相對地，識數是一種實際的能力。它關乎數字的抽象概念

如何連結到物體構成的實質世界，以及社會互動構成的現實世界。Teach in Scotland 提供的定義說出了其中一些特色。它強調：

- 「日常知識和理解」
  *識數能力是為了日常生活所需。*
- 「我們周遭的世界」
  *識數能力和日常世界息息相關。*
- 「自信和能力」
  *識數能力是一種我們熟悉的工具，是一道銳利的鋒刃，讓我們緊緊握在手上並準備派上用場。*
- 「作出有見識的決定」
  *每位公民都是一名抉擇者，尤其他們身為投票者所擁有的能力更顯得如此。作抉擇需要理解。理解需要知識。擁有知識需要識數能力。*

　　我們這時代有個陳腔濫調，認為不識字很丟臉，但不識數（「數字方面我不太行」）卻被當成是一種榮耀勳章。我自己的假設是：如果你已經讀了這本書，就不需要我詳細說明這有多荒謬了。這本書不會全力抨擊不識數，反而會讚美識數能力，讚美一種在日常生活中因得心應手於識數而獲得的喜悅。

## 也不是會計

　　識數不是數學，也不是指擅長算數（不過可能有這種邊際效應）。我們不一定得都去當記帳員才能識數，也不是說能把一長串數字加起來都不出錯才叫識數。

　　識數公民所擁有的技能，與「能算好每一塊錢的帳目」或是「認知到一張又一張的千元大鈔在相關脈絡下是否達到大數或小數」，都沒有太大關聯。

## 民俗識數 vs. 科學識數

　　識數能力是從生活中自然產生的。趕搭火車時，我們是在比對數字並估計速度。準備一頓飯，是在判斷份量。看運動比賽，是在掌握並評估統計數字。甚至連我們以狩獵採集為生的祖先，也曾計算當天的收獲，確保那足以餵飽整群人；他們也曾判斷自己能否在入夜前回到洞窟；曾經算著春天融雪的日子何時到來。

　　數字深深交織在我們的文化內。《聖經》就充滿了數字和測量。《舊約聖經》第四卷〈民數記〉（Numbers），指的是以色列人於曠野漂流期間相關記事中的兩次人口普查。我們的語言為我們及先民生命中的數字與測量留下證據：「fortnight」[2]是「十四夜」(fourteen nights)，「化朗」（furlong）[3]是「一犁溝長」(furrow's length)，正要嶄露頭角的世代是「千禧世代」（millennials），我們達到了「里程碑」（milestones）。甚至連童謠都隱藏著識數：「傑克」（Jack）和「吉兒」（Gill）都是液體容積，這不只是巧合而已。[4]

　　生活所需的識數能力是自然而然的，這對日常活動來說不可或缺。當牧羊人點數羊隻、當磨坊主把麵粉裝袋、當旅館老闆賣酒數錢時，這種水準的識數不是什麼專家技能，沒有人會說「我不會數學」，也沒有對數字的畏懼。在熟悉的基礎上，在人類尺度內，識數是很自然的事。這是庶民的識數能力。

　　但從某一點開始，整個社群就開始需要專業技能了。村莊變成了城鎮，而官方開始收稅。現在收稅人必須判定幾百戶人家必須繳多少錢，並將其記錄下來，數字開始變大了。隨著經濟複雜度逐步加大，得開始處理全國經濟與人口數字。那些研究數學和科學的人，獲准進入某種擁有更高識數能力的教士層級，並學習以通用的方式來處理那些遠超過日常商業及人群共

2　譯注：現意指兩週。

3　譯注：舊英制長度，約 201.168 公尺。

4　譯注：指知名英語童謠〈傑克和吉兒〉〔Jack and Jill〕。

處時所需的數字。

　　數字與日常生活的連結就這麼斷裂了：當收稅者替一個城市收稅時收取到的總額，與繳稅對個別家庭的影響之間沒了真正的連結。預計收到的總額和花費稅金的計畫成了預算，而預算是個大數字。

　　甚至那些沒有進入財政或數學世界的人，也被那些大數字、被那些國家規模、被那些天文數字所影響。民主要我們所有人做決定，而要做出那些決定，就需要對國家預算的大小、人類活動對自然世界的影響，或者政治決定對貿易和財富造成的後果等等都有一些瞭解。然而，我們之中只有非常少數的人，能夠充分瞭解那些做出真正有見識的決定所需要的數字。

## 我們不識數，但識字

更奇怪的事情發生了：而這之中最奇怪的恐怕是，一種和猩猩同族的物種竟然不可思議地有辦法懂數學。

　　　　　　　——埃利克・T・貝爾（Eric T. Bell）《數學的發
　　　　　　　展 》（*The Development of Mathematics*）

　　人類這物種天生固有的識數能力非常低。我們能直接感知並「感受」數字的能力，基本上僅限於兩種技能：「小數速算」，一種不用數也用不上圖形辨識，就的立即感知數字的能力（而這種能力在 4 個物件左右就中止了）[5]；以及數字近似感（一種數量感），讓我們對較大的數字產生一種不精準的印象。

　　然而，身為奮發而起的猿猴，我們卻能理解一定水準的數字複雜度，這足以讓我們把太空探測器送向 50 億公里外的冥王星，並讓它在正確時間抵達正確位置。我們怎麼有辦法像魔法一樣，把我們初階的數感演進成這樣令人敬畏的算數能力呢？

[5] 相對地，電腦雖然只是一台計算機，在其構造中卻已根植了數字能力——即所謂的「硬體」（hard-wired，譯注：指電子產品無法用軟體更新的內建設計，同時也指「根深蒂固不可改變」）。

答案是，我們使用腦中一連串其他的智能（和語言、組織及心理學有關的基礎技能）來做到這一點。我們發展出思考策略及技法，來把其他這幾種能力使用在識數能力上。我們的語言（在此指英語）能把識數和識字的糾纏講清楚：數錢的人叫做「teller」（出納員；又可解釋為敘事者）；而說故事的人則是「recount」（講述，又可解釋為重述）她的故事。

數數就是唱歌。唱歌仰賴記憶及反覆和韻律——完全就是數數所需的技巧。最簡單的數數仰賴的是記住一連串數字，然後就一個一個把要數的東西對應上記得的序列數字。當數列用完了，我們就重複使用，可能有一些變體（「1、2」變成了「21、22」），需要重複幾次就重複幾次。

我們蓄意地儲藏記憶。就如吟遊詩人學習敘事詩一樣，我們在乘法表上訓練自己，好讓它成為我們的內在資源，日後可以拿這資源來強化腦內的演算。

我們講述的故事通常是有公式的，好比安排了立場分明的對比角色：孝子和敗家子；灰袍甘道夫（Gandalf the Grey）和白袍薩魯曼（Saruman the White）。[6] 太陽主宰白天，月亮主宰夜晚。我們學習對稱、平衡和模式。我們評估，我們比較，然後將這些技巧拿去處理數字。

記憶的一位迷人姐妹，就是想像力。想像力不僅讓我們寫出新歌和新故事，也讓我們看到未來。我們可以把尚未播種的田野視覺化，然後去思考播種需要多少種子，然後便可以估算預期的收成。

我們人類可以合作，並把自己組織起來。我們可以做計畫，詳細說明複雜過程中的步驟，再遵循這些步驟行動。藉由這種方法，我們學會以系統性的方式對付工作，知道哪個任務要接在哪個任務之後。藉由同一種方法，我們針對數字想出一條條複雜的思路鏈，以同樣的組織化技巧，來確保我們知道自己位

6 譯注：兩人為《魔戒》系列中分屬正邪的巫師。

在演算過程的哪個位置。

這些技巧沒有一個是內建的數字技巧，但我們轉化這些技巧使用在數字上。我們是靈巧的猴子。

但我們並非只是靈巧的猴子而已。我們知道如何從周遭世界召喚出數字、形狀和結構的抽象性質。我們論說、我們推理，並從論述與推理中提取出邏輯技巧，而將思考流程公式化。

在我們內心深處好奇心的驅使下，我們在實體上和概念上把事物拆成片段，然後做出思考模型和抽象結構：整體可以拆成片段，片段可以賦予名字，甚至為片段之間的**關係**命名。

我們旅行、我們講故事，在這樣的過程中，我們學會了順序和結果的概念，然後將這些概念抽象化而得到推理思考的能力。具備抽象力、架構能力和邏輯力之後，我們就擁有可以進行數學思考的技巧。

但這不是一本關於數學的書。這本書是要揮散那陣彷彿是大數字帶來的迷霧，這迷霧遮蔽了我們的世界觀。我們要怎麼清除這層迷霧？我們可沒辦法重新安裝自己的頭腦來成為專家學者，也不用吃什麼仙丹來在腦中打通一條新路徑。

事實上，用來開發我們數字思考能力所需的元素已經就位了：記憶、順序、視覺化、邏輯、比對和對照。這些文化既能讓我們成為人，也被用來為更強的識數能力所使用。

所以，你會發現這本書散布著我所謂的地標，它們既好記又有用。你也會找到數字梯，也就是一連串持續增加的數字，好似一首怪異的數字詩。也會有一些故事告訴你，為何現在談起數字，我們會使用現在的這些詞語。你會找到視覺化的例子，幫助你蓋出空中樓閣。你會找到古怪的比對和對照，好讓差異更戲劇化。

所以，儘管我們可能天生不識數，原始計算能力比算盤還少，但在把文化力量轉換成數字用途後，還是非常聰明。當我

們把自己發明的精巧機械輔具──好比書寫、計算機、電腦等技術加進這種聰明時,我們就成功提高了數字處理能力,有辦法打造出一種機器,能飛越天際、帶領我們去到新世界。

## 關於數字的詞

### 詞為什麼重要?

既然這本書都在講數字,幹麼還要在乎用詞?這是因為用詞關乎我們如何思考數字、我們如何意識數字,以及我們如何感覺數字。

字詞並不只是愛怎樣就怎樣的隨意標籤。字詞本身攜帶著自己的來源和演變痕跡,保留了與自身和過去的連結。對於那些數字用詞來說也是如此,這些字詞都個個源遠流長。想想頭幾個人們數出來的數,它們攜帶的意涵和關聯性有多大的份量:

「**1**」概括了最基礎的、關於宇宙存在的問題:「為什麼會有物存在,而不是空無一物?」「1」正是有和無之間的差別。「1」就是自身的數字。我是一個個體,我腦中有一個「觀點」,並從這觀點感知世界。我一輩子走過一回,我看見一個世界,一道地平線。「1」就是起點,「1」就是獨一無二。

「**2**」是第一個倍數;它是「多於1」這概念的第一個例子。「2」是第一個真正表達出「數字」這想法的數字:它是第一個複數。「2」是第一個可以談論對稱性(雙手、雙腳)的數字。「2」是第一個可以描述反方的數字──好比說東和西。它是第一個能夠描述差異性質(「這一個」對上「那一個」)的數字。所有其他的數數都得

步上 2 的後塵。

「**3**」充滿了神秘與神奇的言外之意。「3」是創造的數字，兩個東西合體產生一個的可能性——媽媽、爸爸、小孩；正、反、合；分子、分母、商數。三隻熊：大隻、小隻、中間那隻。「3」是三位一體。[7]「3」是我們感知的空間維度數。一張桌子三條腿是可以穩定的最低限度；畫一個能圍出範圍的幾何形狀需要三條直線。修辭學使用三的法則，因為三是產生節奏的最小數字。「3」是第一個能夠表達排除在外的數字。

「**4**」和牢固性與秩序密切相關。一年的循環——生長、成熟、衰落、死亡。許多動物的四條腿，羅盤的四個方位。「4」意指正方形和長方形，建築和田地，以及公平交易和整齊。

「**5**」我手上的指頭，腳上的腳趾。一個禮拜的五個工作天。

就這樣下去，頭幾個自然數的意義遠多於它們單純的數字符號：它們裝滿了意義。[8]這些額外的意義，讓我們可以把它們掛上關聯性的鉤子。一個有四名成員的家庭？我們可以看見他們圍著一張方桌坐著。購物清單上的三樣東西？在我的心裡，它們會構成一個三角形。

## 包含數字的詞

數字潛入我們語言的每一處。如果你「贖還」（atone）罪行的話，你就是讓自己對這罪行「齊一」（at one，在此指「同意」）。印歐語的詞根 dwo（意指 2）是許多與二相關字詞的

[7] 在劍橋大學三一學院，康河上的平底船都有和數字 3 有關的名稱：「帽子戲法」（指足球比賽中單人單場拿下三分）、「音樂中的惡魔」（Diabolus in Musica，三全音〔tritone〕這種音程的別稱）、「火槍兵」（Musketeer，出自大仲馬小說《三劍客》）、「瘋喬治」（Mad George，指英國國王「瘋王」喬治三世〔George III〕）、「哈利·萊姆」（Harry Lime，電影《黑獄亡魂》中的角色，該片原名為《第三人》〔The Third Man〕）、三人行（Menage）等等。

[8] 事實上，頭幾個數字是如此特別，以致在英語中為它們打破了命名規則。我們說第一、第二、第三會說「first, second, third」而不是「oneth, twoth, threeth」；11、12、13 是「eleven, twelve, thirteen」而不是「oneteen, twoteen」；20、30 是「twenty, thirty」而不是「twoty, threety」。撲克牌牌中的的「一點」是叫一張「ace」（兩點有時是叫「deuce」）。

源頭，包括決鬥（duels）和雙倍（duals）、二（two）和一對（twain）、兩難（dilemma）和二分法（dichotomie），甚至半信半疑口是心非（dubious duplicity）。「3」給了我們無關緊要的事（trivia）[9]、三叉戟（trident）和三腳架（tripod）、三輪車（tricycle）和三角學（trigonometry）。幾年前造訪聖安德魯斯大學時，我看到一個告示上寫著「週督導區」（Hebdomadar's Block，見左圖）：「週督導」這個字起源自希臘語的「7」，而這是賦予每週輪班督導紀律之職員的頭銜。

如果我們運氣好的話，我們就會有兩眼 2.0 的視力（twenty/twenty vision）。如果我們運氣不好，則有可能會遇上第 22 條軍規（Catch-22）。[10] 一輪高爾夫球比賽可能在第 19 洞結束，之後我們可能還會「3 條帆索迎向風」（three sheets to the wind）。[11]

## 單位名稱的詞源

在基本距離單位上，希臘人有「podes」，羅馬人有「pedes」，而我們有「英呎」（feet）。[12] 這些度量的「腳」一開始當然是來自真人的腳。雖然說「一呎長」的腳會有點大，但以「腳」作為測量單位，還是有某種程度的自然性和方便性。這是人類的尺度，而「腳」這種人類尺度的測量單位本來就比較能靠直覺瞭解。這些人類尺寸的測量單位被稱作「人類單位」（anthropic units），而我們接著還會遇上其他更多種。

「五噚水深處躺著你的父親」，莎士比亞戲劇《暴風雨》中愛瑞兒這麼對斐迪南唱著，但現在我們很少有幾個人知道 1 噚有多深。但如果我們知道「噚」來自一個代表「伸直的雙臂」的詞，那麼我們就比較容易記住，1 噚是 6 英呎（也就是 2 碼，而碼就大約是鼻子到伸直了的手尖的長度）。

我覺得這種語源本身很迷人，但語源把語言、想法和生命

[9] 譯注：這個詞來自「三叉口」〔trivium〕，指公眾場合，後來引申為平常之事。

[10] 譯注：指彼此矛盾的兩條規則所引起的悖論。

[11] 譯注：指酩酊大醉。

[12] 譯注：上述三個單位的原意都是「腳」。

的數字聯合起來的方式又更加迷人。這種連結讓事情容易記住，而當你記住事物後，你就可以用這些事物來瞭解世界。

## 科學記號

用於大數字的標準科學「指數」記號，非常適合於其使用目標，也就是科學和工程計算。這種通用系統可用於各種範圍的測量工作，從小到不可思議的尺度，到真正的天文尺度都行。我們遲早會用上這概念，否則我們就無法走到這趟旅途的終點，並討論真正的大數字。接下來，就來說明一下它的運作方式。

世界人口（76 億）用科學記號表示，會寫為 $7.6 \times 10^9$，而 $10^9$ 表示 10 億，為 10 的 9 次方，也就是 1 後面有 9 個 0。同樣地，$1.5 \times 10^{-14}$ 公尺（注意負號）表示一個很短的距離，在這個例子中是一個鈾原子的直徑。若按慣例用小數寫的話，小數點後面就會有 13 個 0：0.000000000000015。

為何不乾脆在本書中就用這套系統呢？這個嘛，這實在不符合我們的需要，因為這套系統使用的是智力解碼流程，取代了數感。這是一種遠遠抽離於日常生活的系統，這是教士階層的語言。等到我們要描述宇宙尺寸那種真正的巨大數字時，就會需要這種系統；到了那地步還真沒有別的選擇，但碰上平常實作的識數時，我還是比較喜歡用有一點個性的數字標籤：數字的名字，而不只是描述數字的數字而已。

出於這個目的，我們會把赤道的長度寫為「4 萬公里」。我希望藉由這麼做，讓你以某種直覺來感受 1000 公里（要舒舒服服地在一天內開這種距離的車是有點勉強）可能是什麼感覺。我只會要你把 40 趟這種「標準距離」、40 趟這種開上一整天的長途車程視覺化。這是另一種使用分而治之策略的方式，也就是加入一點點**視覺化**。

# 1000 的力量

### 大數字從哪邊開始？

如何定義大數字？我們的數字舒適圈到哪裡，而我們又是從哪裡開始失去對數字的「感覺」呢？

當我準備衝浪時，一開始我的腳會先牢牢踩著沙灘，然後才有信心奮力一躍推過海水。隨著我走得越深，我發現到了某個點以後海流會開始推擠我，讓我幾乎失去平衡。到了更深處，即使我交替單腳觸底也沒有用了，我需要新的策略（踩水或游泳，或是找漂浮輔具）。我來到我能力範圍的極限。

當我奮力躍入由越來越大的數字所構成的大海時，我的感覺就是這樣。到了某一個節點上，直接了當的視覺化和天生的數感都開始失效，我的腳尖與海底失去接觸，這時就需要新的策略。如果我想要冒險更深入數字海洋，我就需要擴張我的範圍，並在超過我能力範圍時找到應付方法。

但我在數字上的能力範圍是什麼？大數字是從哪裡開始的？

### 立場踏實

小數速算，那種不用靠數數或圖形辨識，就能直接且立即感知一群東西中有多少物件的純數字感，會在 4 左右就停止 —— 如果我們仰賴小數速算，任何 5 以後的東西都會是大數字。但我們在學校學到了一些技巧，讓我們多數人得到了一種熟悉感和能力，來對付延續到至少上百的數字，甚至搞不好還能比這數字再大一些。

那些選擇繼續精進科學的人，學會了以各種嚴謹的方法來操作基本上是無限的數字記號。他們對這種科學記號及透過這種記號做計算非常熟練，幾乎可以自動運作起來。

但隨著數字變大，我們都開始失去對數字的直覺感受——就連數學家和科學家也如此。數字變得越大，我們越會發現這超出我們的能力範圍，也就越需要仰賴智力工作所用的算數程序來理解事物。

就以 2.5 兆這樣的數字來當例子好了。很少有人面對這個數字時能在心中產生立即可用的圖像：我們所有人都得使用某些程序將它解碼，才能開始瞭解這個數字，不管它代表的是什麼脈絡。

以下是領略那個數字的幾種選擇：

- 把「兆」當成一個單位，一個黑盒子，若有需要可以往裡頭看，但我們最好是不看。如果有人跟我們說美國預算從 2.2 兆美元增加為 2.5 兆美元，這個辦法就能滿足我們的要求。在本例中，我們的興趣是在數字相對增加的部分。
- 利用科學標準指數記號。科學家會說，這簡單嘛，不就是 $2.5 \times 10^{12}$ 嗎？我知道怎麼處理這樣的數字：我很熟悉處理那些數字所需的演算法。
- 使用人均**比**。2.5 兆——這個嘛，經濟學家會說那很好懂。地球上有超過 70 億人，如果一個全球計畫的要價是 2.5 兆美元，那就是地球上每個人大約分到 300 美元。
- 做出**地標性**比對。如果你有正確的知識且脈絡適當，你可以說 2.5 兆大約就是海中魚類總數的 70%。

沒有人可以不靠一個或多個思考程序步驟，就直接理解這樣的數字。問題只在於哪個思考策略最適當而已。

## 我會在哪裡超出能力範圍？

對我來說，我能夠很有自信地理解、或視覺化、或憑直覺

知道、或能「grok」出來的數字範圍，會在 1000 左右的某個地方停止。

有史以來在單一場板球國際錦標賽中最高的局數總得分，是 1997 年斯里蘭卡對印度時所創下的 952 分。我們可以把這分數累積起來的方式視覺化：絕大部分是 1 分、2 分、4 分和 6 分，然後想像分數如何逐漸加總到那個龐大的總分。這是一個大數字，但我能領略它的實貌。不過這已經接近我的能力極限，它已快要從我的掌握中逃脫了。

當數字變大時，我當然有我的十八般武藝對策、我的浮力輔具，來對付那些更大的數字。我可以以智力或以數學方法來操作比這大上更多的數字，但到了 1000 之後，我就會察覺到我仰賴的是上面描述過的算數思考技巧。

同樣地，如果我們面對的是小比例和小碎片，我也會在 1/1000 的地方畫下界線。比那還小的話，我就沒辦法做出有意義的視覺化；這個數字低於我的思考解析度。

這是關於我如何思考數字的個人觀察，但我認為自己並非什麼不尋常的例子。某些線索顯示，我們的文化將我們言說書寫的數字標準化的方式，是基於「1000 是一個斷點」這個普世皆然的基準。在某個介於幾百和幾千的地方，我們發現自己需要換檔，需要使用不同的思考技巧來思考數字才行。

## 接觸大數字

在學校時，我們從乘法表上學乘法頂多到 $12 \times 12 = 144$；我們班級的大小是以十計，隊伍大小是 11（板球）或 15（橄欖球）。小時候，我對於能夠數到 100（有一兩次甚至努力數到了 1000）感到得意。就像這樣，由於對國小數學駕輕就熟，讓我對 100 左右的數字（或者再多一點）感到輕鬆自在。

在學校，我們也學會了較大數字（萬、億等等）的定義，

我們也模模糊糊地思索過「無限」這個概念，把它想成那美好的「不可數」的非數字，但我不能說我有把 100 萬的這數字內化過。比較接近的情況是，我理解且相信如果我就這麼使用我學到的數數流程一路數下去，我最終可以數到 100 萬，這就好比我知道，即便下一個城鎮在地平線的另一頭，但只要走得夠久就能走到。[13]

　　但在成年人的生活裡，我們會面臨到大上太多的數字。運動比賽的觀眾可能會達到好幾千、好幾萬人；我們用數以千計和數以百萬計來談難民人數；國家人口統計可達到幾百萬和幾十億，而國家預算不管使用哪種貨幣，也都可以達到幾十億甚至上兆。

　　這些數字有時候──其實是通常很重要，因此說自己無知和無法解釋可不是好藉口。人們對於這些數字代表的意義缺乏清楚理解，因此得出差勁的論點，並實施不良的政策。2 萬名難民看起來是大數字，在某些脈絡下也的確是，但和一群 6000 萬的人口相比，就只是每 3000 人對上 1 人。而 1/3000 恰巧在我思考解析度以下：真的是小到我沒辦法對它有什麼天生感受。我需要一些思考策略來處理它。

## 把 1000 視覺化

　　如果你跟我差不多，那麼到了介於「幾百之中」和「幾千之中」的某處，想法就會開始變得模糊，而我們便從看起來相對清楚的數字範圍，轉移到落入「大數字」的模糊狀態。以下是 1/1000 這個比例像什麼感覺的一些例子：

　　下面的一連串黑線中間有一個逐漸縮小的缺口，從最上面的 1/10 到最底下的 1/1000。你光是要看到那個縫就夠辛苦了：而那就是 1/1000 的模樣。

13　當然，我學會了很多種理解並操作「100 萬」這數字的方法：透過算數以象徵方式處理；把它看作 100 的立方和 1000 的平方，但這些都是程序，而不是直接對數字的領悟。

| | | |
|---|---|---|
| | 1 in 10 | |
| | 1 in 20 | |
| | 1 in 50 | |
| | 1 in 100 | |
| | 1 in 200 | |
| | 1 in 500 | |
| | 1 in 1000 | |

一些其他的例子：

- 1000：1 就有如美國 66 號公路的全長和紐約中央公園的長度比。從芝加哥到洛杉磯的最快車程大約 4 天。相較之下，從中央公園一頭開到另一頭（若不塞車的話）只需 5 分鐘。
- 板球場上，從一座三柱門到另一座三柱門的距離對上一枚一便士銅板，就是 1000：1。
- 想像一下非洲最高的吉力馬札羅山，以這為背景的前方有一頭長頸鹿。那就是 1000：1。
- 一艘航空母艦，對上一隻跳蚤跳起的高度，那也是 1000：1。

## 語言中 1000 的力量

到頭來我證明了，英語也同意我的說法。我們的數字系統是十進位，基於數字 10。以數字表現時，我們會在呈現的數字中給 10 的每一個新次方添加一個「位數」。所以說到數字的話，我們確實處在以 10 為基數的世界中。十倍的頭幾個階段有專用的名詞：10 叫做「十」，100 叫做「百」，1000 叫做「千」。

但那之後呢？我們英語世界沒有給「10000」一個單字。我們會說成 1000 的十倍。[14] 言語本身給出了一個信號，告訴我們現在穿過界線，來到大數字的領域。到了這裡，處理數字的方

14　譯注：此處指英語，中文中有「萬」這個單位

法是大塊大塊來計算：所謂 10000，就是每十大塊的 1000。對付 10000 那麼大的數字的困難，讓我們把概念分成兩部分：一個 1000 的假單位，還有一個有效位數（有效數），好組成一個在我們舒適圈內（也就是在 10 以內）的數字。

當然在「千」以上還有更多描述數字的詞。我們有「百萬」（million）、「十億」（billion）、「兆」（trillion）等等。請注意：這些都是 1000 的次方。這裡可以看出，不知為何我們談到「728 千」這種數字會感到自在，但到了「21352 千」的時候，開始用百萬講起才會覺得自在：我們可能會把這數字重新說成「約 21.4 百萬」。[15] 我們讓數字重新標準化，好讓有效位數安坐在我們的舒適圈內，而「百萬」這個詞，便是把數字的大小程度打包起來，讓它比較好帶著走。[16] 就算當我們緊跟著位數走，我們還是能察覺到千倍中斷點的重要性。像 125,000,000 這樣一個數字，書寫時按慣例都會用逗點把它分割成（你應該猜到了）1000 的次方。我們日常生活習慣處理大數字的方式，清楚表明了「1000」具有「做為日常討論大數字之核心數字」的重要性。

## 條條大路通往千

甚至連羅馬人都在這裡頭參了一腳：他們的數字系統基本上在 M，也就是 1000 的地方就用完了。

在那之後，數字上面一橫（好比說 C）就代表了數字是 1000 倍（在這個例子中就是 100,000），同樣查覺到在 1000 之後發生的換檔。

而這不會在此就止住。公制系統定出了以下這些詞頭：

10　　　　　（deca-，十），少用 [17]

$10^2$　　　　（hecto-，百），少用

$10^3$　　　（kilo，千）——然後空了一段直接跳到：

$10^6$　　　（mega-，百萬）

$10^9$　　　（giga-，吉），然後照這樣下去。

細分也有同樣的稱呼：

$1/10$　　　（deci-，分」）

$10^{-2}$　　　（crnti-，釐）

$10^{-3}$　　　（milli-，毫）——然後空了一段直接跳到：

$10^{-6}$　　　（micro-，微）

$10^{-9}$　　　（nano-，奈）然後照這樣下去。

所以說，就算是在科學世界裡，還是給了 1000 的次方某種特殊待遇。

## 精準度

在精準度上，工程師對準確度的要求很極端，但對於普通人來說或是對其他工匠來說，工作所需的精準度有限。我身旁的書架大約 2 公尺長、1 公尺高。這是一面好看而精緻的書架，但如果我準確地測量它，我會得到 1 至 2 公釐程度的落差，那是 1/1000 的精準度。

在網路上，你可以找到自製飛機的平面圖，那是能飛起來還可以讓乘客搭乘的老實飛機。我仔細看了其中一張：在平面圖上，我找不到有哪個實際測量值的精準度超過三位有效數字，實情是根本只有少數數字（它們是計算的結果）的精準度達到四位有效數字。我期待飛機引擎會交給追求精準的專家所組裝，但對自行完成主結構的私人建工來說，他們並不認為有必要搞到比 1/1000 還高的精準度。

　　所以整體來說，就本書目的而言，三到四位的有效數字已
經夠了。邁向識數生活時，我們的目標只是要能形成一種觀點，
來知道「哪些數字重要」以及「那些數字如何跟期待值相比」。
所以整體來說，三到四位的有效數字就已經足夠。所以，1000
就是大數字開始的地方。差不多就在這裡。

**更多只是表面看起來工整的比例**

- **加拿大橫貫公路**（7820 公里）是**美國66號公路**（3940公里）的兩倍長
- 人類進行**農業**留下最早證據至今的年數（11500年）是**印刷機**發明至今年數（576年）的20倍
- **地球到月亮**的距離（384000公里）是**泰晤士河**（386公里）的1000倍長
- **犀牛**的質量（2300公斤）是**賽馬**（570kg）的4倍
- **達爾文**出生至今的年數（208年）是**圖靈**（Alan Turing）出生至今年數（105年）的2倍左右
- **世貿一號大樓**的高度（541公尺）是**倫敦之眼**高度（135公尺）的4倍

# 第二種技法：視覺化
## *在心中畫一張圖*

　　資料視覺化已是當代出版和網路新聞學的必需品，而且理由也很充分。繪者／作者可以取用資料集並以圖像形式捕捉突出細節，來抓住你腦中純文字無法碰觸的部分。在此，我不會嘗試用很酷的圖片來讓你印象深刻，也不會教你怎樣畫出那樣的圖；相反地，我要你想想，如何在心中建構那些資料的視覺化圖像，好理解面前的大數字。

## 10 億有多大？

　　我們活在三度空間的世界裡，但卻以一維的方式教導我們數字。前面看到，光是要你從一條 1000 單位的直線尺規中辨認出 1 單位，就已經非常困難。我們怎麼有辦法思考 10 億有多大？

　　這個嘛，我們先從小處開始：螞蟻的體型有大有小，但在這次的練習中，我要你想像一隻非常小的螞蟻，牠只有 4 公釐長，比 1/4 英吋還短。現在，我們跳到比我們的螞蟻大上一些的某個東西。金龜子如何？如果你選對了金龜就沒問題：結果出爐，一台金龜車的長度是 4.08 公尺。你一定有辦法把這長度視覺化吧。1000 隻那種小螞蟻排成一字長蛇陣，就和福斯金龜車一樣長。

　　下一步：什麼比那台車長 1000 倍？這裡有個不錯的候選

物：紐約中央公園的長度正好符合我們的大小，約 4.06 公里。把那視覺化吧。這座公園長達 50 個街區，而且如你所知，為了方便起見，紐約市藉由編號，讓中央公園正好橫跨第 60 街至第 110 街。這個長度代表每塊街區要擔下 80 公尺（包括街道本身）。所以，你能否替每個街區視覺化出 20 台一輛接一輛的車子嗎？50 個這樣的街區，就給了我們 1000 台和中央公園西路長度一樣長的金龜車列。

現在呢，我們需要找到某個比中央公園長 1000 倍的東西。沒啥意外，那正好是澳洲東西岸的「寬度」，最寬處是 4033 公里。所以現在我們知道，澳洲有 1000 個中央公園長，這又等於 100 萬台福斯金龜車，當然也就等於 10 億隻螞蟻的長度。

我希望這些圖像在你心中栩栩如生。長長一隊的螞蟻在福斯金龜車旁邊排成一列。沿著中央公園西路塞起的車陣，1000 台福斯金龜車一台接一台。然後中央公園貼著邊複製 1000 回，一路（東西向）穿過澳洲。然後，或許再加上一種模糊的感覺，覺得每座中央公園邊都是車，車子邊都平行排列著一列螞蟻。

現在來把這整個想過一遍。10 億還是大到無法用未經處理過的模樣來思考，但我們透過一點小小助力，還有將鏡頭拉遠的過程，分解了這個難題。

想理解 10 億到底有多大，實在是相當誇張的目標。我們剛剛進行的方式，是利用一連串不同的等級來將其視覺化。在這個例子中，我們使用了三個等級，每個等級跟下一個都是 1000:1 的比例。注意我們是怎麼使用四個當場發明的度量標準。四個新的度量單位，就是四個新的**地標數字**。4 公釐長的螞蟻、4 公尺長的金龜車、4 公里長的公園，然後是 4000 公里的澳仔 [1]（你或許還記得赤道長度是 40000 公里——也就是 10 個澳仔）。

我們換個方針。10 億枚一便士排成的直線有多長？一枚英

國的一便士硬幣直徑為 20.03 公釐（台幣一元硬幣的直徑也差不多是這個長度）。所以 1000 枚一便士就是 20.03 公尺（板球球道的長度），而 100 萬枚就是 20.03 公里。10 億枚就是 20,030 公里。那是半圈赤道的長度，也就是 5 個澳仔。

如果不把這些一便士排成一直線，而是擺進某塊範圍，好比大機場的跑道上呢？那些硬幣會散布到多廣？如果我們把它們排成 40000 排、每排 25000 個，[2] 那就是 801.2 公尺乘以 500.75 公尺，很明顯小於 1 平方公里。如果我們可以使用二度空間，那想必也能使用三度空間吧？若把這些硬幣高高堆起來，或許每堆 1000 枚。由於 1 枚一便士的厚度只有 1.5 公釐，所以一堆的高度只有 1.5 公尺高，但我們現在有 1000 排的 1000 個硬幣塔，每座塔有 1000 枚一便士那麼高——也就是一個邊長為 20.3 公尺的正方形，高度低於一個書架——總共包含了 10 億枚一便士。

要注意到，有兩件事讓這個視覺化過程和「螞蟻過澳洲」不同。首先，我們只用了一種度量標準，也就是一便士硬幣。第二，我們使用了三度空間，把一長條的一便士硬幣折疊成結實的形狀。

## 使其不成正方形

我最近都在聽一個 podcast，[3] 它描述了美國國會大廈東門廊（East Portico）那些石柱的不同下場。很巧的是主持人把該地方稱為「100 平方碼」。聽到時我沒有特地停下來思考，而是直接在腦中把它轉換成「10 碼的平方」。100 平方碼不是個我自然能視覺化的東西；但 10 碼是，而每邊 10 碼的平方也一樣簡單。

所以這是另一種視覺化工具——把數字折成二或三度空間，來簡化一個數字。在這個例子中，顯然是因為主持人講的是面

[2] 但這不是填滿跑道的最有效方式。像蜂巢那樣的六角形排法會節省一些空間，但現在不是討論那種事的場合！

[3] 「99% Invisible」，該節目會推薦那些對設計和建築充滿思想且鏗鏘有力的報導，而且精彩的還不只如此。

積，才可以做到這點，但其實在數物件數量時，這種方法也一樣管用。600 人的戰鬥部隊？那是一個大數字嗎？請把他們在一個練兵場描繪出來，組成 20（4×5 個）個排，每排 30 人（3 人×10 列）。

## 裝滿倫敦聖保羅座堂要多少顆網球？

我想到一則關於倫敦聖保羅座堂內音響效果的報導，而那之中就有這個小資訊：座堂的內容積是 152000 立方公尺。這個數字合理嗎？我們用一點點視覺化技巧和一點紮實的幾何學，就可以做出一個粗略可用的交叉比對。

快速 Google 的一些圖片和測量值之後，我們得知倫敦聖保羅座堂的主體（大略來說）近似一個立方體，約 50 公尺寬、30 公尺高、150 公尺長。圓頂內側有名的室內迴音廊（Whispering Gallery）位在 30 公尺高處，而外側環繞圓頂的石廊（Stone

倫敦聖保羅座堂（Mark Fosh 拍攝於 2008 年 8 月 17 日，原本刊載在 Flicker 上）

Gallery）則是在 53 公尺的高處。

　　根據這點，我認為把這個立方體想像成以下這個擁有內部容積的簡化形狀，並非不合理之事（如果你把所有內部石造物全都推到邊邊的話）：寬 40 公尺 × 高 25 公尺 × 長 140 公尺，總容積為 140000 立方公尺。

　　倫敦聖保羅座堂有一個雙重圓頂：內圓頂就在外圓頂的正下方（兩者之間有一座磚造的圓錐體用來強化結構）。內圓頂直徑約 30 公尺，且座落在一個鼓狀的圓柱結構上。圓頂和鼓狀結構又一起替內部垂直高度增加了大概 30 公尺。經計算後，圓頂和鼓多提供了 18000 立方公尺的容積。因此，我們的總容積達到 158000 立方公尺。這便足以說服我說，音響工程師們使用的數字（152000 立方公尺）是合理的。

　　接著來處理網球。如果你把一堆網球倒進一個容器裡，它們不會完全塞滿整個空間。如果你超級小心地把它們裝起來，你可以讓有裝球的空間比例達到約整體空間的 74%；但如果只是隨便亂放，你就只能預期填滿整個空間的 65%。一顆直徑 6.8 公分的網球體積大約是 165 立方公分，但如果隨便裝一大堆的話，每一顆平均會占走 250 立方公分左右的體積，這大約是一滿杯的容量。這代表說，1 立方公尺容積的盒子大約可裝 4000 個網球（不考慮那種無法讓網球緊貼容器壁的「邊際效應」）。這樣的話，倫敦聖保羅座堂就可裝進這個數量的 152000 倍，而得到總數為 6.08 億顆的網球。

　　但如果，我們不用網球而改用撞球呢？直徑 5.715 公分的撞球，體積接近網球的 60%。你馬上就能懂我的意思。1 立方公尺可以容納 6700 顆撞球，如果我們把這乘起來的話，我們就得用上 1018400000 顆撞球（約 10 億顆）才能裝滿倫敦聖保羅座堂，而那就是另一種把 10 億視覺化的方式。

# 第二部

# 量尺寸

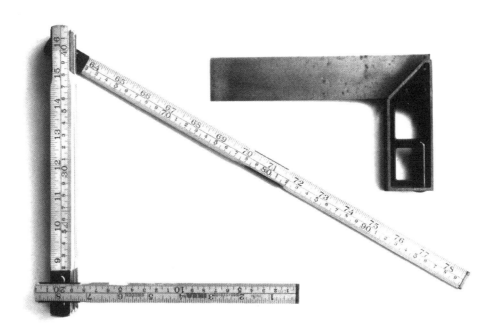

# 測量值

不論測量大或小，務必使其處處真。

—— 約翰・布萊特（John Bright，19 世紀英國激進派政治家）

## 測量的意思為何

「測量」這個詞在字源學上頗有意思：

**測量（measure）動詞**
*公元 1300 年，「以測量分配」，*
*源自古法語 mesurer，「測量；節制，遏止」（12 世紀），*
*源自晚期拉丁文 mensurare「測量」，*
*源自拉丁文 mensura「一次測量，一個測量結果；受測量之物」，*
*源自 mensus，metiri「測量」之過去分詞，*
*源自原始印歐語 *me- 「測量」*

https://www.etymonline.com

換言之，不論你追溯到多早以前，英文「measure」這個詞的意思就是「測量」——也說明了這個概念有多基本。

莎士比亞的劇作標題《量罪記》（*Measure for Measure*，又譯《一報還一報》）意指懲罰的嚴重程度，應符合罪過的嚴重

程度。提供食物飲料時，我們會測量份量。自制者會以一種「衡量過」的方式說話。當我們採取「手段」（measure）來對付難題時，指的是一種受控制的程序。上述情況的共通點就是，使用一種標準參考量來建立一致、平衡、控制或均等。

測量某物可能會涉及到數數，而且通常如此，但這件事和數數其實並不相同。測量涉及一個單位，以及一個參考量，這是非常關鍵的。水手可能會得到他們分配量（measure）的蘭姆酒，[1]《悲慘世界》的奧利佛・退斯特（Oliver Twist）要求高過他分配量的稀粥。《聖經》的〈箴言〉20 章 10 節告訴我們「兩樣的法碼，兩樣的升斗，都為耶和華所憎惡」。測量必須要標準化，不然完全沒有意義。

形式上來說，最簡單的測量就是一種數數行為：數出要用上幾個標準單位，才能滿足被測量的量。所以，若要知道一個測量結果是不是大數字，我們就不只得知道我們數了幾個單位，還得知道使用的是什麼單位。100 公里可能是、也可能不是一個大數字（視脈絡而定），但 100 光年絕對大上太多。

當我們在數數時，我們是以整數來處理；但測量時我們會遇到分數。測量是一種把數字指派給連續量的方法（即便我們最後是在數分數，但其實仍然在數數字）。古埃及那些用繩索畫出大金字塔基底的測量員，就在把連續不斷的長度空間量，轉變成「多少個他所選定的單位」。或許他運氣好，金字塔的一側正巧是他選定的單位的某個整數倍數，但更可能不是。他應該要能預料自己測量時，在所有單位都數完了之後，還會有剩餘的距離。他發現，整數不能解決這個問題。

在解決這剩餘量的問題上，他現在得要做個選擇。第一個選項是用一個不同的較小單位，來表示那個比完整 1 單位還少的量。我們使用英呎和英吋、磅和盎司、美元和美分，就是循這種方式。另一種方式則是使用完整單位的分數：1/2、2/5、

[1]　海軍的一杯蘭姆酒，是 1/8 帝國品脫（imperial pint），大約 70 毫升左右，也就是 35 毫升的小杯（shot 杯）兩杯。

1/8。[2]

　　後來的一位測量員，也許是拿破崙麾下埃及學者隊伍的一員，也測量了金字塔。這位測量員應該會用一種更新的單位系統：法國大革命之後，改革者採用公制系統（如今已正式化，成了國際單位制〔International System of Units，SI〕）來掃除陳舊的非十進位倍數單位和分數單位。我們這位法國測量員應該會以公尺和公尺的十進位小數（公制系統絕不允許單位和次單位混合一體）來寫下測量結果。但無論如何，測量都得解決分數單位的問題。

　　這樣的話，測量就成了更花俏的一種數數形式：是把單位附著在數字上頭數，而且得接受「數字可能不完整」或者「可能會牽涉次單位」的情況。所以我們一開始要來觀察的，就是測量最基本的量——也就是距離的幾種方法。會有許多種**地標數字**出現，也有許多進行**視覺化**的機會。然後，還有一種測量工具是我們所有人都具備的：也就是人體。

# 關於尺寸
## *將我們生存空間量化的數字*

測量可量之物，並使不可量之物得以測量。

——伽利略・伽利萊（Galileo Galilei）

---

**下列哪個最長？**

☐ 一台倫敦巴士

☐ 暴龍的估計身長

☐ 袋鼠可以跳躍的距離

☐ 《星際大戰》的一架 T-65 X 翼戰機

---

## 長和短和高

方舟的造法乃是這樣：要長三百肘，寬五十肘，高三十肘。

——《聖經》〈創世紀〉6 章 15 節，諾亞方舟的規格

─赤道長度為 40000 公里。*那是個大數字嗎？*

─帝國大廈高 381 公尺。*那是個大數字嗎？*

─尚比西河（Zambezi River）長 2574 公里。*那是個大數字嗎？*

在我們將一切數位化之前，幾乎所有的測量工具，不管是尺、時鐘、電壓計、溫度計、磅秤，甚至量角器，都是把要測的那個量，轉變成線性量的類比設備。這代表說，我們測量的方式，是讀取直尺或圓弧上的指針或水銀柱，來到校準刻度的哪個位置。所有的測量都會轉化成線性距離。所以一開始先來討論最基本且最基礎的度量——也就是距離，這也很合理。

## 量身打造

最自然的測量方法，莫過於用那些輕易可得的準繩，也就是我們身體的各個部位。不難想像，史上第一個最粗略的測量，就是用隨手可得的某樣東西，而那東西搞不好就是手。

碰到短一點的長度，希臘人用「指頭」（daktyloi）[1]和「腳」（podes）來測量，而 12 指為 1 腳，腳則約莫與我們現在使用的英呎（foot）差不多。羅馬人從希臘人那邊借用了指頭和腳，又把這些度量衡帶到不列顛。指頭在羅馬人口中變成了 uncia，在英國的被稱為 inches（英吋），但英國以外的歐洲都曉得那真的就是指頭，或者更精準地說，知道那是拇指。[2]

至今人們仍使用「手」來當作測量馬匹的單位，而諾亞方舟規格用的「肘」，也就是前臂加上手掌的長度，有時被認為是大約 1.5 英呎（46 公分）。[3]而我仍記得我爸爸曾要過「2 指頭」的威士忌。

「噚」是測量水深的單位：而噚是另一個取自人體部位的單位，又是一個「人類單位」。這個詞來自原始日耳曼語用詞 fathmaz，意指擁抱，因此代表「張開的雙臂」，長度約為 6 呎（183 公分）。法國的一種舊單位「土瓦茲」（toise）也量出類似的長度，而那個詞當初來自拉丁文的「張開」（在字源學上會連結到「帳篷」〔tent〕和「緊繃」〔tension〕）。

當然，要把這些不正式的測量單位適當地轉為確立的系統，

[1] 沒錯，會飛的恐龍「翼龍」的英文是 pterodactyl，這種「翼指」生物也和這個詞有字源上的連結。譯注：翼龍其實並非恐龍，只是與恐龍同時代的飛行爬蟲類。

[2] 「吋」這個詞源自拉丁文 uncia（也是「盎司」的起源），意思是 1/12；但在歐洲其他眾多國家裡，「吋」這個詞的意思是「拇指」：在法語中，pouce ＝吋／拇指；荷蘭文中，duim ＝吋／拇指；在瑞典文中，tum ＝吋、tumme ＝ 拇指；在捷克文中，palec ＝吋／拇指。

[3] 「厄爾」（ell）原本跟腕尺（cubit）一樣（而「手肘」〔elbow〕便是定出這個尺寸界限的關節），但在某些場合下卻超過了後者的兩倍，所以用來量衣服的英格蘭厄爾，就成了 45 英吋（114 公分），而蘇格蘭厄爾則是 37 英吋（94 公分）。

就必須要標準化。所以，就算這些名字指的是身體部位（而且實際的身體部位確實用來做過比較粗略的測量），最終還是需要官方標準，通常的形式是以實體的量尺。但民俗的稱呼法還是存活了下來，為這些單位的起源留下見證。當我們提到「拇指規則」（rule of thumb」）[4] 時，這種使用身體當量尺的方式，就仍徘徊在我們的語言中。另外，在語言慣例中，最小的差距叫做「毫髮」（hairsbreadth）。

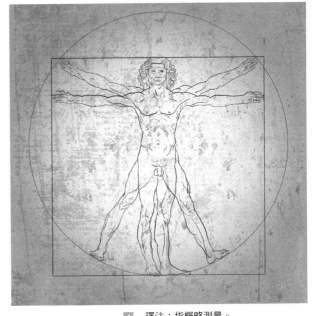

當拇指不夠大的時候，我們就找了「碼尺」（yardstick）。[5]「碼」（yard）這個詞的來源不是很清楚（有些人認為和腰圍有關，但這實在是一種隨性而不可靠的度量標準，甚至比指頭和腳還糟）。[6] 然而，「碼」在英制等度量衡上都有核心地位：大部分單位似乎都和碼有接近的等值。而「碼尺」這個一度有實質意涵的詞，現在則是指進行測量時的任何實作參考標準。[7]

## 出外走動

當羅馬人行軍時，他們是用走了幾步來算距離。125 步（pace，指雙步）是 1「斯塔德」（stadium）──沒錯，運動場的英文也來自同一根源。[8] 斯塔德，或 1000 雙步，就叫做 mille（複數為 milia），而這就成為了我們的「英哩」（mile）。羅馬的雙步（又稱 passus）是 5 英呎（1.52 公尺），所以他們的哩就是 5000 英呎（1.52 公里）。把這個數字除以 3（1 碼 = 3 英呎），得到的就是 1667 碼左右，這和當代定義下的「1 英哩 = 1760 碼」（1.61 公里）沒有差太多。[9]

在羅馬，1.5 哩變成了里格（leuga），或寫作 league。然而，

[4] 譯注：指概略測量。

[5] 譯注：現在此詞用作「準繩、度量標準」之意。

[6] 「碼」有一個比較可能的出處；或許是半噚，是從人體中軸到伸長手臂尖端的測量值。

[7] 而這提醒了我有「基準」（benchmark）這個詞。這是個很好的例子，顯示出一個廣泛使用的抽象概念，可能僅僅來自一張真正存在的工作檯上的一個記號。

[8] 「斯塔德」這個距離的名字取用自一場賽跑，也就是希臘的「斯特地昂」（stadion）比賽，而這個名字又取自比賽的賽跑場「斯特地昂」。位於奧林匹亞的原始「斯特地昂」大約有 190 公尺長。

[9] 羅馬的「斯塔德」因此是 625「腳」（pedes），而希臘的「斯特地昂」則是 600「腳」（podes）。

當這個單位轉變為中世紀度量衡的某個時候，這個數字加倍了，因此民間定義的里格變成了一個人在一小時內可以走的距離，一般來說是 3 哩。那麼，民間傳說中的七里格靴（Seven-league boots）[10]，每一步就可以走 21 哩。

1 化朗（furlong，即「犁溝長」）是一組牛一口氣可以犁完、不需休息的犁溝長度，而那多少等於羅馬的「斯塔德」長度。今日，化朗的用途絕大部分都限定於測量英語國家的賽馬活動，雖然有些美國城市還是會保留基於化朗的街區系統。[11]1 化朗是 220 碼，只比 201 公尺略多一點。

1620 年，艾德蒙·岡特（Edmund Gunter）為了調查工作，開始使用長度等同於 1/10 化朗、22 碼的實物鐵鍊，而催生了一種幾乎專門用於土地丈量的測量單位，稱作「鍊」（chain）。長 1 化朗、寬 1 鍊的的長方形土地，被稱作 1 英畝（acre）地，而 1 平方化朗等於 10 英畝。

古埃及人以各種方法將手拿來測量，而有手指、手掌（四指）、手（五指）、拳（六指）等單位。碰上更大的測量時，他們用跨距（span）、腕尺、桿（pole），還有各種不同的棍（rod），以及一個大單位叫做「河」（iteru），等於 20000 腕尺（約等同 10.5 公里）。考古學家從刻劃有手掌、手和指頭等次級分量記號的腕尺桿上，找到這些測量系統實際存在的證據。碰上比較大的測量工作，古埃及人則使用隔著特定間隔打結的繩子。[12]

傳統上來說，中國的腳——所謂的「尺」——大約是 32 公分長。5 尺就是一「步」，接近 6 英呎，和羅馬步的長度實在很相近。當代「尺」的定義和公制系統有所調和，而正好等於 1 公尺的 1/3。尺（不論舊制還是新制）可分成 10 個單位，稱作「寸」，傳統上來說，那就是從指節來量出的拇指寬度。

在古代中國，一匹絲綢的長度也普遍用來當作測量標準單

10 譯注：傳說中穿上這種靴子，一步便可走 7 里格。

11 美國芝加哥和鹽湖城的街區系統，都是以化朗度量為基礎。

12 一圈分成 12 等段的繩子可拉成三邊，分別是 3 段、4 段、5 段的三角形，而且是直角三角形。感謝你，畢達哥拉斯。

位，也就是 12 公尺長。[13] 有趣的是，一匹平織帶波紋 [14] 的絲綢，也普遍被當成一種貨幣單位。

　　2008 年，芭芭拉・威爾森（Barbara Wilson）與瑪莉亞・喬治（Maria Jorge）破解了阿茲提克人土地測量及計算土地面積的測量系統。其基礎單位稱作「特拉夸胡伊陶爾」（Tlalcuahuitl，以下簡稱 T），是一根介於 2.3 至 2.5 公尺長的土地量杖。特拉夸胡伊陶爾的分數形成一套詭異的組合：

- 箭：1/2 T＝1.25 公尺
- 臂：1/3 T＝0.83 公尺
- 骨：1/5 T＝0.5 公尺
- 心：2/5 T＝1.0 公尺
- 手：3/5 T＝1.5 公尺

　　人體又再度被找來擔綱測量大任。

## 用來測量的公尺

　　這些基於人體部位和活動而生的度量衡，在它們誕生時的那個受限環境中十分堪用，但到了啟蒙時代就不再符合自然哲學家的需求；他們需要的是普世通用的系統，能在更寬廣的探索實驗世界中進行構築、測量和調和。

　　法國大革命提供了顛覆所有傳統的機會，尤其是度量衡的世界。所以公尺，以及隨之而來的整個公制系統，就這樣誕生了。

　　不再以人類尺寸關係為基礎的「公尺」，打從出生以來就面向全球。真的是「全球」：它一開始的定義是北極點與赤道距離的一千萬分之一，而獲此殊榮的經線，[15] 當然就是通過巴黎的那條。皆大歡喜的是，這個度量衡在長短上和碼還滿相近

[13] 譯注：即「匹」，或稱「疋」。

[14] 「帶波紋」（tabby）指的是織在絲綢上的那種波浪或雲紋，也確實和虎斑貓（tabby cat）這名字有同一來歷。

[15] 譯注：通過南北極的直線。

的。所以，即便公尺的長短是以繞地球 1/4 周為基礎來定義，它依然還是個人類尺度的度量衡。

公尺的這種「子午線」定義已不再適用。1889 年至 1960 年，公尺的標準是參照一根實體的標準公尺棒，至於 1960 年以後的定義則是：

真空中氪 86 原子之電磁波譜內橘紅譜線的 1650763.73 倍波長。

這一整套所謂的「公制系統」受到廣泛採用（有助於這套系統推廣的一個事實是，該系統是基於乘以 10 或除以 10 來運作，而不是 12、14、16 或者其他反常的倍數）。儘管公制系統至今仍無法徹底征服世界每個角落，[16] 它仍是全球標準的唯一真正選擇。[17]

## 測量我們身邊的東西

人類經驗的所有領域都已被人測量過或數算過，但很少有哪個領域像運動一樣那麼清楚可見。運動是由數字統治規範的。運動要安排場地，要算分數，要打破紀錄——這些全都需要基礎的識數能力。

### 運動：高度

籃球選手有多高？2016 年美國男子奧運籃球隊除了兩名選手以外，都比 2 公尺略高一些。籃框本身的高度則是約 3 公尺。

橄欖球球門柱的橫桿 [18] 也是 3 公尺，而美式足球的球門柱橫桿也一樣，都和籃球框高度一樣，然而足球的的橫桿卻只有 2.44 公尺高。這也正好只比（可追溯到 1993 年的）世界跳高紀錄低一點點。所以最棒的跳高選手可以跳過足球球門——但也

16 美國是世界僅存的三個不採公制系統的國家之一——另外兩個是緬甸和利比亞。英國對於使用公制度量衡有著矛盾心理，而且在實作層面上，該國很典型地有一種混亂不調和的折衷，在特定的幾個豁免領域允許沿用英制；舉例來說，路標仍使用英哩，賣啤酒和牛奶時仍使用品脫。

17 出於該理由，在本書接下來的部分，我們在能發現之處都將以公制系統為預設單位，距離方面，根據我們測量的大小而選用公釐、公尺和公里，而且會使用標準的縮寫 mm、m 和 km。不過，不管公制系統有多明智，那些古怪的老單位還是有一種不可否定的魅力，而我們也會偶爾給予適當尊重。

18 當我們說「足球」（football）時指的是什麼？維基百科採用最簡單的辦法，定義為「在該詞出現之地域背景下，最通行的任一種足球形式」。我會視情況而使用橄欖球（如果差異明顯的話，會標明是聯合式橄欖球或聯盟式橄欖球）、足球（原諒我！）（譯注：作者為了避免慣用的 football 和美式足球混淆，因而忍痛使用只有美國及加拿大使用的 soccer 來稱呼足球）、美式足球，以及澳式足球（又稱澳式橄欖球）。

只是剛剛好過去而已！

　　世界撐竿跳紀錄是跳高紀錄（2.45 公尺）的兩倍半，大約 6.16 公尺的高度，比籃框的兩倍略多一點。有趣的是，女子撐竿跳紀錄（5.06 公尺）也是女子跳高紀錄（2.09 公尺）的兩倍半，這兩項都大約是男子紀錄的 5/6。

　　冰上曲棍球的球門口非常小，只有 1.2 公尺高，而奧運的跨欄則稍稍高過 1 公尺，精確來說是 1.067 公尺。

　　在奧運跳水比賽中，跳水選手使用的是高 3 公尺的跳板，或是數字清楚好記的 10 公尺高台。

　　女子體操的高低槓分別規定為 2.5 公尺和 1.7 公尺，而男子單槓則是 2.75 公尺高。

## 運動：距離

　　先從小處開始：桌球的桌面為 2.74 公尺（9 英呎）長。合乎規定的撞球檯有兩種標準長度：2.74 公尺（9 英呎），就跟桌球一樣，或者比較小的 2.44 公尺（8 英呎）。

　　十瓶保齡球的球道從犯規線到最前面的球瓶是 18.29 公尺（寬度則是 1.05 公尺）。

　　網球場是 23.77 公尺長（78 英呎），而網子高度則是 0.914 公尺（3 英呎），傳統上是用兩支球拍來量，一支用長邊、另一支用寬邊，來臨時權充量杖。

　　籃球場長 28 公尺，略多於較大的標準撞球檯的 10 倍，寬度則是 15 公尺。

　　板球球道從一座門柱到另一座之間的長度是 20.12 公尺（當然這裡是從英制而來，這個數字是 22 碼，也因此是 1 鍊長，或者 1/10 化朗），雖然說特別安排的球道，在每座門柱後面還有

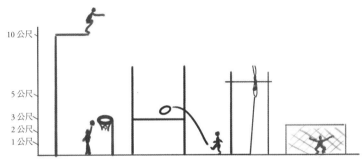

**地標數字**

- 籃球框
- 美式足球球門
- 橄欖球球門

這幾個都高 3 公尺。這數字比高個子身高的一倍半再高一些。

**地標數字**

奧運跳水比賽的高台有 10 公尺高，大約是三層樓的高度。

多餘的 4 英呎,讓全長來到 22.56 公尺。至於整座板球場,則端看該球場(或那塊鄉村綠地)長怎樣、有多大。

同樣地,棒球的鑽石形(指內野)也是安排在一塊大小隨意的場地內。鑽石兩邊是 27.43 公尺長(但就跟板球球道一樣,英制的 30 碼比較簡潔好記)。這和籃球場的長度很接近,且等同於十張大型撞球檯一張貼一張的總長度。

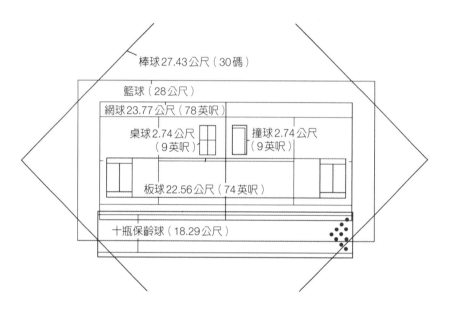

## 足球球場有多大?

足球的規定就比較有彈性:90 ~ 120 公尺長、45 ~ 90 公尺寬都可以接受,[19] 但事實上大部分的英國超級聯賽球場都是在 105 公尺 ×70 公尺上下。美式足球球場必須是 110 公尺長、48.76 公尺寬,縱橫比跟足球場相比顯得拉長一些——事實上,其長寬比超過 2:1。很奇妙的是,美式足球場的長度幾乎等同於棒球內野四個壘包跑一圈的距離。

橄欖球場的兩道球門柱相隔 100 公尺,但在每一端的球門柱後頭還有「得分區」。聯盟式橄欖球場有 68 公尺寬,然而聯

19 有趣的是,這代表 90 公尺 ×90 公尺的正方形球場也是合乎規定的。

合式橄欖球的規定，則是最少要有 70 公尺寬。

　　蓋爾式足球（Gaelic football）是在較大的場地內比賽，長130～145公尺，寬80～90公尺。澳式足球的球場是橢圓形，沒有規定大小，但通常是長160公尺、寬120公尺。所以它們比大部分其他足球場都要大上許多。

**地標數字**

足球場長度＝選擇你自己的偏好：
- 足球：105公尺
- 美式足球：110公尺
- 橄欖球：100公尺＋得分區
- 蓋爾足球：130～145公尺
- 澳式足球：通常160公尺左右

澳式足球：（通常）160公尺 × 120公尺
足球：（90～120公尺 × 45～90公尺）
美式足球(110公尺 × 48.8公尺)
橄欖球(聯合式 100公尺 × 70公尺；聯盟式 100公尺 × 68公尺)
蓋爾足球 (130～145公尺 × 80～90公尺)

　　所以一座學校的體育場整體來說至少100公尺長，不只是為了讓需要進行的各種足球比賽都能進行，也是要給跑步比賽提供合適的長度。

　　古希臘把他們的一個長度單位，也就是「斯特地昂」，奠基於跑步比賽的長度。這是以跑步比賽的地點命名（因此我們又透過羅馬人得到了「stadium」這個字），而那大約是170至200公尺長（始終都是600「腳」，但「腳」的長度定義卻非始終一致），一般認為這個長度便是當時最短的競技衝刺長度。當然，現在短跑選手的最短距離比賽是100公尺，下一層級的

賽跑則是以兩倍的模式拉長：200 公尺（和 1 化朗相當接近但並非巧合）、400 公尺和 800 公尺。

下一個跑步距離來到了 1500 公尺，雖然說 1600 公尺更近似於一英哩的賽程[20]（那會是 1609.3 公尺）。長距離賽跑通常會跑到 3000 公尺、5000 公尺和 10000 公尺。最終，我們又會回到希臘，那場紀念馬拉松戰役傳令兵菲迪皮德斯（Philippides）[21]跑到雅典的馬拉松賽跑，如今正式將長度規定為 42.2 公里。而那大約是 400 個足球場的長度，讓 2016 年奧運男子金牌選手跑出了略快於 2 小時 9 分的成績，至於女子金牌選手則跑了 2 小時 24 分鐘。

菲迪皮德斯跑到雅典的故事應該不是真的。不過，希臘歷史學家希羅多德倒是有寫到，有個人在馬拉松戰役前跑步去斯巴達求援。從雅典過去的距離接近 250 公里，據記載菲迪皮德斯花了兩天跑完。1982 年，四名英國皇家空軍的戰友決定重現這場跑步，結果在 36 小時內跑完全程。自從那之後，這一趟路程就成了年度活動，稱為斯巴達拉松（Spartathon）。目前保持的最快紀錄是 20 小時 25 分鐘。

## 你可以扔多遠？

想到戰鬥中的希臘人，就想到一支矛可以扔多遠？歷史紀錄中並沒有可靠的證據，但我們確實知道，1984 年烏貝·宏恩（Uwe Hohn）把一把現代標槍扔了 104.8 公尺遠（幾乎是一個足球場的長度）；由於競賽用標槍的技術規格在那之後就有了改變，他的這個紀錄應該還會保持一段時間。2016 年奧運男子標槍比賽，是由托馬斯·羅哈勒（Thomas Röhler）以 90.3 公尺奪冠。

鐵餅曾被扔到 74.08 公尺遠，而 7.26 公斤的鉛球被推到 23.12 公尺遠。由弓所射出的最遠飛箭紀錄據報為「將近 500 公尺」。

[20] 4 分鐘 1 英哩（four-minute mile）從以前到現在都是美好的地標數字。即便當前由摩洛哥人希沙姆·格魯傑（Hicham El Guerrouj）保持的 3 分 43 秒 13，已打破了這個數字，還超出 15 分鐘。想像 1 英哩能由一位菁英運動員花 4 分鐘跑完，還是十分整潔好記；而這距離你我可能要花 20 分鐘才能走完。

[21] 或拼為 Pheidippides，或者 Phidippides：自己選一個。

**地標數字**
- 擲標槍：略短於 100 公尺
- 擲鐵餅：擲標槍的 3/4
- 推鉛球：擲標槍的 1/4
- 弓箭：擲標槍的 5 倍長＝將近 500 公尺

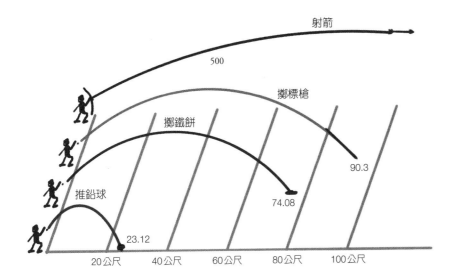

美式足球可以扔到 80 公尺遠。曾經有人把板球扔到 125 公尺遠，而棒球可以丟到 135 公尺遠。高爾夫球發球的最長紀錄是 471 公尺。

## 運動：裝備

棒球球棒和板球球棒在規定長度上大致類似：棒球球棒最短要 1.067 公尺；板球球棒最長不得超過 0.965 公尺。兩者都會在急用時權充臨時度量標準。

乒乓球直徑為 40 公釐，一顆高爾夫球的直徑是 43.77 公釐，一顆撞球則是 57.2 公釐，一顆網球的直徑大約 67 公釐，而一顆棒球是 73.7 公釐。另外，一顆籃球直徑最多不超過 241.6 公釐，而它必須通過一個直徑 457 公釐的籃框，稍微小於籃球本身的兩倍寬。

## 長對上高

來想想地球的平均半徑 6370 公里——從地心到地表。想想

珠穆朗瑪峰——比海平面高出 8.8 公里，還有馬里亞納海溝的深度——低於海平面 11 公里。兩個一起看的話，代表地球最高峰和最低點之間的垂直高低差略小於 20 公里。而這只是地球半徑的 1/320。若把這比例移到半徑 20 公釐的乒乓球上，就會只有一公釐的 1/16，幾乎無法識別。

當我們環遊世界時，我們走過的距離多半都是水平移動距離：那是幾萬公里。另一方面，我們在地表上能向上向下移動的最大垂直距離連 20 公里都不到。所以，即便高度和距離都是線性空間長度的度量衡，水平垂直卻難以相比。在這個行星上，在重力的推平之下，垂直高度比水平距離短得太多太多。[22]

## 建築物和其他結構

目前為止，撐竿跳跳出的最高成績只比 6 公尺高一點，略矮於建築物的兩層樓。高台跳水選手則是從三層樓左右的高度跳下。而當我們人類想要吹噓財富、炫耀地位時，我們就會想蓋高樓——蓋出高聳入雲的塔。

12 世紀時，義大利托斯卡尼一帶的聖吉米亞諾（San Gimignano）興起一股以蓋塔來炫耀地位的熱潮。這山頂小城的城牆內可用的土地很少——沒地方蓋豪宅，所以塔就成了首選。每個顯赫家族都有自己的塔，每一家都想壓過鄰居。在狂熱最高峰時，全城有 72 座塔，蓋到了 70 公尺高，等同於今日的 18 層樓建築（比世界撐竿跳紀錄的 11 倍還高）。現在只有 14 棟留存，但它們還是為這個山頂小城畫出了不可思議的天際線。

第一棟被稱作摩天大樓的建築物[23]——家庭保險大樓（Home Insurance Building），於 1884 年建成。這棟樓蓋好時有 10 層樓 42 公尺，但 1890 年又加蓋了兩層樓，達到了 55 公尺高，但仍然比聖吉米亞諾的眾塔要矮許多。然而，這整棟樓全都是實際可用的空間。

[22] 因為那個理由，在本書及相伴的網頁上，我們都會試著只拿垂直和垂直比較，或者只拿垂直與無指定方向的參考長度（舉例來說，球棒的長度），而水平的比較也是同樣道理。一旦我們逃出地球引力，這問題當然就消失大半了。太空中並沒有「上面」。

### 概略測量
摩天大樓的高度，大約是每層樓 3.5 公尺，最後再加 10 公尺。試著把這規則套用到下述的某些建築物上

[23] 想像一下，如果你從未聽過「摩天大樓」這個詞，然後第一次聽到。不覺得這是最有詩意的詞嗎？（譯注：英語 skyscraper 的字源來自「天」及「削除」。中文「摩天」則是指迫近天空）

就大半個 20 世紀而言，全世界最有代表性的摩天大樓或許就是帝國大廈。在「象徵紐約市」的意義上，這棟只有自由女神像（從地面到火炬尖端高 93 公尺）[24] 能匹敵的大樓，以 102 層來到了 381 公尺，[25] 是家庭保險大樓高度的七倍左右。

帝國大廈作為世界最高建築物的地位，後來被 417 公尺的世貿中心所篡位，但該樓又在 2001 年令人震驚且悲劇地倒塌。原址現在立起了一座新的世界貿易中心一號大樓（One World Trade Centre），是西半球最高的建築物，有 541 公尺高——只是如果把狹長尖頂去掉，屋頂的高度只有 407 公尺。其高度據說以標準樓層來說是 104 層，但地面以上實際只有 94 層。

本書動筆時，全世界最高的摩天大樓是杜拜的哈里發塔（Burj Khalifa）：全體架構的總高度是 828 公尺，然而其最高樓層僅僅為 585 公尺——尖頂有 46 層。建築師把這種極高建築物上無法使用的高度稱為「虛高」（vanity height）。在某些例子中，好比說哈里發塔，虛高和整體設計十分和諧相容。但在其他案例中，追加的尖頂就顯得多餘，會讓人懷疑建築者這麼做想必出於虛榮或較勁。

但如果我們決定不算虛高，那麼倫敦聖保羅座堂大部分的高度就都不能算入，而那可不行。111 公尺高的倫敦聖保羅座堂，從 1710 至 1962 年，兩百五十二年來都穩居倫敦最高建築之位，直到 1964 年 183 公尺的英國電信塔（Post Office Tower）落成，才第一次被取代。今天，倫敦最高的建築是碎片塔（The Shard of Light）有 95 層樓、高 310 公尺。

這還是沒有比知名的艾菲爾鐵塔高，這座巴黎地標中的地標有 324 公尺高，而且一開始還被當成臨時建物，是為了 1889 年世界博覽會蓋的。

哈里發塔到了 2020 年，很可能就會被沙烏地阿拉伯的吉達塔（Jeddah Tower）趕過，[26] 而那將會是史上第一座超過 1000

24 銅像本身有 46 公尺高，略低於全高（地基到火炬）的一半。

25 這個稱作該樓的「建築高度」，包括尖頂，但不包括天線或旗桿。由於今日太多高樓都沒有確切的屋頂線可供測量，現在多半已不使用屋頂高度當作測量標準。

26 譯注：翻譯至此處時，該建築仍未完工。

**地標數字**

帝國大廈有 102 二層樓，大約 381 公尺高（自由女神像大約是那高度的 1/4）

**地標數字**

哈里發塔有 828 公尺高

**地標數字**

艾菲爾鐵塔有 324 公尺高

公尺高的塔，達到 1008 公尺。只是說，如果亞塞拜然那座 1054 公尺高塔的興建計畫實現的話，這高度也還是會被超越。蓋成的話，那座塔就會達到珠穆朗瑪峰從海平面量起高度的 12%。

### 路線和道路

咱們從那些高不可攀的地方回到地表上，來做一些思考算數吧：如果 1 里格是一人一小時（以大約每小時 5 公里的速度）行走距離的度量衡，那一人一天可以走多遠？我們可以想像天氣宜人時一天可以走 8 小時，那就代表說，我們或許可以行走 40 公里的距離。

那有多長呢？這個嘛，這距離是：

**地標數字**

走路繞地球一圈需要1000日

* 紐約中央公園的 10 倍長
* 印第安納波斯賽車場（Indianapolis 500 motor race）[27] 長度的 1/20（500 英哩）
* 澳洲東西寬度的 1/100
* 非洲南北長度的 1/200
* 赤道長度的 1/1000

[27] 譯注：印第賽車每年在美國印第安納波利斯賽車場舉行的比賽。

**地標數字**

開車繞地球一圈需要50日

如果開車的話會快多少呢？大概是 20 倍（每小時 100 公里）。所以如果在天氣適宜的日子開車（同樣一天 8 小時）就可以走 800 公里。

以那樣的速度，開車繞地球一圈要花上大約 50 天。朱爾·凡爾納（Jules Verne）筆下的非勒斯·佛格（Phileas Fogg）成功在 80 天內跑完這趟旅程——他一天得要走 500 公里，但他通常會使用 24 小時行進的運輸工具。

**地標數字**

你可以在 2½ 天內飛行環繞世界一圈

那如果是搭商用航機飛行呢？那樣的速度大約是每小時 800 公里——又快了 8 倍。如果你一天只飛 8 小時，就要花 6 天多。

不過，假設你能完美不落地的話，你可以在 2½ 天內就完成這趟旅程。[28]1980 年，一架在空中進行加油的 B-52 轟炸機，就這樣花了 42 小時又 23 分環繞世界一圈。[29]

國際太空站在 400 公里的高空，只要花 92 分鐘就可以完成同一趟旅程。但莎士比亞筆下的帕克（Puck）[30]比這還厲害。他可以「40 分鐘繞地球一圈」，速度是國際太空站的兩倍。這使他能以一個數面上非常工整的速度行動，也就是每分鐘 1000 公里。或許我們該定下一個新單位「帕克」，等於每分鐘 100 萬公尺。聽起來挺順耳的，不覺得嗎？

## 跨越大陸

想像真有一條繞著地球的實體道路能讓我們走過或飆過赤道是一回事，真要策劃一趟沿地球表面移動的實際長征旅途，卻是另一回事。這種壯遊的名稱總是連上浪漫和冒險：「西伯利亞快車」（The Trans-Siberian Express）、「開普敦—開羅鐵路」（Cape to Cairo）、「絲路」、「東方特快車」，甚至「蘭茲角到約翰歐葛羅特」。[31]

但我們從 20 世紀中期歌曲中一條名聲響亮的道路開始吧：美國 66 號公路。就像歌詞告訴我們的一樣：「它從芝加哥到洛杉磯／一路兩千多英哩」。[32]這正確嗎？這個嘛，雖然 66 號公路已經很遺憾地遭到廢除而不再持續維修，但沒錯，它超過 2000 英哩——事實上它約有 2450 英哩，或說只比 4000 公里少一些而已。如果路況還很好，我們能以每日 800 公里行進，那會是 5 天的車程。實際上，相關單位給觀光客的推薦時程是兩週，一方面配合速限低的路段，也讓人有觀光的餘裕。

如果你想要走州際公路好加速橫跨美國的話，或許你該選 I-90。這條從波士頓到西雅圖、從大西洋岸到太平洋岸的公路有 4860 公里。天氣好的時候，一天走 810 公里，大概需要走 6 天。

[28] 我查過了：搭紐西蘭航空，從倫敦到奧克蘭，中途停留洛杉磯國際機場（26 小時）。你接著得花兩個半小時待在奧克蘭的地面上，然後搭英國航空經雪梨和新加坡（回倫敦），這樣總共是 31.5 小時，整個加起來正好是 60 小時。

[29] 順便也注意一下，思考「以時間來測量的距離」是多麼自然的事。過去，一座城鎮可能會被描述成走兩天的距離，而今日你可能會說一間購物中心是「開車 20 分鐘」遠。這種用時間來表達距離的方法，甚至以「光年」這種形式延續到了科學領域。

[30] 譯注：出自《仲夏夜之夢》。

[31] 譯注：Land's End to John O'Groats，也就是大不列顛島的西南到東北角。

[32] 譯注：出自歌曲「Get Your Kicks On) Route 66」的歌詞，由鮑比·特勞普〔Bobby Troup〕作詞。

### 概略測量

乘坐商務航班在兩個城市間飛行的所需時間。

以千為單位取近似距離，加上 1/5，然後再加半小時起降，你會得到小時為單位的飛行時間。試試看！從倫敦希斯洛（Heathrow）機場到紐約約翰甘迺迪國際機場的航程大概是 5500 公里。5.5（千）加 1/5 得到 6.6，然後再加半小時（左右），就得到了 7 小時。

順帶跟那些分數狂提一下，那是 I-90 道路的 5/18。

**地標數字**

美國 66 號公路「一路」有（或說曾有）4000 公里

**地標數字**

波士頓到西雅圖——稍少於 5000 公里，要花 6 天

**地標數字**

直線飛行的話，從蘭德角跨越大不列顛島到約翰歐葛羅特的距離是 970 公里

那是橫越大不列顛島的最長可行路線——從康瓦爾（Cornwall）的蘭茲角，一路穿到蘇格蘭東北凱瑟尼斯（Caithness）郡的約翰歐葛羅特——的 3 至 4 倍距離之間。直線飛行的話只有 970 公里，但陸路就比較接近 1350 公里。[33] 有些路段會滿快的，有些則否。開 16 小時，就代表你這趟旅程得花上 2 天。

世界上最長的鐵路是從莫斯科到海參崴的西伯利亞鐵路，全長有 9290 公里。如果整條拉長，就會稍短於地球圓弧的 1/4。最好的情況下，列車一天可以跑 900 公里——所以這趟旅程要預備個 11 天。然而，有些可以加快列車而減少延誤的方案，應該可以把每天行走的距離增加到一日 1500 公里，使其最後成為 7 天旅程。

原本東方特快車是從巴黎出發，並以當時的君士坦丁堡（現在的伊斯坦堡）為終點，一趟約 2800 公里。你現在還是可以進行這趟旅程，這樣花上 7 天的時間，費用要到 20000 美金，而且一年只通行一次。

那把中國與歐洲連接起來的傳奇絲路呢？這個嘛，其實那一直都是一個路線網而非單一道路，但我們可以算出，從中國西安直線飛行到義大利威尼斯大約是 7800 公里，走陸路的話可能超過 10000 公里。來回走一趟，估計要花 2 年。現在已經有人在計畫新絲路了——由中國倡議，希望能強化連往西亞和歐洲的貿易路線。

說到直線飛行：澳洲最長的東西寬度幾乎正好是 4000 公里（也就是赤道的 1/10）。非洲最長的直線距離（也就是北到南的距離）是它的兩倍，為 8000 公里。[34] 南美洲從頭到腳、從南到北長 7150 公里，而北美洲從南到北則是 8600 公里。

歐亞大陸是地球上最大的一塊大陸，但如果你試著想量一端到另一端的直線飛行距離，情況就會複雜起來。因為，如果

出名的「開普敦到開羅」旅程若以直線飛行會短上一截。因為開羅完全稱不上非洲最北端。不過，如果真的要從開普敦走陸路到開羅，路程會超過 12400 公里。

一隻烏鴉想要飛最短的路程，[35] 從歐亞大陸最西端的葡萄牙飛到最東端的俄羅斯，其實反而不用飛過歐亞大陸，而是飛過北美走北極路線更好。這樣一條走大圓弧的路，穿過北極點附近，方向來說是朝西而非朝東。儘管歐亞大陸大半的陸面都在東半球，但其最西端和最東端都在西半球上。

如果該烏鴉覺得這不怎麼符合原本的精神，而掉頭從葡萄牙起飛往東飛行，並於知名的歐亞之橋伊斯坦堡暫停再出發，牠會在歐洲飛上 3200 公里，然後在亞洲飛上 8000 公里，使得整趟大陸旅程來到 11200 公里。

## 河流

在我們結束這一章的地球測量（也就是「幾何學」英文的原義）之前，我們來快速瀏覽一下河流。世界上最長的亞馬遜河，長度只比相當好記的 7000 公里整整短了 8 公里。尼羅河大約 6850 公里，短了 2%。下一名是亞洲最長的河流，6300 公里的長江。而密西西比－密蘇里河則以 6275 公里緊追在後。

接著，是我開始研究這個主題之前從沒聽過的河流。那就是葉尼塞河（Yenisei），5500 公里長。該河發源自蒙古，流過北亞，97% 的河道都在俄羅斯境內。

5500 公里。那是個大數字嗎？這個嘛，這個距離跟倫敦到紐約差不多遠，是直線飛越歐亞大陸的一半，是木星直徑的 1/25。我們還不會那麼快就上太空，但後面有一章會回到天文數字的距離測量。

# 樂高世界

樂高版的帝國大廈有多高？事實上，樂高公司銷售的建築類別可說五花八門，因此也確實出過這棟地標建築的樂高版。

35　譯注：在英語中「當烏鴉飛行」就是指直線距離。

**地標數字**

亞馬遜河有 7000 公里長

但就本書而言，我們希望物件是以人的尺寸做為標準，而在樂高的世界裡，人就是樂高小人偶，又稱 minifigs。

所以，如果要建立一套比例尺，我們就得決定標準樂高小人偶代表一個人有多高，並且什麼要跟這個高度一致。

比例尺是模型和實體的相關**比**，而使用比例是瞭解大數字的一個重要方法。這是我們的五種技法中的一種。

現在，第一件要注意的事情是，樂高小人偶本身的比例是錯誤的，樂高小人偶又矮又胖，但我們對這件事不能太挑剔。第二件事是，我們要的是實用的比例尺。所以我們會偏好工整的數字，謝謝。

一個樂高小人偶有 40 公釐高，也就是四塊樂高積木的高度。最明白的實際換算是 1 公釐比 50 公釐，但那樣我們會弄出一名巨人（2 公尺高，而且身體寬到好笑）。因此我建議減量20%，以 1 公釐對 40 公釐來換算。這樣的換算會讓樂高小人偶等於 1.6 公尺高，或以英制表示是 5 呎 3 吋。感覺很可以？

所以一塊標準的 10 公釐樂高積木，[36] 在我們這個縮小比例世界裡就代表 400 公釐。2 公尺的入口就需要 5 塊積木高。我覺得挺好的。

那水平尺寸呢？樂高積木上每個圓凸的距離是 8 公釐，換算之下，代表 320 公釐，或說比 1 英呎略多一點。我們可以或多或少地算出三個圓凸就是 1 公尺。這個比例尺的意思是，標準的 2×4 樂高積木，就代表某個 0.64 公尺寬 ×1.28 公尺長 ×0.4公尺高的空心磚之類的東西。

所以，我們現在回到樂高帝國大廈。那會有多高呢？大廈實際上是 381 公尺──所以樂高版本就得要是 1/40──9.53 公尺，意即 953 塊積木的高度。每層樓平均需要介於 9 至 10 塊積木。

更好的是，有人還真的決定這麼做！「凱文 F」（Kevin F）

開始以這個比例打造模型，並在 youtube 上記錄了他的計畫。這個計畫目前正在初期階段，而且顯然進展緩慢——祝你好運，凱文！[37]

[37] 譯注：可見 https://www.youtube.com/channel/UC0rgFMWv_AIGvfqnEuWgIcQ，不過該計畫自 2017 年之後就未再更新。

## 1000 公里有多遠？

| | |
|---|---|
| 1 公尺 | 板球球棒的最長長度（965 公釐） |
| | 棒球球棒的最長長度（1.067 公尺） |
| 2 公尺 | king-size 床鋪（1.98 公尺） |
| | 漂泊信天翁的翼展（3.1 公尺） |
| 5 公尺 | 經典福特野馬（第一代）跑車長度（4.61 公尺） |
| | 有紀錄以來最長的網紋蟒（6.5 公尺） |
| 10 公尺 | 世界跳遠紀錄（1991 年）（8.95 公尺） |
| | 倫敦巴士長度（11.23 公尺） |
| 20 公尺 | 奧運男子三級跳紀錄（18.09 公尺） |
| | 板球球道長度（20.12 公尺） |
| 50 公尺 | 電影《星際大戰》中千年鷹號（Millennium Falcon）的長度（34.8 公尺） |
| | 空中巴士 A380 的長度（72.7 公尺） |
| 100 公尺 | 帆船卡蒂薩克號（Cutty Sark）[38] 的長度（85.4 公尺） |
| | 世界標槍擲遠紀錄（104.8 公尺） |
| 200 公尺 | 塞納河上的新橋（Pont Neuf）長度（232 公尺） |
| | 鐵達尼號的長度（269 公尺） |
| 500 公尺 | 由弓射出的箭之最長飛行距離紀錄（2010 年）（484 公尺） |
| | 美國華盛頓特區林肯紀念堂倒影池（Lincoln Memorial Reflecting pool）的長度（618 公尺） |
| 1 公里 | 北京天安門廣場長度（880 公尺） |

[38] 譯注：現今保存最古老的飛剪式帆船。

| | |
|---|---|
| 2 公里 | 香榭麗舍大街（Champs-Élysées）長度（1.9 公里） |
| | 葉森德比（Epsom Derby）賽馬的長度（2.4 公里） |
| 5 公里 | 巴西里約熱內盧科帕卡瓦納海灘（Copacabana Beach）長度（4 公里） |
| 10 公里 | 最長的運河隧道（法國勒夫隧道〔Tunnel du Rove〕）長度（7.12 公里） |
| | 印度清奈（Chennai）的遊艇碼頭海灘（Marina Beach）長度（13 公里） |
| 20 公里 | 曼哈頓島的長度（21.6 公里） |
| | 英吉利海峽最窄處的寬度（32.3 公里） |
| 50 公里 | 馬拉松賽跑的長度（42.2 公里） |
| | 百老匯大道的全長（53 公里） |
| 100 公里 | 基爾運河（Kiel Canal）的長度（98 公里） |
| | 《星際大戰》系列第一部電影中的死星直徑（120 公里） |
| 200 公里 | 蘇伊士運河的長度（193.3 公里） |
| | 一級方程式錦標賽英國大獎賽（British Grand Prix Formula 1）的賽車道長度（306.3 公里） |
| 500 公里 | 泰晤士河的長度（386 公里） |
| | 倫敦到愛丁堡的距離（535 公里） |
| 1000 公里 | 蘭茲角到約翰歐葛羅特的直線距離（970 公里） |
| | 義大利本土的長度（1185 公里） |
| 2000 公里 | 底格里斯河的長度（1950 公里） |
| | 尚比西河的長度（2574 公里） |
| 5000 公里 | 水星直徑（4880 公里） |
| | 黃河長度（5460 公里） |

10000 公里　2016 年達卡拉力賽（Dakar Rally）的長度
（9240 公里）

西伯利亞鐵路：從聖彼得堡到海參崴的全長
（11000 公里）

20000 公里　空中巴士 A380 的航距（15200 公里）

赤道長度（40100 公里）

## 100 公尺有多高？

2 公尺　　　奧運女子跳高紀錄＝ 2.06 公尺

5 公尺　　　奧運女子撐竿跳紀錄＝ 5.05 公尺

10 公尺　　高台跳水的跳台高度＝ 10 公尺

20 公尺　　《星際大戰》系列電影中全地域裝甲運輸走獸
（All-Terrain Armored Transport，AT-AT）的高
度＝ 22.5 公尺

50 公尺　　帆船卡蒂薩克號主桅杆高度＝ 47 公尺

尼加拉瓜瀑布高度＝ 57 公尺

100 公尺　　阿波羅登月計畫農神五號火箭長度＝ 110.6 公
尺

倫敦聖保羅座堂高度＝ 111 公尺

200 公尺　　西班牙巴塞隆納聖家堂（Sagrada Familia
Basilica）高度＝ 170 公尺

（倫敦）碎片塔摩天大樓高度＝ 310 公尺

500 公尺　　美國紐約世界貿易中心一號大樓高度＝ 541 公
尺

1 公里　　　（委內瑞拉）安赫爾瀑布（Angel Falls）高度＝
979 公里

2 公里　　　（南非）恩波能金礦場（Mponeng Gold
Mine）深度＝ 3.9 公里

| 5 公里 | 吉力馬札羅山高度 = 5.89 公里 |
| 10 公里 | 珠穆朗瑪峰高度 = 8.85 公里 |
| | 馬里亞納海溝深度 = 10.99 公里 |

**誰會想到（只差 2%）……**

- **長城**（8850公里）的長度大約等同**美加邊界**（8890公里）
- （倫敦）**碎片塔摩天大樓**的高度（310公尺）是**世界撐竿跳紀錄**（6.16公尺）的50倍
- 《星際大戰》**死星**的直徑（120公里）是《星際大戰》**光劍**長度（1.19公尺）的10萬倍
- 奧運男子**跳遠**紀錄（8.9公尺）是標準全尺寸**撞球檯**長度（3.57公尺）的2.5倍
- 環繞倫敦的**M25 高速公路**（M25 motorway）長度（188公里）是高爾夫史上最長**開球**（471公尺）的400倍
- 奧運男子**三級跳**紀錄（18.09公尺）是冰上曲棍球**球門口**寬度（1.8公尺）的10倍
- 史上最遠的**跳台滑雪**距離（2015年）（251.5公尺）是**飛魚**一般飛行距離（50公尺）的5倍
- （紐約市）**帝國大廈**的高度（381公尺）是標準**正方形便利貼**長度（76.2公厘）的5000倍

# 第三種技法：分而治之
## 一次一口吃

　　西西里島陶爾米納（Taormina）城的希臘劇場（Greek Theatre）有著絕佳視野，可以看到海灘及歐洲最高的火山——埃特納火山（Etna）。[1] 劇場本身的歷史可以追溯到公元前 3 世紀，而且儘管叫做「希臘」劇場，其實它的絕大部分是羅馬人所建（透露這一點的線索在於它是磚造的）。這地方固定當成演奏場使用，宣傳資料則指出，這地方原本可容納 5000 人。這個主張可信嗎？我們來做一點**交叉比對**，看看我們能否自行做一次獨立估計，來跟這數字比對。

[1] 埃特納火山高度是 3350 公尺，比珠穆朗瑪峰的 1/3 略高，而且是直接從海中升起的。

　　如圖所見，劇場的座位有分為多個區塊，一共有 7 塊。所以，我們若要想完成我們的觀眾容量估計，可以挑簡單的任務來對付，也就是設想其中一個區塊的觀眾容量（然後乘以 7）。我們靠近一點看：

　　數一數座位的排數（低處是原本的石頭，上面是木造的座位），我們數出目前有 26 排座位。但有證據顯示，更低處也有更多尚未修復的結構——所以我們可以猜測，那邊可能還有過一塊（也許是）12 排的座位，使得整個區塊達到 38 排。

　　那一排座位上可以坐多少人呢？後排人多、前排人少，但中間其中一排的合理數字可能是 15 人。

　　所以，我們有 7 個區塊各 38 排，每排（平均）容納了 15 人。把這些乘起來就得到 3990。以數量級來說是對的，但比號稱的 5000 少了些：或許那是過度樂觀的主張？

　　但等等！那 7 個區塊並沒有構成一個完整的半圓。事實上，兩邊都還有空間多弄一些區塊，這就讓區塊總數達到了 9 個，[2]那麼我們的座位總數估計就會增加到了 5130。我們或許可以做出結論，認為之前主張的 5000 人容量還滿公允的。

[2] 又或者那些「視野受限」的區塊只有站位。不過，那還是算作劇場觀眾容量的一部分。

　　我們來短暫反思一下這個方法：面對 5000 這個大數字，要一口吞下有點困難，因此我們把它分成幾個咬得下去的小塊。劇場的布局可說是天上掉下的禮物，因為那讓我們能立刻把難題簡化成 7 塊（或者 9 塊）。到了那時候，我們在問的其實是每個區塊是否能容納 700 人以上。實際去數排數，或者估計排數，都讓我們可以把難題再次縮得更小，事實上就是把它轉變成一個肉眼估計，即平均值的那一排上可以坐多少人。

　　5000 還是個大數字。但把它大略想成是 9 個區塊各 38 排，每排平均 15 人入席。這些沒一個是大數字。我們可以輕易替那些數字找到容納空間。

## 分擔負荷

　　當貨櫃船把貨櫃堆到 12 層的時候，乘載物保持平衡就變得非常重要。同樣地，「消防員背負術」的要點就在於，只要能讓負荷重量妥善平衡並且集中的話，就可以背負更多重量。以

分而治之的方式應付大數字的技巧，幾乎就跟這一樣。5000 名觀劇者是一個大數字，而在思考上，這等於是把全部重量都壓在同一個點上。把這數字重新分配成 9×38×15，要扛起來就簡單多了。

當我們思考世界人口從 1960 年的 30 億增加到現在的 70 億時，我們就可以使用這個技巧：把「10 億」這個單位放在一邊肩膀上，3 跟 7 則放在另一邊。當我們決定要以平方公里而非公頃或平方公尺來處理國土面積時，我們就是在重新分配負荷，讓一個大數字變小，代價則是在思考時還得同步記得我們是在處理一個更大的單位。

當科學家把光速陳述為每小時 1.08×10⁹ 公里時，就是在做分而治之。一邊是 1.08 這個「有效數」，一邊是 9 這個「次方」。一邊是用來做差之毫釐的比對，另一邊則是數量級的比對。我們會一再地看到這種用來領略大數字的模式。大數字在一個點上的重量被平衡負荷所取代，而那就會增進我們掌握大數字的能力。

## 挑你的單位和倍數

有一個直接了當的方法可以把大數字的概念重擔分散開來，那就是挑選適合你目標的單位。不要用平方公分測量足球場的面積；不要用公頃來測量國土面積。國際標準制的一個主要目標，就是要確保一件事：只要使用國際單位制詞頭（metric prefixes），你（幾乎）就一定可以選到合適的單位。所以理論上，我們可以藉由乘以千的倍數，而從克和千克（中文直接稱英語之千克為「公斤」）推進到百萬克和十億克。這是一個很優秀的設計，但我們並未在日常生活中真正接納它──我們用「噸」代稱百萬克，並徹底忽視更大的度量衡。

　　這裡給的建議還是不變。運用智慧選擇單位，讓自己能以適當大小的數字來工作，並用你將手上單位視覺化的能力，來加以平衡。藉著這套方法，你就可以把一個大數字重擔分配成三個部分：取自 1 和 1000 之間的有效數，一個倍數（千、萬、億等等），以及你運用起來順手的最大單位。

　　而這就是第三種技法：找方法將大數字分解成多個部分，讓你面對這些部分時能駕輕就熟。當數字和面積或體積有關時，用高、寬和深度來想想那個形狀會有多大。想想哪個單位用起來最適合。

　　然後，如果你喜歡的話，可以創造一些新單位來使用，就好像我們在討論視覺化的那一節做過的，發明出螞蟻、金龜車、公園和澳仔，那麼它們就會成為**地標數字**。

# 光陰流逝
## *我們如何測量第四維*

---

下列哪一段時間最長？

☐ 開花植物出現至今

☐ 最早的靈長類出現至今

☐ 恐龍滅絕至今

☐ 最古猛獁象化石的年份

---

## 時間到了

怎麼會這麼快、這麼遲了？

——出處不明

—加州有一棵刺果松已經 5000 歲了。*那是個大數字嗎？*

—我們的太陽系每 2.4 億年繞行銀河系中心一圈。*那是個大數字嗎？*

—宇宙是 138 億年前誕生的。*那是個大數字嗎？*

## 時間之輪

1901 年，希臘安提基特拉島（Antikythera）外海發現了一艘希臘古船殘骸，裡頭滿是寶藏。其中有個不怎麼起眼的零件——鏽蝕的黃銅加朽木，被冷落了五十年，但到頭來才發現那是當中最有價值的寶藏。它如今被稱作「安提基特拉機械」（Antikythera Mechanism），是古代工藝的驚人作品。它的木盒外殼裝著一組互相連動的青銅齒輪，附有一根曲柄手把，正反面有刻度盤，而人們認為這是公元前 2 世紀於西西里島的錫拉庫扎（Syracuse）打造的。

針對齒輪及機械上的刻字進行分析後真相揭曉；這是一台用來計算太陽與月亮位置的機械，還能進行其他曆法計算，例如古奧運舉行的年份，[1] 甚至還包括日月蝕。這是一件不可思議的物件，在接下來一千多年裡依舊舉世無雙。已知錫拉庫扎是數學家阿基米德的故鄉，而這機械的年份經鑒定後應為他死後的一世紀出現，因此猜測這台機械出自他的想法，也不會太過誇張。

在我們測量時間的方式上，天體的角色至關重要。天體也能指揮世俗事務；而這台機器就是一套藉由模擬天體運動，將時間的流逝視覺化的設備。這確實是一件巧奪天工的物件，同時也顯示把握時間及時間的複雜度有多麼重要，就算是兩千年前也是一樣。

## 時間就是改變

時間就是變化；我們藉由事物改變多少，來測量時間的流逝。

——納丁‧戈迪默（Nadine Gordimer）[2]

[1] 每年希臘人在四個地點中擇一舉行賽事慶典。所以所謂的奧運（奧林匹亞運動會）就是四年循環中的一環，跟現在一樣。那台機械有一片顯示碟，把圓形分成四等分，分別標示了內梅亞（Nemea）、伊斯米亞（Isthmia）、皮媞亞（Pythia）和奧林匹亞。

[2] 譯注：南非作家，1991 年諾貝爾文學獎得主。

　　相對論告訴我們，時間和空間不能脫鉤，而時間是統一時空的一個維度，但事情也沒那麼簡單。實際上，我們沒辦法像測量三度空間那般測量時間。我們沒辦法弄一根測量杖，然後去數算有多少個單位。測量時間的唯一方法就是等待時間流逝。一旦時間流逝，就再也無法復返。所以我們永遠無法重複一場對時間進行的測量活動。

　　我們知道時間流逝，是因為察覺到變化。測量時間就是測量變化——包括藉由「我們相信是以規律方式在重複的一種流程」所展現的變化，也包括在「我們相信是以恆定速度在進展的一種過程」中所表明的變化。我們的計時器仰賴具週期性的機械或流程（好比鐘擺一秒秒來回擺動）來運作，使得我們能數算週期的數量；或者，我們可以數算那個以穩定速度推進的流程（好比午夜的蠟燭一小時一小時地燒掉），在那樣的情況下，我們可以藉由測量線性距離，來測量進展程度（蠟燭還剩下的高度）。

　　很幸運地，自然世界持續變化，而且充滿了穩定推進的事件以及規律重複的事件。每一天，太陽把光帶到世上，每晚光會消失。每一天，潮汐漲落兩次。每個月，月亮都（多幾天或少幾天）顯現盈虧。四季更迭標記了每一年。我的心臟每秒鐘都怦怦跳著，間隔或長或短。

　　但不幸的是，這些循環並沒有替一套一致性的測量系統提供特別便利的基礎。月球運行一個月的時間並非整數日期，更不符合因我們東拼西補而等長的十二個月份。月球運行的一個月無法妥當切分一年。潮汐漲落並沒有等分一日，太陽也不是天天都在同一時間升起。

　　但準時始終重要。最早期的一些科學和數學研究就與準時有關。偉大的伊斯蘭數學家、天文學家兼詩人奧瑪·開儼（Omar Khayyam），是 1079 年於波斯伊斯法罕（Isfahan）帝國天文台

進行曆法改革的委員會成員。當時產出的成果是賈拉里曆（Jalali calendar），此曆為史上最精準無誤的太陽曆之一。同一個委員會也算出了一年的長度，精準到只有一千萬分之一的誤差。

## 定出一天的時間

儘管追蹤天體運行得面臨許多複雜狀況，但其中一種測量結果最終證明相當可靠且十分規律：那就是觀測任一天太陽抵達最高點——正午的那一刻。不論是一年中的哪一天，從一個正午到下一個正午的時間大致上是一樣的，[3]那就是「太陽日」，這成了時間系統的一個絕佳起始點。

但要怎麼把一天切分呢？一些最早期的方案，好比古埃及的方案，是把白天等分成十二份，晚上也分成十二份。而這代表一整年中大部分的日子裡，晚上的小時和白天的小時會不一樣長。[4]最後這套系統歷經改革，採用了「晝夜平分」的小時，也就是基於春分和秋分時所觀測到的日夜長度，統一小時的長度。12 這個數字，因為可以均等分成兩份、三份、四份或六份，用來分派日夜的輪班輪值很方便，而獲選使用。[5]到最後，就成了我們現在把一天分成二十四個均等小時的制度。

在機械鐘出現之前，計時工作需要一些能反映慢而穩定變化的機制或流程來幫助。最明顯直接的測量工具就是日晷。日晷直接測量太陽跨越天空的進程，但前提是要看得到太陽。[6]還有其他五花八門的計時機械，包括蠟燭鐘、水鐘、沙漏等等，這些全都是把流逝的時間轉換成線性距離度量的類比過程。

這些非常近似的設備一旦有任何誤差，都可以在太陽來到最高點的正午時分進行觀測，而以自然條件來重新校準。不管你的計時器多接近正確時間，總是有可能需要重新校準的。

中世紀期間，人們開始寫起一種把小時切得更小的片段，

[3] 事實上，這離精確遠得很。如果你把一整年下來每天正午太陽在空中的位置畫出來，那會是一個拉長了的 8 字型，稱作日行跡（analemma）。在最糟的情況下，這個軌跡會讓中午的太陽偏離正南方，朝東或西偏 4 度（南半球則偏離正北方），導致日晷出現約 15 分鐘的偏差。

[4] 日本人有類似的安排：大英博物館有一個 18 世紀的日本鐘，它的機械外露，可讓人一天調整兩次速度。所以它不用管今天是一年中的何時，而是可以直接測量當天從日落到日出的六個時段，以及長度與夜晚不同的的日出到日落六個時段。

[5] 「輪值」（watch）這個詞和「守夜」（wake）有字源上的關連。把這個詞拿來指一小段時間，似乎是很自然的意義延伸，但實際上是從什麼途徑延伸到這個結果，就不是很清楚了。

[6] 日晷實在很有效的一個原因在於，它們（至少可說算是）獨立於季節之外。雖然在一整年中，太陽每天同個時間時的高度有極大變化，但每小時位置的（水平）方位差異，不管往哪個方向都只會有幾度而已。

也就是 pars minuta prima，「第一個小部分」，這代表一小時的 1/60，想當然爾，這就成了我們的「分鐘」。「第二個小部分」就成了我們的「秒」（second）[7]。

[7] 譯注：所以這個詞也指「第二」。

所以，儘管秒這種時間單位是現代計時系統的基礎，卻似乎與日常現象沒有天生關聯。然而，秒著實是一種人類尺寸的度量衡。它差不多正好就是人類數數行動的適當單位（換言之，我們數 1、2、3 的速度很適合與秒配合），而它的長短也接近人類心跳和呼吸的間隔週期。這種近似人類尺度且實用的特性，讓它最後順理成章被使用為基本單位。

如果說日晷、水鐘等裝置基本上都還是類比設備的話，那所有「指針在走的」機械鐘就算外觀上不是，基本上還是數位的。怎麼會這樣呢？這個嘛，它們都牽涉到週期重複的零件——像是鐘擺，而這個週期動作會結合到一個把連續時間切成分離小塊、將其數位化的「棘輪」機制（滴答響）；而這個滴答響就驅動了一個數數設備。這個通常以整數滴答聲進行的計數，可以（但不一定是）用轉動的指針來呈現，而計數器也可觸發事件，好比說鐘響。[8] 第一個這樣的機械鐘是公元 725 年在中國製造的，而這要歸功於知名學者一行。[9] 這個齒輪鐘是以水力推動，而且為了克服結冰問題，還做了一個用水銀替代水的模型，好在冬天使用。至於最早由砝碼下墜力推動的鐘，則是在公元 1300 年左右製造的。

**地標數字**

第一個機械鐘——公元 725 年

[8] 時鐘（clock）這個詞來自拉丁文的 clocca，也就是鐘（譯注：指敲擊式的金屬鐘）。

[9] 譯注：唐玄宗開元 13 年，一行禪師與梁令瓚成功打造出「水運渾天儀」。

儘管秒包含在國際標準單位的基本單位內，但它並不遵守支配其他國際標準單位的十倍標準規則。這是傳統度量衡沒被公制征服的一個領域。千秒和百萬秒這種單位可從沒出現過喔！

然而，這並不代表說，法國大革命之後的偉大度量衡改革者不曾試圖把時間放進他們偉大的十進制化方案中。1793 年，法國頒布了一道命令，設立了十進制小時（為一天的 1/10）、十

進制分鐘（十進制小時的 1/100），以及十進制秒（十進制分鐘的 1/100，等於現今 1 秒的 0.864 倍）。法國正式使用十進制時間的日子只有六個月多，從 1794 年 9 月到 1795 年 4 月。然而，至少有一個人跟著養成了習慣。據悉，事業從革命前拓展到革命後的數學家兼天文學家皮耶—西蒙・拉普拉斯侯爵（Pierre-Simon marquis de Laplace），就使用了十進制手錶，還利用十分日（fractional days）──實際上就是使用十進制時間系統，來記錄他的天文觀測。

法國改革者並不是最後一批嘗試推動時間十進制化的人。1998 年，在第一次網際網路熱潮狂飆的日子，瑞士手錶公司 Swatch 以 .beats 為商標，推出一系列手錶。這些手錶不使用無聊老套的小時、分鐘和秒來報時。它們用「.beats」。1「.beat」就是一天的千分之一，也就是 86.4 秒長。時間會用唉呀好酷的「@」符號來寫，所以中午就是 @500。不僅如此，這時間也不分時區（這時間推舉的子午線是 Swatch 總部所用的，也就是 UTC ＋ 1），因此「.beats」的時間舉世皆同。毫不意外地，這個所謂的網際網路時間沒有流行起來，但你還是可以在網路的某些角落，找到把這當成一種樂趣在使用的人。

然而，十進制的時間可能還存在於生活的一部分。舉例來說，當你把時間輸入微軟的 Excel 空白表格程式時，會被儲存成一日的分數。試著把中午 12 點（「12:00」）打進空白表格的一格（比方說 A1 格），然後在另一格裡，輸入像是「＝ 2.5 ＊ A1」這樣的算式。你會看到它顯示出「06:00」。此處發生了什麼事？空白表格把 0.5（中午 12 點）乘上 2.5，得到了 1.25。接著，這個數字只顯示了分數的部分，0.25，而被轉譯成上午 6 點（過了 1 天）。

**地標數字**

- 一天有 1440 分鐘和 86400 秒
- 一年 365 天有大約 50 萬（525600）分鐘
- 一年 365 天有 3153.6 萬秒

# 是一年中的那一刻

所以，秒這個時間單位是人定了多長就多長，它很方便，但也很武斷。然而對地球生命而言，真正基礎的兩種時間度量衡——一日和一年的長度，卻一點也不是人定了就算。這兩個度量衡彼此不相稱，實在是極不方便。雖然如此，使用日和年當作時間單位的固有好處和天生邏輯實在太誘人，以致我們不遺餘力地想使兩者契合。這讓人們一再修訂校對曆法，好比說採用閏日和閏秒，就是為了要保留「讓時間系統妥當地與不能變動的『日』和『年』維持一致」的好處。這實在是別無選擇，所以我們便在受地球自轉支配的速度中活過每一天，並在一個由地球繞太陽的旅程所支配的循環中度過每一年。

在我們的時間度量衡中，還有一個稍微沒那麼重要的度量，那就是我們空中另一個支配性的存在——月亮的循環；它每29.53天在我們的視線中完成它的盈虧循環，並主宰了接近每月一輪的潮汐循環。

公元前第 5 世紀時，巴比倫的天文學家以黃道——地球繞太陽的平面上看得到的環帶範圍內的恆星，當作固定參照點，連續一整年追蹤它們的路徑。他們把這個環狀範圍分為各 30 度的十二段，並從各段中找到的星座來命名這些區段。當希臘人碰上了這個系統，將其稱為「小動物圈」（zōidiakòs kýklos），而我們現在稱為「黃道帶」（Zodiac），而且（很遺憾地）有些人仍在流行占星術中使用它。有多少巧思和算術能力都被浪費在這種到頭來沒有意義的計算中？

當然，莎士比亞要卡西烏斯（Cassius）說：「那錯處……並不在星辰，而在我們自己」[10] 時，他的看法並沒有錯。值得感激的是，星辰並未主宰我們的生命；但講到測量時間的話，我們倒是深受天體影響。

**地標數字**
朔望月長度——29.53天

[10] 譯注：《凱薩大帝》第一幕第二場，此處「星辰」指命運）

# 有些東西就是合不起來

　　有個不曾改變的問題是，地球的自轉循環（一日）、月亮的月相循環（一個月）以及地球的軌道循環（一年），是互不相容的——而且永遠不會有什麼方法能讓它們彼此相容。從古至今，曆法的創制者都因此面臨困難的挑戰：該如何決定一個月裡要塞幾天的整數天（而且不要太對不住月亮），又該如何以整數為單位，把各個月份塞進一年（而不讓四季在年曆上搬來搬去）？

　　羅馬人把他們的第一份曆法歸功於羅穆盧斯（Romulus），他是傳說中建立羅馬的兩人之一。在他的計畫中，March（現在的 3 月）是第一個月，而一年中只有十個有命名的月，共 304 天，剩下的 61 天「冬日」將不分配給任何月份。June（現在的 6 月，以女神朱諾〔Juno〕命名）之後的月份是以數字來命名：我們現在認為是 7 月是 Quintilis（意指「第五」），而當然第十個月就是 December（現在的 12 月，名稱來自拉丁文的「10」〔decem〕）。沒多久，（據說）羅馬的第二任國王努瑪・龐皮留斯（Numa Pompilius）把冬日改成了兩個一年起頭時的新月份，並以諸神的守門人亞努斯（Janus）和淨化的慶典「牧神節」（Februa），分別將這兩個月命名為 January（1 月）和 February（2 月）。努瑪王的曆法包含了十二個月：七個有 29 天，四個有 31 天，而 2 月有 28 天。你或許會算出來，這樣就等於是 355 天，比實際上的一年少了 10 天（還多一點）。為了糾正這點，在某幾年裡 2 月之後會加入一個閏月，被稱做 Mercedonius（「工作月」）的月份。這有時被當作一種政治工具來操作，因為大祭司（Pontifex Maximus）可以任意延長或縮短公家機關的工作日。這個混亂的狀態——混亂到羅馬城外的公民有時根本不知道「真正的」羅馬日期，後來藉由精力旺盛的尤利烏斯・凱撒

（Julius Caesar），於公元前 46 年就任大祭司所推行的改革而大幅改善。

　　凱薩的曆法處理了諸多問題中最糟糕的部分──從此不需要增加新月份了，只要每四年多一天閏日就好，其後便在歐洲持續通用，直到 1582 年教宗格列哥里十三世（Pope Gregory XIII）當局進行改革，為我們帶來格里曆（Gregorian calendar）為止。[11]

　　格列哥里留下的遺產，成為我們今日通用的西曆。我們也得謝謝羅馬人帶來的那種反常的各月天數分配，外加難記到令人火大的記月份順口溜（1 月大、2 月小……），還有那個騙人的閏年。

　　我們不能把「在基督教曆法裡計算復活節（春分後第一個滿月過後的星期日）」的複雜困難都怪到羅馬人頭上。面對陰曆月份和陽曆年份的互動，能做的也就只有這樣。這種互動以不同方式影響了基督教會年曆、伊斯蘭曆和猶太曆。

　　伊斯蘭曆基本上是陰曆，各月份是由月亮的循環所定義。十二個月加起來是一年，但十二個陰曆月比一個太陽年短。所以伊斯蘭曆的月份以一個每三十三年重複一輪的循環，在四季中游走。要注意到，這代表虔誠穆斯林得從日出禁食到日落的「齋戒月」（Ramadan），可能在冬天開始而日期較短（較方便禁食），也可能在夏天而較長（而能進行較繁瑣的禁食）。這同時也意味著，伊斯蘭曆的年數推進得比通用的西曆快：格里曆三十三年會等同於四百零八個朔望月，也就是伊斯蘭曆的三十四年。

　　安提基特拉機械上的一個輸出刻度盤，顯示默冬週期（Metonic cycle）這種演變。很久以前，人們就知道陰曆月份無法均等地併入陽曆的一年裡，但公元前 5 世紀時，著手處理這個問題的「雅典的默冬」（Meton of Athens），發現了一種

11　在凱薩定下的儒略曆（Julian calendar）中，每四年就有一年是閏年。格里曆每四百年就會把其中的三個閏年拿掉，都是那些可以被 100 除盡的年份，但 400 能除盡的不動。因此，1700 年、1800 年和 1900 年都不是閏年（2100 年也不會是），但 1600 念跟 2000 年就是。

有效的調整融合法。經他確認，十九個太陽年幾乎正好對應到二百三十五個朔望月。他的計算意味著，如果你要讓陰曆跟上，你就得在十九年中的七年裡各加上一個閏月。

而猶太曆跟它的原始模型巴比倫曆一樣也是陰曆，但猶太曆阻止月份在季節間飄移——習俗規定踰越節（在北半球）一定得要是春祭慶典，使用了一個以默冬週期為基礎的技巧：在十九年中的七年內（指定為第 3、6、8、11、14、17 和 19 年）加進第 13 個閏月來回歸正軌。這也是基督教會年曆計算復活節的循環，而這同時解釋了為什麼復活節老是在月曆裡跳來跳去。

## 把年化為數字

歷史是以年來測量的。大約從 5000 年前開始，人類就已經會把事情書寫下來，而 5000 是個大數字，但又不是真的很大。出於歷史的目的，世界各地都傾向使用過去某個固定日期來當作紀年的「零」點。

我們多數人使用的紀年系統，是以拿撒勒人耶穌的推算出生日期為基礎。「BC」（Before Christ，主前）和「AD」（Anno Domini，主後）這種名稱，現在越來越普遍被 BCE（Before the Common Era，公元前）和 CE（Common Era，公元）所取代。

羅馬人用 AUC（ab urbe condita，羅馬建城紀年）來紀年，而該事件據信發生在我們現在所謂的公元前 753 年；穆斯林的曆法是自穆罕默德從麥加遷往麥地那的那年、即公元 622 年算起；猶太曆是根據他們認為的創始之日開始算，而那要從《聖經》的依據開始算起，結果是公元前 3761 年。

在中國，參照朝代的古代紀年系統，是根據在位皇帝的登基年而定。最後一個這樣的年號始於 1908 年「末代皇帝」即位，也就是極短暫的「宣統」。1912 年，中華民國第一任總統孫中

山（臨時大總統），重新將紀元定為起始於公元前 2698 年，這大致符合了傳說中黃帝即位的推定年份。[12]

古代馬雅人出現在近期新聞中只為了一件事：他們的曆法，還有他們預告當他們的長紀曆（Long Count）於 2012 年 12 月 21 日「到底」時，就會來臨的末日。事實上，這件事所代表的意義，就只是跟你車子里程表最醒目的那個位數跳到下一位一樣（若以馬雅曆來說，就是一個二十進位的計數器從 12 跳到 13 而已）。這整套（在推定上）從公元前 3114 年開始的長紀曆，在公元 4772 年之前，[13] 是不會完全走到底的。

# 測量史前時代

當我們望向遠比信史更久以前的時代，望向史前時代和地理時間，曆法的「零點」要選哪個特定點，就變得不重要了。當我們要討論一件一百萬年前發生的事情時，這裡那裡差個幾千其實沒多大差別。相反地，我們通常會用「距今幾年前」來標記事物的年份。既然年不是一個國際標準單位，那麼它作為單位也就不會被那系統所規範：有很多種系統和習慣都適於表示「距今幾年前」。儘管有一個國際標準化組織（ISO，International Organization for Standardization）的標準，認定「每年」（annum，符號為 a）這個單位等於一年，但光是表示一個白堊紀的尾聲，你還是可以找到以下這麼多種表達方式：

- 6600 萬年前
- 66 mya（百萬年）前
- 66 Ma（百萬年）前
- 6600 萬 bp（before present，距今）

12 譯注：軒轅紀年是以黃帝即位（癸亥年，公元前 2698 年）後、曆法起始之年份（甲子年，公元前 2697 年）為元年的紀年方式。武昌起義後，湖北軍政府、各省政府、革命派雜誌紛紛採用黃帝紀元。但經討論後認定與民主共和精神不符，因此孫中山就任臨時大總統後，宣布黃帝紀元 4609 年 11 月 13 日（1912 年 1 月 1 日）為中華民國元年元旦，之後黃帝紀元便停止使用。

13 這些日期都沒理由去害怕緊張。馬雅人在這之外有四個層級的數數循環呢！

除了千、萬、億年這種倍數年之外,「年」本身也是一種當代科學碰上時間時普遍採用的度量衡。確實也有「銀河年」,就是我們的太陽(以及其伴隨系統)繞銀河系中心一周所花的時間,這等同於 2.25 億年,但這個表達方式並不是因為其本身特性而被當成一種單位使用。

不過,在替地球歷史標記時,地質學家倒是為逐步加大範圍的時間分級,設計了一套等級制度,好替他們為地球成形以來經歷的大型變化所做的分析做出分界。在這個系統裡最小的單位是「期」(Age)(儘管以下這些用詞都不算真正的單位,因為這些用詞在長度上沒有一致性──就只是一種等級分組而已):

- 數個「期」合為「世」(Epoch)
- 「世」合為「紀」(Period)
- 「紀」合為「代」(Era)
- 「代」合為「元」(Eon,或稱「宙」)
- 第一個存在的元稱做「超生元」(Supereon),也就是前寒武紀(Precambrian)

## 時間和技術

天文學和計時是古代算數學和數學發展的主要推動力。科技和計時總是攜手並進,就像安提基特拉機械顯示的那樣。時鐘的首要功能向來都只是一直數下去,並讓我們能精準讀出幾秒鐘已經過去。當第一個電子電路發明出來的時候,不可避免地會需要計時電路。所以時間徹底地數位化,而時鐘就只是從某個零點開始數著消逝秒數的一種電子電路。

今日多數的當代電腦系統,都只是以「時代時間」(epoch

date）這個挑選出來的零點當作參照點，來數自那時間點以來的秒數，以最低層級來呈現時間。今日運作中的許多電腦，是基於 Unix 運作系統的某些版本打造出來的，因而利用「Unix 時間」來跟上日期與時間。而 Unix 時間是從 1970 年 1 月 1 日開始讀秒。在那之前的日期和時間則呈現為負數，且最久只延伸到 1907 年 12 月 13 日。幾分之幾秒被呈現為多個百萬分之一或多個十億分之一秒的總和。

電腦在暫存器中儲存數字，就會有最大長度限制。當 Unix 時間儲存在 32 位元的暫存器時（這很常見），這個表示法就會開始填入暫存器，並在 2038 年 1 月 19 日達到最大上限，那時若不出手阻止，數字就會「重頭再來」，再度從 1901 年 12 月 13 日開始。

這個問題極類似「千禧蟲」（Millennium Bug）問題。那是在 20 世紀晚期發展出來的狀況，在電腦記憶和頻寬受限的年代裡，所有工夫都花在節省儲存量上，甚至到了把四位數的年份儲存成兩個位數的程度。畢竟，如果你在（好比說）1984 年寫一個電腦程式，當時沒幾個程式設計者會想像到十六年後還有人會用自己那套程式碼。但許多所謂的傳統系統（legacy system）到了 1999 年時還真的仍在崗位上，而那危險之處就在於，當年份的兩位數從代表 1999 的「99」跑到代表 2000 的「00」時，所有日期和時期計算都會失靈。在耗費巨資改用了成千上萬種系統之後，人們避開了這個危機。2038 年會不會出現類似的難題呢？有可能。

## 遙遠的未來

時間是有起點的。宇宙學指出，時間的絕對零點，也就是大霹靂，發生在 138 億年前。這讓宇宙的年齡來到 $4.5 \times 10^{17}$ 秒

14 譯注：這個書名其實是將「數學遊戲」〔Mathematical Games〕的字母重新拼湊而成。

——少於 100 京秒。

侯世達（Douglas Hofstadter）在他的著作《Metamagical Themas》[14] 中，說明了百萬和十億的差別，以及我們為什麼有時候會忽視這個差距：

講授宇宙未來相關知識的知名宇宙學家畢格那姆斯卡教授（Professor Bignumska 是作者自創的名字）剛剛表示，根據他的計算，在大約十億年內地球會落入太陽中焚毀殆盡。聽眾席後方一個顫抖的聲音尖聲問道：「不好意思，教授，您剛剛說那會是多～多～多久以後？」畢格那姆斯卡教授冷靜地重複道，「大約十億年內。」傳來一聲如釋重負的嘆息。「呼！我剛剛一下子還以為您說一百萬年呢。」

**地標數字**

我們的太陽可能正處在其生命週期的一半。大略地來看，就是已經過了50億年，還有50億年的壽命

事實上，畢格那姆斯卡教授有一點悲觀。現在的看法認為，我們的太陽還會再存續個 50 億年之類的。當它垂死掙扎時，地球會變得無法居住。我們最好動起來，確保我們能活過那時候！

那之後呢？時間會終結嗎？時間有沒有最大數？事實是我們不知道。那是最大的一個未解問題。物理學家現正努力鑽研「宇宙中有比可見物質更多的物質（「暗物質」）」以及「宇宙中有著比應有能量還要更多能量（「暗能量」）」的證據。對這些主題的瞭解，會讓人更瞭解宇宙怎麼發展至今，以及宇宙的一生是要以幾十億年還是以幾兆年，或者以比這更大的數字來測量。

## 1000 前發生了什麼事？時間的數字梯

| | |
|---|---|
| 100 年前 | 第一班固定翼飛機定期航班（102 年前） |
| 200 年前 | 第一艘鐵身蒸汽船跨越英吉利海峽（194 年前） |

500 年前　　哥白尼誕生（543 年前）

1000 年前　大辛巴威城（Great Zimbabwe）開始興建
　　　　　　（1000 年前）

2000 年前　羅馬競技場（Colosseum）開始興建（1944
　　　　　　年前）

5000 年前　吉札（Giza）大金字塔／奇奧普斯（Cheops）
　　　　　　金字塔／古夫（Khufu）金字塔[15] 開始興建
　　　　　　（4580 年前）

　　　　　　巨石陣（Stonehenge）開始興建（5120 年
　　　　　　前）

[15]　譯注：皆指同一座金字塔。

1 萬年前　　最早的農業活動（11500 年前）

2 萬年前　　人類首度抵達美洲（15000 年前）

5 萬年前　　人類首度抵達澳洲（46000 年前）

10 萬年前　最近一次冰期——「末次冰期」的開始（11
　　　　　　萬年前）

20 萬年前　第一個現代人出現（20 萬年前）

50 萬年前　最早的尼安德塔人化石之年份（35 萬年前）

100 萬年前　最早的用火證據（150 萬年前）

200 萬年前　人屬——最初的人類的第一個成員出現
　　　　　　（260 萬年前）

500 萬年前　最早的猛瑪象化石年份（480 萬年前）

1000 萬年前　人類演化支從黑猩猩分出（早於 700 萬年
　　　　　　前）

2000 萬年前　古近紀（Paleogene）結束（2300 萬年前）

5000 萬年前　最早的靈長類出現（7500 萬年前）

1 億年前　　開花植物出現（1.25 億年前）

2 億年前　　盤古大陸分裂為今日大陸（1.75 億年前）

5 億年前　　最早的魚類出現（5.3 億年前）

海洋藻類的大爆發（6.5 億年前）

| | |
|---|---|
| 10 億年前 | 真核生物分化出來成為植物、真菌和動物的祖先（15 億年前） |
| 20 億年前 | 多細胞生命出現（21 億年前） |
| 50 億年前 | 太陽系誕生（46 億年前） |
| 100 億年前 | 宇宙誕生（138.2 億年前） |

**天啊，是時候了嗎？**

- 人類首度抵達美洲至今（15000年）是一匹**馬壽命**（30年）的500倍
- 最早的**書寫證據**至今年份（5200年）是**達爾文誕生**至今年份（210年）的25倍
- **維多利亞女王在位時間**（63年）是**人類一世代**（25年）的2.5倍
- 開始**興建羅馬競技場**至今年份（1946年）是第一艘**鐵身蒸汽船跨越英吉利海峽**迄今年份（196年）的10倍
- **丟番圖**（Diophantus）[16] 誕生至今年份（1812年）是**莎士比亞**誕生至今年份（454年）的4倍
- **土星**的軌道自轉週期（29.5年）是**木星**軌道自轉週期（11.86年）的2.5倍
- **阿基米德**誕生至今年份（2302年）是**印刷機**發明至今年份（578年）的4倍
- **印刷機發明**至今年份（578年）是第一通**跨大西洋無線電報**發送至今年份（117年）的5倍

16　譯注：羅馬時代數學家，有「代數之父」的稱號。

# 時間更簡史

　　我們最難掌握的大數字，是那些與歷史（尤其是古代史）和史前相關的大數字。從人類壽命的觀點來看，要去估算那段讓我們來到此時此刻的漫長時光，是件很困難的事。

　　因此，這裡有一些數字，能幫助你在做時間旅行時找到你的方向。以下免責聲明：一個自相矛盾之處在於，隨著我們邁向未來，我們就越來越瞭解過去。所以這裡開始的時間軸，反映了動筆時的現有資訊——毫無疑問地，未來會有新的發現，讓當前的某些數字有所更動。但就算精確細節有所改變，在我們能知道的範圍內描繪出整個宏觀面貌還是有其價值。所以我會找出幾個**地標數字**，做一點**分而治之**。試著馴服遙遠過往的大數字時，運用一點**視覺化**也會有幫助。

## 以數字呈現的地質時間

　　儘管我們人類達成了那麼多成就，人類在地球存在的時光裡其實只走過了一丁點的部分。古生物學和考古學上的發現不管有多迷人，對於非專家來說都很難搞清楚脈絡。所以這裡有幾頁的基本**地標**和圖表，來幫助你從大霹靂到石器時代，把我們行星及生命如何出現的時間軸，一口氣全都**視覺化**。

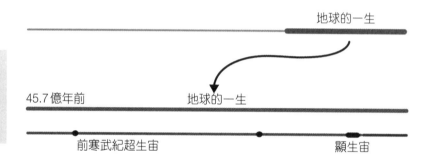

大霹靂！
138 億年前　　　　　　　　宇宙的一生　　　　　　　　現在

地球的一生

- 宇宙從 138 億年前開始存在。
- 地球於 45.7 億年前誕生。這代表說，地球存在的時間大約是宇宙存在時間的 1/3。

地球的一生

45.7 億年前　　　　　　　地球的一生

前寒武紀超生宙　　　　　　　　　　顯生宙

## 地標數字

- 第一個生命——40 億年前
- 第一個多細胞生命——6.35 億年前

[1] 這指的是在研究者推測中一段地球表面完全凍結的時期。據研究推測，這個凍結狀態可能促進了多細胞生命的演化。

- 地球存在的頭 40 億年（88%）叫做前寒武紀超生宙（Precambrian Supereon），[1] 一直延續到了 5.41 億年前。那占據了地球成形以來時間的 8/9。前寒武紀的幾個重要時刻：
  - 第一個**簡單單細胞**生命（細菌）——40 億年前
  - 第一個**複雜單細胞**生命——18 億年前
  - 推測應該存在 8500 萬年的時期，暱稱「雪球地球」，大約從 7 億年前開始發生
  - 第一個**多細胞**生命——6.35 億年前

[2] 宙下面又分成了代，而代又分成紀，紀又分成了世。

[3] 這些看起來很晦澀的地質學名稱（譯注：中文因直接翻譯自辭意，而多無此問題），一旦解開了它們的希臘文字源，就有了有用的線索。在這個例子中，Phanerozoic 是「可看見的生命」，標記了第一個微生物在此時誕生。

- 不意外地，緊接在前寒武紀到來的當然是寒武紀（Cambrian），顯生宙（Phanerozoic Eon）的第一個紀。[2] 顯生宙[3] 是我們目前所在的紀，至今已經存續了 5.41 億年，但這段時期比地球存在時間的 1/8 還少。

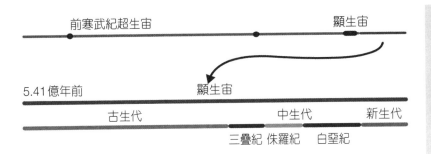

**地標數字**

2.52 億年前，古生代在一場稱作「二疊紀—三疊紀滅絕事件」（Permian–Triassic extinction event）的大滅絕中結束。原因尚未明瞭，此時 96% 的海洋物種死去，而地表上的物種也大量死亡

- 這個宙的第一個代被命名為「古生代」（Paleozoic）， [4] 延續了 2.89 億年，在地球至今的壽命中占了 6%。古生代的起點是一個稱作寒武紀大爆發的大規模生命多樣化，有五花八門的生命形式演化出來（但恐龍還沒出現）。

[4] Paleozoic 是「古生命」。

- 接在古生代之後的是中生代（Mesozoic Era）， [5] 延續了 1.86 億年，占地球至今壽命的 4%。中生代又分成三個紀。按時間前後依序為：

[5] Mesozoic 是「中生命」。

  - 三疊紀（Triassic）：早期的恐龍、翼龍，最初的哺乳動物出現在此。盤古超大陸（Pangaea）分裂成勞亞大陸（Laurasia）和岡瓦那大陸（Gondwanaland）。

  - 侏儸紀（Jurassic）：有你最喜歡的那堆恐龍、早期鳥類。我們所知的地球樣貌此時還認不出來。

  - 白堊紀（Cretaceous）：魚、鯊魚、鱷魚、恐龍、鳥類占優勢。當今地球的樣貌已經可以認出來了，但還是扭曲的。

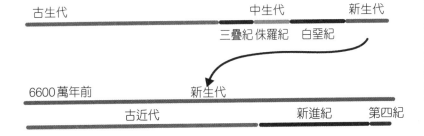

**地標數字**

中生代是恐龍的時代，而牠們的絕種也標記了這一代的結束——這發生在 6600 萬年前。那之後，哺乳動物開始占優勢

- 我們現在來到了顯生宙的第三代，也就是新生代（Cenozoic Era），[6] 而這一代仍在延續中。這一代的頭兩個紀叫做古近紀（Paleogene，延續了 4200 萬年）和新近紀（Neogene，延續了 2000 萬年）。這幾個紀裡，哺乳類開始興盛起來，整個世界開始充滿我們大致熟悉的動物。新生代到目前為止持續了 6600 萬年，只占地球至今壽命的 1.45%。

**地標數字**

從 6600 萬年前開始的這一代，至少在地表上是屬於哺乳動物的時代

7　這名字是延續先前的命名方針。現在這個名稱已不意指什麼東西的第四段了（譯注：早期地質學只將地質時代粗略分為第一、二、三、四紀，後來前三紀都已重新命名，僅剩第四紀保留原名）。

8　Pleistocene 是「最新的」。

9　普遍用語「冰期」（Ice Age）指的是最近期的一次冰期，大約從 110 萬年前持續到 11700 年前。

- 代分成紀，而我們現在活在 260 萬年前開始的第四紀（Quaternary Period）。[7] 第四紀又分成更新世（Pleistocene）[8] 和全新世（Holocene）。更新世包含了所謂的末次冰期，[9] 現代人類也在此時出現。這一世持續了 258 萬年，幾乎就是整個第四紀。現在這個全新世，只是第四紀的一小片而已。

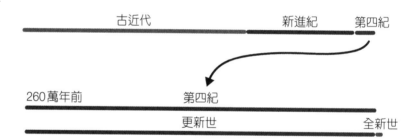

10　衍生自希臘文：Holocene 是「全新」。

- 我們現在活在第四紀的全新世。[10] 這一世從上一個大冰期（「末次冰期」）的結束開始。在這一世裡，人類脫離了石器時代，至今這一世存續了 11700 年。

有人提議要定出一個新的「人類世」（designate），來反映人類現在對行星的影響（但這還不是正式的命名）。這個詞在非正式場合中已被普遍使用，但還沒有一個正式的定義或者一致認同的起始日。

# 數字呈現的人類史前史

## 人的演化

想像一枚太空火箭：1969 年，把三隻聰明猩猩送上月球的那枚農神五號就很可以了。這枚火箭由好幾節組成。第一節非常巨大，基本上就是一個大燃料槽，底部有一個燃燒器。第二節小一些，第三節又更小一些，而那之後才到火箭酬載艙，其頂端是小小的太空艙，是三名旅行者那短短幾天的住處。前面那一大堆東西，都僅是人類那段冒險故事的必要前奏而已。人類演化至今的故事感覺有一點像那樣：一整段永無止盡的前奏，最終造就了我們稱作「現代人類」的那種生物。

岩石裡的證據告訴我們，複雜的微小生命是怎麼花幾十億年發展出來的。然後又花了幾億年，第一隻靈長類才出現。從這些靈長類發展到從黑猩猩岔出來而成為人類的生物，整個演化路徑又再花了幾百萬年。在我們的故事中，那些火箭推進器已完成了它們的工作，而我們正來到火箭的尖端。[11] 這裡就是人類歷史的開始。

新進紀起始於 2300 萬年前（那幾乎恰好是地球壽命的 1/200）。在這個紀開始時，人科還沒有和猿猴區分開來（而這是僅僅 1500 萬年前才發生的事）。但在新進紀期間，在 700 萬年前的時候，我們這個演化支才從黑猩猩分岔出去。

- 大約 400 萬年前，[12] 一個我們叫南方古猿（Australopithecus）的屬在東非發展出來。牠們用兩腿行走，而且被認為是人類的祖先屬。

- 第一個被我們稱作人類（人屬）的生物，大約出現於 280 萬年前。這代表說在這行星存在的 99.94% 歲月中都沒有人類。這個被我們稱為巧人（Homo habilis）的物種，是

[11] 當然，演化和美國太空總署的工程師不同的地方在於，演化沒有目的。我們物種過去的歷史塑造了我們，但非有意如此。

[12] 那大約是地球歲月的 1/1000。

在晚新進紀開始製作起石器，但是粗略來說，人屬的出現和第四紀的起頭是一致的（260 萬年前）。這就是舊石器（Paleolithic）<sup>13</sup> 時代的開端。

13 Paleolithic 是「舊石頭」。

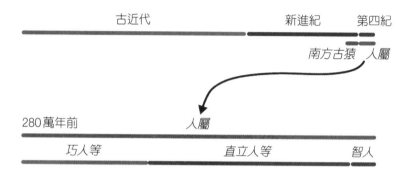

- 直立人（Homo erectus）是 180 萬年前於第四紀演化出來的多種物種之總稱。150 萬年前，有了第一個用火的證據。

- 初期人類從非洲往歐亞大陸散布出去。有證據顯示 60 萬年前歐洲有人類活動，很可能是一種人類和尼安德塔人的共同祖先。

- 我們這種智人（Homo sapiens）的最早證據，出現於 20 萬年前的東非。<sup>14</sup> 雖然那時候智人在解剖學上已跟現代人一樣，但還要過 15 萬年，才有我們所謂「現代思考方式」的證據出現。

14 （動筆時的）突發新聞：2017 年 6 月，摩洛哥發現的化石把最早的智人出現推前到 30 萬年前。過去總是不停在變化呢！

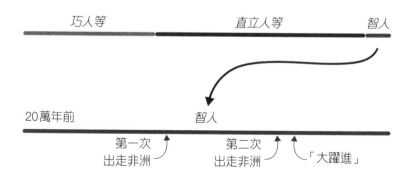

- 雖然證據還不明確，但似乎發生過兩波現代人類離開非洲的出走潮，第一波大約是 12 萬年前，第二波大約是 6 萬年前。
- 似乎在這兩次遷徙之後，大約在 5 萬年前，智人獲得了我們認定是人類的行為和認知能力，好比說抽象思考、計畫和藝術。這次所謂的大躍進起因不明，有個可能是烹煮食物造成對營養品質的影響。

## 大遷徙

生物學上，人類演化了幾百萬年。但人類和人類社群一旦達到了現代性的行為層次之後（大約 5 萬年前），就透過一種文化演化來進行發展。自此，我們這物種便以一種前所未有的方式發展並擴張。

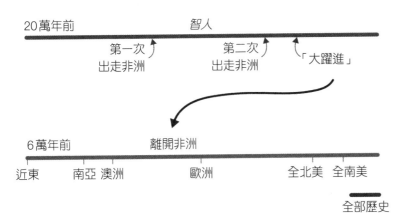

- 早期人類（人屬，但不是人種）於 150 萬年前從非洲向外散布，是歐洲和亞洲住民的祖先。
- 智人 12 萬年前出現於非洲並開始散布到近東，[15] 但這一波遷徙失敗了。
- 6 萬年前，又開始了一波遷徙，人類從非洲之角向東進入葉門，然後繼續前進，而在 5 萬年前抵達南亞。

15 譯注：地中海東部沿岸地區，包括非洲東北部和亞洲西南部。

- 46000 年前，第一批現代人抵達了澳洲。
- 第一批抵達歐洲的智人稱為克羅馬儂人（Cro-Magnon man），[16] 來自現在土耳其那邊。克羅馬儂人來到了一個尼安德塔人早就存在的世界，而到了 30000 年前，他們就已遍布全歐洲。
- 現代人類也向北方和東方散布，在 35000 年前抵達了西伯利亞和日本。
- 在不晚於 16000 年前的某個時候，人類穿越了西伯利亞通往阿拉斯加的陸橋，進入了北美洲。
- 人類在美洲一路向南遷徙，在 11000 年前住進現在美國的國土一帶。
- 人類在 6000 年前抵達了南美洲。
- 人類大約於 5200 年前發明了書寫，歷史隨即開始。歷史大約占了地球史的一百萬分之一。

[16] 這個名字來自於發現第一個樣本的法國西南方地名。

地標數字
- 現代人類抵達近東：60000 年前
- 現代人類抵達南亞：50000 年前
- 現代人類抵達澳洲：45000 年前
- 現代人類抵達歐洲：30000 年前
- 現代人類遍及北美洲：11000 年前
- 現代人類遍及南美洲：6000 年前

## 技術地標

- 最早使用石器——300 萬年前
- 首度用火——150 萬年前
- 最早的縫紉針——5 萬年前
- 最早的陶器——27000 年前
- 馴養動物——17000 年前
- 最早的銅器——11000 年前
- 第一把弓——11000 年前
- 第一次農業革命——10000 年前
- 最初的數字記事——10000 年前
- 首度使用輪子——6000 年前
- 最初的書寫——5200 年前，大約公元前 3200 年
- 青銅時代——公元前 3000 年至公元前 1200 年

- 鐵器時代——約公元前 1200 年起
- 玻璃器皿——公元前 1500 年
- 重錘動力鐘——公元約 1200 年
- 槍——公元約 1300 年

## 以數字呈現古代史

回顧過去時，我們可以選擇使用各式各樣的鏡頭。特寫可以展現特定群體或個人在過去某個特定時刻的生活。中距離鏡頭可以分析特定一段或一連串事件，好比說波耳戰爭（Boer War，1899~1902）的起因和結果。或者我們可以用廣角鏡，隨時間觀看人類的全景：帝國的興起和衰落。

這三種方法各有長處，但在本書中我們追求的是全景。為了打造我們的識數世界觀，我們需要一個架構讓新資訊適得其所或者獲得挑戰。我們需要地標。我們不會太糾結在特定日期（「大約」就夠好了），我們追求的是從大處掃視歷史，所以我們會採用全景視野，並先為鏡頭可能太廣而無法抓住清楚細節而道歉。

望向過去時，我們何時會超出能力的範圍呢？大數字從何處開始？我採取的觀點就和面對其他主題時一樣，就是大數字從 1000 時開始。所以這一節會包含一段從文字書寫出現（5000 年前）開始算起的約略時間，然後會一路處理到 1000 年前左右。

當我踏上「歷史」這塊領地時，內心多少有點惶恐。這當然不是一本歷史書，但我的計畫是要用數字來提供脈絡，好瞭解我們所在的世界，而那就得包括測量我們過往的大數字。要瞭解我們是誰，以及我們如何來到這裡，一些歷史脈絡有其必要。至少，這代表說要把過去的事件依序排列在一條時間軸上。或者應該說「一條條的時間軸」上，因為人類的故事是不同敘

事線的交織，有時分開，有時糾纏。

　　這一節要來展現，有哪些文化和文明在歷史相互接續的「時間片段」中，於世界各地留下了痕跡：這些片段分別是公元前 3000 年至前 2000 年；公元前 2000 年至前 1000 年；公元前 1000 年至前 500 年；公元前 500 年至前 1 年；公元 1 年至 500 年；以及公元 500 年至 1000 年。這絕對是過度簡化。我很粗魯地把歷史簡化成一串圖表和端點，而每個點都代表一個在地點、時間和文化上獨特而美好的匯合處，在那之中有千萬人活了幾百年，關於他們的事情實在值得大書特書（也已經大書特書了）。你可能會覺得我這樣做會損害那些不屬於名單上較大帝國或國家、沒被徹底研究記錄的千萬個小文化及人群。的確如此。

　　不過，道歉道得也夠了！在此我們是用非常寬的筆刷在繪圖，而且只畫幾筆而已。不過，我希望這個簡略的綜述至少能產生一幅印象派圖畫，讓你對於事物怎麼湊在一起、對於有主宰力的文化在四千年古代史中的何時、因什麼原因而興衰，能有一些概念。

## 5000 年前及更早之前（公元前 3000 年及更久以前）

　　什麼事也沒發生。接近一點的說法是，沒有任何早於公元前 3000 年的信史。這並不是說人類在那之前沒有活著、沒有相愛、打鬥或交易，而是說沒人把這些事情寫下來。就我們所知，書寫是在公元前 3200 年左右發明的。我們確實對比這更早的時代瞭解不少，但這些知識是間接從轉譯考古證據推導而來，有些證據貧乏，有些證據充足。這代表的是，關於那段時間人們怎麼生活、怎麼進展，我們都得用推論的，而非從他們自己的話裡讀出來。

但書寫讓一切有了天壤之別。為了留下紀錄而進行的書寫，在大國發展出機構的過程中似乎是個必要因素，而書寫和第一個帝國的出現約莫發生在同時，也並非巧合。

## 5000～4000年前（公元前3000年至公元前2000年）

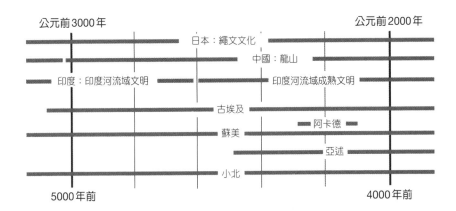

據估計，公元前3000年時世界上有4500萬人。我已充分說明了書寫之所以重要的理由；我們所知的這批最初的偉大文明並沒有書寫證據存在。

- 日本留下許多陶製品的繩文狩獵採集文化，存在於公元前14000年。
- 在中國黃河流域，證據顯示有一個連貫、廣泛且長久的「龍山文化」，從公元前3000年持續到公元前1900年。傳說人物「黃帝」登基時間約在公元前2700年。
- 在印度，印度河流域文明繁盛於公元前3300年至公元前1300年間。[17]
- 在古埃及，即最早出現書寫的地方之一，有個文化持續從公元前3000年發展了三個千禧年，直到公元紀年開始時，才因為羅馬人在亞克興（Actium）擊敗克麗奧佩脫拉

17 印度河流域文明確實有留下文字遺產。可惜的是，我們還無法破解他們的書寫。

有人主張阿卡德人的帝國是史上第一個帝國，占據了從今日敘利亞經伊拉克到土耳其的肥沃地帶。他們和發現至今最早書寫的蘇美文明有某種共生關係。

（Cleopatra）和安東尼（Mark Antony）而結束。古夫王大金字塔是在公元前 2580 年至前 2560 年間興建的。

- 在中東，阿卡德人（Akkadian）[18] 和蘇美人接連興衰。亞述帝國約在公元前 2500 年左右興起。
- 在南美洲，小北（Norte Chico）文明在今日的祕魯一帶繁盛。這是目前已知美洲大陸上最老的文明，存續到了公元前 1800 年左右。

在歐亞大陸，早期帝國直接進入青銅時代。到了公元前 2000 年時，估計地球上已經有 7200 萬人。

## 4000 ～ 3000 年前（公元前 2000 年至公元前 1000 年）

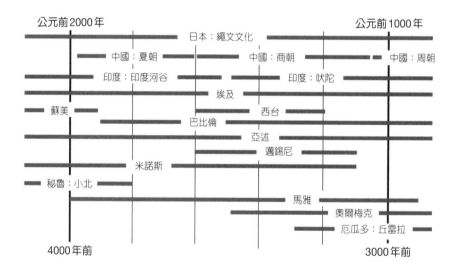

- 在中國，第一個傳統朝代「夏朝」，約在龍山文化所在的黃河流域一帶興起。公元前 1600 年左右，夏朝被商朝取代，而最早的中文書寫始於商朝中期。商朝接著又在公元前 1000 年被周朝取代。
- 在印度，吠陀文化（Vedic Period）接替了印度河流域文明。

它的名字來自當時寫作的印度教吠陀經（Vedas）。

- 支配中東的是位於現今伊拉克一帶的亞述人和巴比倫人，以及現今土耳其的西臺人。

- 地中海一帶興起了一些著名的文明，如克里特島的米諾斯人，他們留下一種稱作「線形文字 B」的書寫遺產；還有邁錫尼人，可能就是荷馬史詩傳奇中的希臘人。有人認為特洛伊的覆滅是在公元前 1200 年。

- 在中美洲，從公元前 2000 年左右開始，我們就發現了馬雅文化的存在，這個文化後來存續了 3500 年。奧爾梅克文化於公元前 1500 年左右興起，約莫存續了 1000 年。

- 在南美洲，基圖（Quitu，起於公元前 2000 年左右）和丘雷拉（Chorrera，起於公元前 1300 年左右）這兩個文化，在今日的厄瓜多地帶興起，存續了 1000 年。丘雷拉文化留下了大量陶器。

青銅時代突然在公元前 1200 年和公元前 1150 年間，隨著邁錫尼、安那托利亞、敘利亞等地的文化同步崩壞而一併結束。宮殿文化又回歸鄉村文化。

到了公元前 1000 年，全球人口估計已增長到 1.15 億。

> **地標數字**
> 青銅時代文化崩壞 —— 公元前 1200 年

## 3000 ～ 2500 年前（公元前 1000 年至公元前 500 年）

- 周朝於公元前 1046 年興起，最終成為中國歷來最長的朝代——幾乎 800 年。[19] 思想家老子的一生就處在這段時期，而孔子則是生於末期。周朝對其他國家的威信，從公元前 770 年起的「春秋時代」開始下滑。

- 印度：吠陀後期出現從游牧改為定耕群體的轉型。

- 中東：鐵器時代的諸帝國，包括新亞述、新巴比倫（迦勒底）和波斯（阿契美尼德王朝）崛起茁壯。這也是以色列

[19] 譯注：此處是以周武王即位算起至東周滅亡。

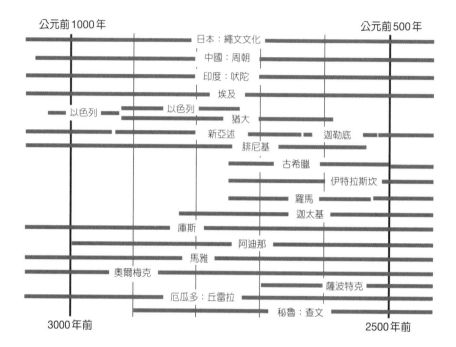

猶大諸國的時代。

- 地中海：腓尼基人在全地中海開展貿易。古典希臘文明正在成形。

- 義大利：伊特拉斯坎人在現在的托斯卡尼一帶繁盛，而公元750年前後，住在羅馬這個沼地小鎮的居民開始大張旗鼓。

- 北非：腓尼基人於公元前814年興建了迦太基城。

- 東非：美羅埃（Meröe）是庫施王國（Kingdom of Kush）的中心，該國位於埃及南方稱作努比亞（Nubia）的地帶。這地方一開始被埃及征服，而埃及人於公元前1100年撤出，其後庫施王國還會再存續1200年。

- 北美洲：稱作阿迪那（Adena）的文化在以俄亥俄河盆地為中心的廣大區域內興盛起來。

- 中美洲：奧爾梅克和馬雅持續存在。一個稱作薩波特克

（Zapotec）的文明於公元前 700 年出現。

- 南美洲：查文（Chavin）文化於公元前 900 年左右在安地斯高地興起，但在太平洋沿岸，如今屬於秘魯的地方也有影響力。

到了公元前 500 年時，全世界人口達到 1.5 億人。

## 2500 ～ 2000 年前（公元前 500 年至公元前 1 年）

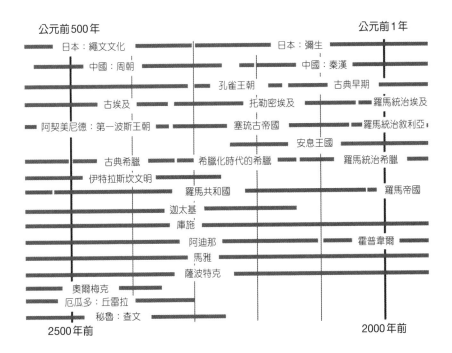

- 日本：彌生時期從公元前 300 年起存續了約 600 年，開始出現密集稻作。
- 中國：周朝經歷 250 年的戰國時期後，於公元前 256 年滅亡，被中國第一個皇朝「秦」[20] 所取代，其後秦又很快被漢朝所取代。漢朝被視為中國歷代皇朝中的黃金時代。
- 印度：悉達多·喬達摩（佛陀）在這個時期的初始時，誕

20　以知名的兵馬俑陪葬的，就是秦朝的始皇帝。秦姓及秦朝就是 China 這個字的源頭，當初在羅馬字母中寫作 Ch'in。

生於摩揭陀王國（Magadha Kingdom）——他的出生年估計介於公元前 563 年與 480 年之間。孔雀（Mauryan）王朝在公元前 320 年前後興起，存續了一百四十年，其中有位統治者阿育王（Ashoka）信奉了佛教。這時期的後半段，有百乘（Satavahana）王朝統治了中印度，而潘地亞（Pandyan）帝國則是在南方興盛。孔雀王朝終結於公元前 184 年。

- 中東：這期間的前半是由波斯人主宰，其後被亞歷山大大帝和後繼的塞琉古帝國（Seleucid Kingdoms）所取代。安息人（Parthian）於公元前 250 年征服了美索不達米亞及周邊地帶，打造了一個存續約五百年的帝國，直到公元前 220 年。

- 大約在公元前 5 年時，拿撒勒人耶穌在羅馬人統治的猶地亞誕生。

- 地中海：在希臘，希臘人打敗波斯人之後陷入內戰——伯羅奔尼撒戰爭（Peloponnesian War）。後來希臘人落入亞歷山大大帝的支配，但在這段時期的尾聲，這裡已成為羅馬帝國的一部分。

- 迦太基於公元前 650 年獨立於腓尼基人而立國，然後在與羅馬的漫長紛爭後，於公元前 146 年被擊敗。

- 義大利：這整段期間裡，伊特拉斯坎的城鎮逐漸被無情擴張領土的羅馬人所併吞。最後在公元前 27 年時，透過凱撒的叛亂與遇刺而開啟的內戰和動亂，讓羅馬帝國誕生。

- 東非：美羅埃（庫施）王國在這段時間內持續存活。

- 北美洲：阿迪那文化衰落，約莫在同一塊區域內，霍普韋爾（Hopewell）傳統興起，這之中包含了一群藉由貿易路線網而互相聯繫的人口。

- 中美洲：這時候馬雅人以一種象形文字，成為美洲第一個使用書寫的文化。

- 南美洲：這時期丘雷拉和查文兩個文化分別在厄瓜多及祕魯衰弱下去。

**地標數字**
亞歷山大大帝的征戰——公元前330年

說到帝國，真的是條條大路通羅馬。羅馬共和國大約存續了五百年——而羅馬帝國（東西分裂後的西羅馬帝國）也存續了大約五百年。這個轉換點就發生在公元前 27 年，[21] 差不多是我們通用的紀年系統的零點。

到了公元 1 年時，世界人口已達到 1.88 億。

[21] 「公元前」（Before the common era）。我們的紀年系統其實沒有零點。公元前 1 年接著立刻就是公元 1 年，真是令人不悅的破格。

## 2000 ～ 1500 年前（公元 1 年至 500 年）

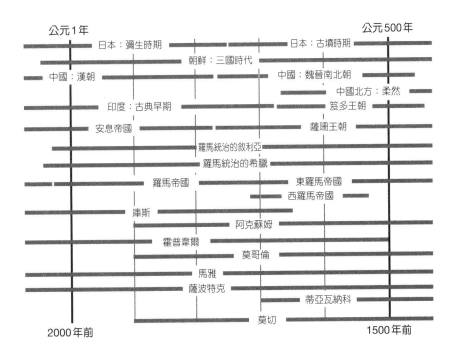

- 日本：彌生時期之後的古墳時期，是大和時期的最早部分，從公元前 250 年開始。這標誌著日本信史的起頭，已知最早的日本書寫始於公元 5 世紀。
- 韓國：朝鮮三國時代的三國，分別是從公元前 57 年起存續

了幾乎一千年的新羅；還有高句麗和百濟，這兩國在公元
660 年被新羅所滅。

- 中國：漢朝依舊存續，直到公元 220 年，接續其後的是短
命的三國、晉朝，然後是南北朝。柔然是公元 330 年起於
中國北方的蒙古雛型國，存續了二百二十年。

- 印度：百乘王朝存續到公元 220 年，而潘地亞帝國持續統
治南方。貴霜（Kushan）帝國在阿富汗至北印度一帶興起，
公元 375 年被西邊的薩珊（Sasanian）和東邊的笈多（Gupta）
擊垮。笈多王朝從公元 320 年起主宰印度直到 550 年，這
段期間被認為是印度的黃金時期。

- 中東：安息的衰弱，讓薩珊王朝這個伊斯蘭興起前的最後
波斯強權於公元 200 年登頂；在公元 651 年以前，該國都
統治了一片涵蓋中東、延伸至阿富汗和巴基斯坦的廣大土
地。

- 地中海、義大利和歐洲大部分其他地區：羅馬帝國。還有
什麼好說的呢？從公元前 27 年奧古斯都大帝登基，到公
元 476 年奧古斯都勒斯（Augustulus）遭罷黜，並代表西羅
馬帝國滅亡為止，羅馬人主宰了地中海和周遭的土地整整
五百年，而在東方還又持續了幾乎一千年。

- 非洲：美羅埃的庫施王國於公元 350 年終結。北衣索比亞
的貿易國家阿克蘇姆（Aksum），從公元 100 年起存續了超
過八百年。

- 北美洲：莫戈隆文化從公元 200 年起興盛於北美洲西南方，
直到公元 1500 年被西班牙人征服。

- 中美洲：這時候美洲最大的城市，是位於今日墨西哥的特
奧蒂瓦坎（Teotihuacan）。馬雅仍然存續，薩波特克文化也
依然存在。

- 南美洲：莫切（Moche）文化於秘魯北部興起。從公元 300

年起，蒂亞瓦納科（Tiwanaku）帝國在今日的玻利維亞西部沿著海岸線茁壯。

**地標數字**
西羅馬帝國滅亡——公元476年

據估計，到了公元 500 年，世界人口有 2.1 億。

## 1500 ～ 1000 年前（公元 500 年至公元 1000 年）

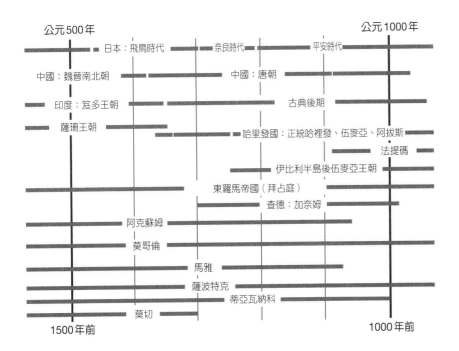

- 日本：大和時代在一連串的子時代中持續下去：飛鳥時代，以引入佛教聞名。還有奈良時代、平安時代。[22]
- 中國：南北朝在被隋朝統一後結束，但隋朝僅存續了三十七年就被唐朝取代，被視為黃金時代的唐朝持續了將近三百年。經過了五代十國的動盪之後，宋朝在公元 1000 年成為主宰勢力。
- 印度：戒日（Harsha）王朝從公元 606 年起存續了約四十年，以其四海一家的特質聞名。遮婁其（Chalukya）王

22 譯注：但日本史中的大和時代，僅包括古墳和飛鳥兩時代。

朝接在那之後存續一百一十年，接著是羅濕陀羅拘陀
（Rashtrakuta），其統治期間被稱為「古典後期」。

- 公元 622 年——穆罕默德從麥加前往麥地那的那一刻，標
誌了伊斯蘭曆的起頭，以及一連串會使該宗教轉型的變
化。接下來幾年，伊斯蘭的哈里發國會在中東、阿拉伯半
島和北非的廣大地域內興起。首先是正統哈里發（Rashidun
Caliphate），存續了約三十年，接著是伍麥亞王朝（Umayyad
Caliphate），存續了 90 年直到公元 750 年。從那之後開始，
便由阿拔斯帝國（Abbasids）主宰，同時法提瑪王朝（Fatimid
Shia Caliphate）在北非和阿拉伯半島興盛。

- 伊比利半島：伊斯蘭的伍麥亞（也稱摩爾人）於 8 世紀初
進入了伊比利半島，並從公元 800 年起統治了安達魯斯
（Al-Andalus），和主要以北方為根據地的基督教國家共存。

- 又稱拜占庭帝國的東羅馬帝國，直到公元 700 年都還是歐
洲強國，其後退至中東地帶，並在一千一百年後逐漸衰落。

- 在非洲，加奈姆帝國（Kanem Empire）以今日查德一帶為中
心，從公元 700 年起存續了超過六百五十年。


到了這時候，世界人口達到 3 億，是四千年前的 6 倍多。
在接下來的一千年裡，這個數字會成長到 20 倍以上。

# 多維測量
## 面積和體積

如果你知道每一類玉米各占多少畝，並詢問那塊土地有幾畝要拿來播種，然後數一數種子有幾夸脫（quarter），[1] 你就會知道種子的報酬，以及應該剩下多少。

——羅伯特・格羅斯泰斯特（Robert Grosseteste）[2]

1　譯注：容量單位，約等於 1136 毫升。

2　譯注：中世紀英國教區主教，也是政治家兼哲學、神學家。

---

以下哪個體積最小？

□ （美國）佩克堡水壩（Fort Peck Dam）的水量

□ 日內瓦湖的水量

□ （委內瑞拉）古里水壩（Guri Dam）的水量

□ （土耳其）阿塔土克水壩（Ataturk Dam）的水量

---

## 面積用平方、體積用立方

### Them! 《巨蟻入侵》

　　1956 年的恐怖片《巨蟻入侵》（Them!，驚嘆號是標題的一部分），劇情環繞著「1945 年的核子實驗產生了⋯⋯危險的變種螞蟻」這個情節轉動。當然，巨大螞蟻脫逃了，造成毀壞並

引發死傷危機。可是，為什麼我們實際上不會在地球上看到那種大小的螞蟻？全世界最大的螞蟻——巴拿馬的子彈蟻——演化的最大長度也「只有」4 公分，是有什麼理由嗎？答案就在數字裡，也在線、面、體積三者如何彼此相關的道理之中。

我們已經看過了「長度」這個空間的基本度量，但要記得，測量我們存在空間的「長度」有三維。那代表碰上面積時要處理平方，而碰上體積時要處理立方，而那些都能十分快速地產生大到很有挑戰性的數字。

## 覆蓋地面

你應該已經在一大堆犯罪電視劇裡看過這個橋段了。一整排搜索的人，有警察也有志工，井然有序地走過一片泥炭地，左顧右盼，搜索任何失蹤者的跡象。我們在這個畫面中加點數字進去。

首先，假設搜尋面積 100 公尺 ×100 公尺。[3] 這大約是倫敦特拉法加廣場（Trafalgar Square）的大小，或者足球場大小。我們來想像一下一排共 25 名搜索者，彼此相離 4 公尺，然後沿著廣場一邊排好——每個搜索者都得向左看 2 公尺、向右看 2 公尺。然後想像他們以每秒 1 公尺的速度推進。那他們要花 100 秒掃遍那塊地——1 分 40 秒。指派 25 人來做這事實在不划算，但這只是一個思考實驗而已！

現在，想像要走的那塊地是 1 公里 ×1 公里，是上面案例的十倍寬、十倍長。那算是一塊走起來滿普通的面積，但對同樣的 25 人隊伍來說，得要走 10 趟，而每趟又得花上 10 倍的時間。所以一共得要走 100 倍的長度，換言之需要花上 10000 秒——不休息的話大約是 2¾ 小時。把搜索範圍增加到 10 公里 ×10 公里，要完成這工作的時間就增加到 100 萬秒——那超過 11 天，而且還是分分秒秒不休息。

[3]　那就是 1 公頃，面積測量的公制單位，等於約 2½ 英畝。

當我們從思考距離跳到思考面積時，我們便從一維來到二維，而一切就此天差地遠。所以，得可憐可憐那些在開闊海面上尋找墜機蹤跡的搜索飛行機。

當我們思考面積時頭腦會需要幫助，因為我們對數字和測量的初期認識有太多都是線性的。學校的數學器材組裡沒有哪個工具是用來測量面積的：面積幾乎是計算出來的結果，很少直接被測量。想想電腦螢幕的規格，你可能會認為，這種二維平面裝置的相關公定單位應該會有放映面積，或者更精準的像素總數量。但其實都沒有，技術規格講的始終是對角線測量長度（來代表其整體大小）。[4]

但舉凡要涵蓋表面，就要用到二維測量，不論是搜索泥炭地、鋪馬路、替田播種、給房間鋪地毯，或者只是要粉刷個廚房都一樣。事實就是，一旦到了面積，相關數字很快會就變得非常大。

赤道「只有」40000公里長：地球的地表面積是5.1億平方公里，比那一大圈的線性測量數字要大了四個數量級。這之中沒有什麼深切的含義，就只是幾何和算數的問題，但事實在於，處理面積和體積時，數字很容易就會相當大。

## 談（起來有）份量

如果從線性度量到面積度量已是難以全面掌握，那麼到了體積恐怕會更難搞。

我們稍微用一下**視覺化**技巧。埃及的古夫王金字塔[5]據估計用了230萬塊石磚。這個數字可信嗎？來看看我們有什麼方法可以掌握這個大數字，或許用一種可理解且好記的方法把它視覺化。

如果這些石磚都是同樣大小的立方體（其實不是，但這只是個練習），那麼一座有230萬塊石磚的理想化金字塔（比例

[4] 譯注：如「28吋螢幕」、「50吋電視」），至於解析度則是分開數水平和垂直的像素量。

**地標數字**
地球（陸地加海洋）的表面面積略多於5億平方公里

[5] 又稱吉札大金字塔，或者奇奧普斯金字塔。

上大略等同古夫金字塔），每一邊會有多少石磚呢？

這個嘛，藉著一點紙筆（和計算機）計算，再使用金字塔的體積方程式[6]得出的結果是，一座符合上述立方體總數量、且高度與基底線比例也正確的金字塔，底座得要有 225×225 塊石磚，高度則需要 136 塊石磚（而我們可以算出，那會得出一個略小於 230 萬塊石磚的總量）。古夫王大金字塔的實際尺寸大約是 230 公尺 ×230 公尺 ×139 公尺。這些數字和我們的石磚數量相近到有點恐怖。這代表說，如果每塊石磚都是一樣大小的立方體，那麼這立方體的平均大小就會接近每邊 1.022 公尺，而那看起來實在是合理至極。[7]

除了合理以外，金字塔石磚的平均大小幾乎符合 1 碼長度的古代標準，以及當代 1 公尺的標準長度，而這真的有點恐怖了！

所以，儘管 230 萬是個大數字，是個我們在思考上要花一番力氣才能領略的大數字，但當我們把它呈現為 225×225×(136/3) 時，我們就能把它拉下凡間，帶進我們在思考上的舒適圈，而我們可以輕易看出，那是一個用來蓋金字塔的石磚數量的可信估計數。[8]

回到地球的測量，前面我看到地球的周長落在 40000 公里這個範圍內，而表面積約為 5 億平方公里。那體積有多大呢？1.08 兆立方公里。真是個大數字。

## 不用害怕巨型螞蟻

長度、面積和體積的關連有時被稱作「平方立方定律」：當一個物體的線性尺寸變化時，其表面積就以平方乘數增加，而體積會以立方乘數增加。

平方立方定律解釋了電影《巨蟻入侵》裡的巨型螞蟻為何

[6] 如果想計算任何一種「一路向上尖」直到最後只剩一個尖頭的形狀，好比說金字塔或圓錐體的體積，就要把底面積乘以全高的 1/3。所以在這個例子中是 225×225×(136/3) = 2295000。

[7] 當然，石磚不可能都是同個大小，更不可能是正立方體。而且我們還沒把內室填進金字塔裡，此外還可以提出各種駁斥。但這是一個合理性的檢查，不是一個數量測量員的報告。我們追求的是「230 萬塊石磚：這是個大數字嗎？」這問題的解答。

[8] 繼續進行合理性檢查：如果磚頭是密度約 2500kg/m³ 的石灰石，那麼每塊磚大約會重 2670 公斤，代表整座金字塔的質量約有 60 億公斤。維基百科主張金字塔質量為 59 億公斤，似乎很合理。

不可能存在。從電影海報來看，這些螞蟻看起來應有 4 公尺長，代表就算用巴拿馬子彈蟻來比，也是拉長了大約 100 倍。

然而，跟據平方立方定律，長度增為百倍代表面積增為萬倍，且體積（且質量也因此）增加了 100 萬倍。既然螞蟻腿的強度會與其肢體橫剖**面積**相關，而身體的質量會與**體積**相關，那麼螞蟻放大的身體質量相較於放大的肢體強度來說，就成了 100 倍的負擔，換言之，螞蟻會被自己的重量壓垮。同樣的情況也會出現在牠們的內臟上，現在牠們的蟲殼「皮囊」得要裝進超過 100 倍重量的內臟。將這慘狀之細節加以視覺化的工作，就給讀者當練習了。

這也解釋了為什麼動物越大就越粗壯。瞪羚要是像大象那麼高，就會折斷牠嬌嫩的腿。鴕鳥飛不起來：飛行動物有大小極限，而這全都是由平方（翅膀的面積）立方（該生物的質量）定律所決定。

## 弦理論

最後一個例子：看看這四種管弦樂團弦樂器的大小質量比較序列：

| 樂器 | 長度 | 小提琴的百分之幾 | 質量 | 小提琴的百分之幾 |
|---|---|---|---|---|
| 小提琴 | 0.6 公尺 | 100% | 0.4 公斤 | 100% |
| 中提琴 | 0.69 公尺 | 115% | 0.54 公斤 | 135% |
| 大提琴 | 1.22 公尺 | 203% | 3.5 公斤 | 875% |
| 低音提琴 | 1.9 公尺 | 317% | 10 公斤 | 2500% |

如果這些琴身都是實心的，我們就可預期質量會按比例隨樂器體積或長度的三次方而增加。[9] 而且，如果它們是用厚度完全一致的木材所打造的完全中空琴身，我們也可以預期質量

[9] 不不，我不是說大小聲的那個 volume。譯注：volume 也有「音量」的意思。

會隨著長度的平方增加。不過事實上，質量的推進程度是介於「體積」和「面積」的比例之間。低音提琴顯然並不只是等比例放大的小提琴：當大小增加時，琴身各部位的比例也會變化，但這又再一次顯示，當東西變大時，質量和體積會如何不按比例地增加。

## 土地面積

若所願、所顧的是父輩的幾畝地，甘願在自己地上呼吸故土的空氣，那人便是幸福的。

——亞歷山大·波普（Alexander Pope）[10]

### 叫她給我找畝地

　　土地始終是一種珍稀資源，這使得它極有價值。所以說，測量土地的行為可追溯至最早的農耕時期，也就沒什麼好意外的了。

　　有個迦太基人興起的故事，講述蒂朵女王（Queen Dido）在北非與柏柏人之王雅爾巴斯（Iarbas）為了土地討價還價，但對方只同意說，可以給她能被一片牛皮包圍的土地。蒂朵很狡猾地把牛皮裁成非常纖細的帶狀（利用了一點有關面積的平方立方定律），接著又出了一招，不是用那條牛皮圍住一塊圓形的土地，而是兩頭接到海邊，圍出一塊單邊靠海的半圓形。數學家把這種「如何以某一長度的曲線和一條無限長的直線來圍住最大範圍」的問題，稱作「蒂朵難題」。

　　古埃及的大部分數學家都參與了測量土地及製圖。[11]尼羅河的洪水氾濫每年會定期沖掉地產界線並改變地貌，因此始終需要土地測量員的技巧。埃及人使用的土地面積基本單位叫做「阿羅拉」（aroura）或「賽特加」（setjat），其定義為每邊長

[10] 譯注：18 世紀英國最偉大的詩人。

[11] 包括使用一條在 3：4：5 的長度上做記號的繩子，一拉直就會變成直角三角形。

100 皇家肘（約 52 公尺長）的正方形，換算為公制面積大約是 2700 平方公尺。[12]

羅馬人用一個叫做「尤格倫」（iugerum）的單位測量土地，老普林尼（Pliny the Elder）將其定義為「共軛的兩頭公牛一天可犁的土地量」[13]，長 240（羅馬）呎、寬 120 呎，[14] 相當於 2523 平方公尺。這不可思議地接近埃及度量衡的大小，這或許代表埃及的這個度量衡也是源自現實中一天裡犁出來的土地面積。

羅馬人把 2 尤格倫稱為 1「赫勒迪昂」（heredium），而這是傳統說法中羅穆盧斯分給每位公民的土地量，也是可當作遺產留傳的最大面積。

中世紀歐洲對畝的定義，[15] 也是共軛的兩頭公牛一天內可犁完的土地量。民俗定義並不是精準的測量──但後來也被公定為 1 化朗（220 碼）長、1 鍊（22 碼）寬的長方形土地，而以今日的說法就等同於 4047 平方公尺。化朗的民俗定義，是共軛的兩頭公牛一趟不休息可犁出的犁溝長度。所以要把這 1 畝地視覺化就不難了；農夫在每 1 化朗的盡頭讓牛隻休息，然後開始走回頭路。你可能會注意到，既然英畝整整比尤格倫大了 60%，那中世紀的公牛就得比羅馬的公牛更努力呢！

在中世紀的英制系統中，15 畝為 1「奧克斯甘」（oxgang）；8 奧克斯甘為 1「卡魯凱特」（carucate），而 1 卡魯凱特就是八隻公牛一組可以在一季裡犁完的土地量。

我父親在南非的眾多身分中有個是鄉下律師，得要處理農場買賣。在 1970 年代改採公制前，我都還記得他講起農地面積時會用「摩根」（morgen），一個繼承自荷蘭殖民者、同時也在德國和少數其他國家（以各種不同方法）使用的單位。摩根這個字代表「早晨」，概念上是指上午可犁的土地量。南非從摩根到畝的換算方式，是 1 摩根比 2.12 畝。如果你把「犁田量」這個定義當真的話，那就代表南非公牛一個早上犁的量是英國

[12] 一座足球場比 7000 平方公尺略大一點，所以這就大約是足球場的 3/8。

[13] 那軛（yoke）這詞的字源呢？來自拉丁文的「iungere」，也就是「聯合起來」，同時也是「接合點」（junction）和「頸部的」（jugular）的根源。當然，這也是尤格倫這個單位詞的來源。

[14] 一羅馬呎約比當代英呎少 1/3 英吋。

[15] 「acre」（畝）這字源自原始印歐語的「agro-」，意指田地。

牛一整天的兩倍！

## 讓土地公制化

法國大革命之後採行的國際單位制，包括一個土地面積單位叫做「公畝」（are），為 100 公尺 ×100 公尺。實際上公畝本身不太常用，但公頃（hectare），也就是百畝，成了既定的公制土地面積度量。1 公頃大約是 2.47 英畝，也大約是 4 個羅馬人的尤格倫。

許多在土地面積上有傳統度量衡的國家，就只是宣布這些自己的舊制現在等同於 1 公頃，因此既保有傳統名稱，同時又獲得國際標準制的好處。因此，伊朗的傑利布（jerib）、土耳其的傑利布（djerib）、香港／中國大陸的公頃，[16] 阿根廷的「馬桑那」（manzana），還有荷蘭的「邦德」（bunder），在當代定義下的大小都等於 1 公頃。

這裡給你一些指引來幫你把 1 公頃視覺化：一個把自由女神像的底座框起來的正方形，約莫接近 1 公頃。而倫敦特拉法加廣場也是——橄欖球場的面積也是接近 1 公頃。

農地和其他地產按慣例也是用公頃來測量，但對於更大面積的土地來說，數字很快就會變得龐大笨重，所以下一個用來測量土地面積的更大單位，自然就是平方公里——100 公頃。

**地標數字**
橄欖球場的面積接近 1 公頃

## 城市的大小

當我們談到城市大小時，我們通常指的是人口，但這一章要談的是土地面積，而此刻我們講的是實際涵括的土地量。你可能會覺得這很直接了當，但其實不是。首先，定義城市面積就有好幾種方式：

- 中央核心的城區。

- 行政區域，由市政府（如果有的話）控制的範圍。
- 大都會區，包含通勤者居住的所有附屬郊區。
- 或就只是最大的一塊連綿的密集高樓區，就算那其實是數個城市合併而成的特大號都市也無妨。

　　就連這幾個定義也都有點模稜兩可，但其中「大都會區」符合我們建立數感的目標。就面積來說，大倫敦都會區有 1569 平方公里。把這個數字視覺化的一個方式，就是把它化為一個直徑接近 44 公里的圓。趕快作一個合理性檢查：環繞倫敦的 M25 高速公路，直徑確實介於 40 公里到 50 公里之間。

　　紐約的大都會區，俗稱的三州地區（Tri-State Area），面積大約是 34,500 平方公里，而東京「首都圈」約有 13500 平方公里。

　　世界上最大的連綿密集高樓區（以人口來說）是珠江三角洲，以廣州為中心，並包含香港和澳門。這裡不只是人口多，也是一大片土地，大約有 39380 平方公里，等同於一個從任一點到對面都有 224 公里的圓。開車跑這樣的一個圓圈，就算是一條車流平順的高速公路，也要跑兩小時。[17]

## 威爾斯那麼大的面積

　　英國有一個老梗是拿威爾斯的大小來形容大片面積的土地。有一個慈善團體自稱「威爾斯大小」（Size of Wales），並發起一個計畫來保護一塊雨林；它的大小？沒錯，你猜對了，就是威爾斯那麼大。所以，威爾斯實際上有多大呢？它略小於 21000 平方公里。給個例子做比較，珠江三角洲的城市化地帶將近是威爾斯的兩倍。

　　其他地帶也會被用來當標準度量衡。小時候在南非被帶去看野生動物時，有人跟我說克魯格國家公園（Kruger National

17　但因為這是一塊臨海地帶，或許我們應該效法蒂朵取得迦太基土地的方式，去設想一個從海岸邊圍起的半圓形。在這個例子中，我們需要的半圓形大約是直線邊 300 公里，並向內陸延伸 150 公里。

Park）「大小跟以色列一樣」。嗯，真的嗎？克魯格國家公園的大小是 19485 平方公里，還真跟以色列的大小（20770 平方公里）差距不大，大約是它的 94%。

而如果你「心臟跟德州一樣大顆」時，你的心臟有多大顆呢？那會是 696000 平方公里，是威爾斯大小的 33⅓ 倍大。

世界上最小的國家是只有 0.44 平方公里的梵蒂岡城國，整個包在羅馬市裡，但仍是一個獨立國家。世界上土地面積最大的國家是俄羅斯，有 1709.8 萬平方公里，總計為地球表面的 3.2%，全球陸地面積的 11.4%。

## 一個國家通常都多大？

以下這張圖顯示了 256 個國家，根據土地面積順序排名，從最大（俄羅斯），到最小的（梵諦岡）。

這張圖片要注意的幾個點：

首先，最大國俄羅斯（1710 萬平方公里）在面積上凌駕所有其他國家之上。

第二，亞軍組由五個相當大的國家組成。追在俄羅斯之後的依序是加拿大、中國及美國，都介於 900 萬至 1000 萬平方公里間（陸地和內陸水域併計），都略多於俄羅斯的一半。接著，是 850 萬平方公里的巴西和 770 萬平方公里的澳洲。

第三，剩下國家的面積急轉而下，形成了長尾。長尾中最大的，就是全體排名第七的印度（330 萬平方公里），還比澳洲

的一半小。但這條尾巴不僅長，而且縮窄得非常快。埃及排在第三十名，卻只比 100 萬平方公里略多一些。冰島是一百零八名，就只有 10 萬平方公里略多一些，大約是加拿大的 1/100。然而冰島小歸小，還算整張表的前半部分。

所以這是一個特別偏斜的分布：葉門（528000 平方公里）儘管面積非常接近所有國家的算數平均值（533000 平方公里），卻是榜上的第五十名。而處於中位數（一半的國家比它大，另一半比它小）的國家面積，只有平均大小的 1/10——52800 平方公里。克羅埃西亞比中位數稍微大一點（56600 平方公里），而波士尼亞—赫塞哥維納稍微比中位數小一點（51200 平方公里）。所以，如果有所謂的普通國家，那國家會滿小的。

所以，俄羅斯有 1700 萬平方公里：那是個大數字嗎？我們有辦法把它**視覺化**嗎？那等同於一塊每邊略多於 4000 公里的正方形，那大約是赤道長度的 10%，北極到赤道距離的 40%，略等於澳洲東西寬度。

中國、加拿大和美國這些多於 900 萬平方公里的國家，都等於是每邊 3000 公里的正方形。

非洲最大的國家是 225 萬平方公里的剛果，大約是俄羅斯面積的 1/8，而西歐最大的國家是法國，有 64 萬平方公里，連俄羅斯的 1/25 都不到（法國等於一個每邊 800 公里的正方形，不過因為法國人喜歡把自己的國家看成是六邊形，我們可以把它視覺化為一個每邊 500 公里的六邊形）。

英國的大小是 242000 平方公里。那等於是一個大約每邊略少於 500 公里的正方形。

## 測量大洲與巨大島嶼

「洲」（continent）[18] 的概念其實並不清楚。歐洲和亞洲明顯都是同一個陸塊的一部分，那還要不要各自當做一個洲？那

---

**地標數字**

- 俄羅斯，世界上最大的國家——1,700 萬平方公里
- 中國，世界上人口最多的國家——950 萬平方公里
- 中位數國家大小，大約 5 萬平方公里。

---

18 譯注：本詞在中文多做「大陸」用，但也有「洲」之意。

澳洲呢？要當作洲還是島？有些分類甚至把「美洲」當成單一大洲。我們在此採普遍使用的七大洲方案，進而得到以下的土地面積大小：

| | |
|---|---|
| 亞洲 | 43820000 平方公里 |
| 非洲 | 30370000 平方公里 |
| 北美洲 | 24490000 平方公里 |
| 南美洲 | 17840000 平方公里 |
| 南極洲 | 13720000 平方公里 |
| 歐洲 | 10180000 平方公里 |
| 澳洲／大洋洲 | 9008500 平方公里 |

至於世界上最大的島嶼則有：

| | |
|---|---|
| 澳洲（大陸） | 7692000 平方公里 |
| 格陵蘭 | 2131000 平方公里 |
| 新幾內亞 | 786000 平方公里 |
| 婆羅洲 | 748000 平方公里 |

〔德州如果是個島的話會在這邊：696000 平方公里〕

| | |
|---|---|
| 馬達加斯加 | 588000 平方公里 |
| 巴芬島 | 508000 平方公里 |
| 蘇門答臘 | 443000 平方公里 |
| 本州 | 226000 平方公里 |
| 維多利亞島（加拿大） | 217000 平方公里 |
| 大不列顛 | 209000 平方公里 |
| 埃爾斯米爾島（加拿大） | 196000 平方公里 |

判斷土地面積時，世界地圖可能會嚴重欺瞞：普遍使用的麥卡托投影法（Mercator projection）地圖受制於嚴重扭曲面積的瑕疵，大幅放大了靠近極區的土地面積。

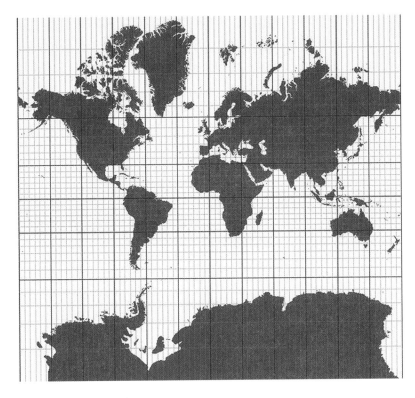

麥卡倫投影圖，繪製者 Miaow Miaow，出自 German language Wikipedia de Wikipedia (via en)

舉例來說，利用上圖的麥卡托投影，格陵蘭和非洲在地圖上看起來的大小就很接近。然而看看上面的數字，我們就知道非洲是格陵蘭大小的 14 倍。[19]

把地球所有陸地面積相加，我們得到的是約 1.49 億平方公里。剩下的就是水，把這些總共 3.61 億平方公里的海和湖再加上去的話，我們得到的總表面積是 5.1 億平方公里。[20]

## 啜一口跟運一堆：量體積

### 桶子推出來

當你有一份價值不菲的產品時，你會小心記錄。眾多世紀以來，酒精飲料都以慎重測量的份量，極其小心地進行運輸、儲藏和分配。

> **地標數字**
> - 地球上所有無水陸地大約接近 1.5 億平方公里
> - 地球上海與湖約有 3.5 億平方公里
> - 兩者相加起來成為地球的總表面積，約 5 億平方公里

[19] 麥卡托投影用於導航就十分傑出：經線和緯線都條條平行，移動方向也顯示得十分準確。使用平面世界地圖時，你得要選擇首要希望正確無誤的特質，以及被犧牲的特質。只有球體才能真正正確繪製的地球圖。

[20] 而將地球半徑以 6370 公里計，我們便能利用球體表面積方程式來算出同樣的數字 5.1 億平方公里。

在伊莉莎白時代的英國，曾使用過一種基於雙倍原則的酒類度量衡序列。這個系統中測量出的最大量稱作 1「吞」（tun），也是這個奇妙的容量連鎖的起頭：

1 吞是 2 派普（pipe），

1 派普是 2 豪格海（hogshead），

1 豪格海是 2 桶（barrel），

1 桶是 2 圓桶（cask），

1 圓桶是 2 蒲式耳（bushel），

1 蒲式耳是 2 肯寧（kenning），

1 肯寧是 2 配克（peck），

而 1 配克是 2 加侖（gallon）。

1 加侖是 2 波脫（pottle），[21]

1 波脫是 2 夸脫（quart），

1 夸脫是 2 品脫（pint），

1 品脫是 2 杯（cup），

1 杯是 2 吉兒（gill），

1 吉兒是 2 傑克（jack），[22]

1 傑克是 2 吉格（jigger），

而 1 吉格是 2 口（mouthful）。

而 1 口大約是 1 立方英吋！

這讓 1 吞等於 $2^{16}$ 或者 65536 口。[23] 我實在太喜歡這套系統的工整和徹底堅持不懈（更別提它還預示了當代電腦資料度量的二進位／倍增系統）。這絕不是當今酒類度量衡的完整清單。多年來，人們也用其他方式稱呼這些體積：舉例來說，英國海軍每天會分配到 1「托特」（tot，杯）的蘭姆酒，體積為 1/8 品脫，也就等於上述系統中的傑克，以當代公制度量衡來說是 70 毫升。

---

[21] 譯注：此單位中文通常直譯為「半加侖」。

[22] 傑克與吉兒？我們前面有看過他們呢！

[23] 我們來做一點合理性檢查：這是個大數字嗎？等同於 65536 立方英吋的立方體容積長什麼樣子？根據這樣的加倍序列，一吞會等於 $2^{16}$ 立方英吋。我們可以把這重新寫為 $2^6$ 英吋 $\times 2^5$ 英吋 $\times 2^5$ 英吋。所以這等於一個 64 英吋高、長寬各 32 英吋的立方體。那是一個大容器，但沒有大到無法接受，而能裝下大約一公噸的水（酒的話重量再多 10%）。

1967 年，甚至有一位美國工程師哈洛德・拉森（Harold Larson，公制系統的反對者）提議，把從這倍增比例尺修改而來的度量衡當作一種新的當代標準。當然，這個提案沒有被接受。[24]

酒瓶同樣也有各種令人困惑的「標準」命名方式，而那些也是在玩一種加倍序列。以香檳來說：

　1 標準瓶是 0.75 公升，

　　2 標準瓶是 1 馬格南（Magnum），

　　　2 馬格南是 1 耶羅波安（Jeroboam），

　　　　2 耶羅波安是 1 瑪土撒拉（Methuselah），

　　　　　2 兩瑪土撒拉則是 1 巴爾特札——等於 16 瓶。

哀傷的是，這個二進制序列就此打住。確實還有更大且有專屬名稱的瓶子大小（好比說「哥利亞」〔Goliath〕是 36 瓶），但這些單位並不屬於那種統一的倍增系統，通常都只是為了特定的宣傳目的而創造出來的。

## 石油，用桶還是用船來算？

酒並不是唯一具有極大商業價值的液體，也不是唯一用桶裝來運送的液體。若要問哪種液體真正支撐我們的當前生活，當然就是石油了。

油價是以每桶多少美元來報價的。所以我們知道應該有一個標準的油桶大小。那個度量有多大？在使用上其實有一些差異，但最普遍的定義是美國的 42 加侖油桶，略少於 159 公升。根據美國石油天然氣歷史學會所言：

一個 42 加侖的中桶（tierce）重量超過 300 磅（約 136 公斤）——大約就跟一個人理論上用力搬得動的重量差不多。20 桶可放進一艘普通的

24　拉爾森的單位中最小的是大餐匙（tablespoon），而標準廚房用大餐匙的確略等於同 1 立方英吋，或者一口。而吉格這種用來測量烈酒的單位，就跟當代的「小杯」（shot，杯），也就是（以英國慣例用法來說）25 毫升至 35 毫升沒多大差別。

大平底船，或者列車的車板上。比這還大的桶子就無法想像，而比這小的桶子利潤又不夠。

　　一個標準的桶或者圓桶（drum）是 0.876 公尺高（略低於網球球網的高度），最寬處為 0.597 公尺（算到用來強化鋼桶結構的環狀條外側）。

　　因此，一個普通的小客車油箱（50 至 70 公升）大約可裝介於 1/3 到 1/2 桶的油。[25] 用來把提煉過的油料等液體運送到加油站的大油罐車，通常可運載 2 萬至 4 萬公升的容量，大約是 200 桶，足夠提供 500 台車子加油。

　　最大的油輪可以運載 200 萬桶油。容量約是普通油罐車的 10000 倍。[26] 在英國石油（BP）深水地平線（Deepwater Horizon）深海鑽井平台造成的災難性漏油事件中，漏出的油量估計 490 萬桶，大約達到一艘油輪容量的 2.5 倍。

　　替這趟油膩膩的旅程收尾的，是世界上最大的儲油設備——位於美國奧克拉荷馬州庫欣（Cushing），可容納超過 4600 萬桶的油：相等於 23 艘大型油輪的量。

　　到了這個地步，我們心裡都該有的問題就是：這東西在地底下還剩多少？這問題沒有確切答案，但就目前技術下經濟可回本的開採量來算，合理估計的最小量是 1.6 兆億桶[27]——80 萬艘超級油輪的運載量。以目前每日 9000 萬桶（45 艘超級油輪）的使用速度來看，那不是個大數字。可以算出這略少於五十年可用的量。

　　在後面談能量的章節中，我們會看看這種燃料中含有多少能量，以及其他替代燃料和之相比如何。

## 乾貨

　　海陸運輸不只是運液體；此外，雖然人們傾向用質量／重

25　當然，汽油和原油不一樣：事實上，一桶原油可生產出它體積 45% 的汽油，以及等同其體積 25% 至 30% 的柴油。剩下 25% 至 20% 的體積會產出其他石油產品，好比說噴射機燃料、液化石油氣等等。

26　合理性檢查：如果一艘油輪可攜帶的油量是油罐車的 10000 倍，那我們可以預期，它的單邊長度和油罐車長度的相比倍數，會是 10000 的立方根倍數，大略可計為每邊都 20 倍長。超大型油輪（VLCC，very large crude carrier）約有 300 公尺長，而油罐車有 15 公尺長，比例上是相合的。

27　當石油沒了的時候，市場機制應該會拉高價格，導致其他能源在經濟上更可行，同時導致更多儲油能以合乎經濟的方式開採出來。我說「應該」，是因為目前油價低到不合理，而且不論是開採的真正成本，或者燃燒原油之後要付出的真正代價，都沒有反應在價格中。

量而非體積來測量固體貨物和物件，有些專用於固體物的立方體積度量衡還是受人青睞。因此，以下收集了一些測量貨物量的有趣舊單位：

- **蒲式耳**：這個矛盾的單位依場合不同可當成容量或質量單位。以容量來說，它不管在美制還是英制，都等同於 8 加侖。
- **荷帕斯**（Hoppus）：可用圓木木材量，目前仍實際使用。名稱來自愛德華·荷帕斯（Edward Hoppus）在 1736 年出版的一本基於測量數木 1/4 周長而得出的實用計算手冊。[28]
- **考得**（Cord）：考得是一種柴火材積的度量衡，[29] 指柴火堆成 4 英呎寬、8 英呎長、4 英呎高的立方體，最後算出來大約是 3¾ 立方公尺。人們認為這個名字和用來判斷材積大小的標準長度繩索（cord）有關。
- **史特爾**（Stere）：史特爾是為了取代英制考得而採用的公制單位，是 1 公尺 ×1 公尺 ×1 公尺的柴火堆，大約 1/4 考得。
- **20 呎標準貨櫃**（Twenty-foot equivalent unit，TEU）：基本上是一貨櫃的貨。標準化貨櫃是在 1960 年代晚期開始獲得全球普遍採用，而 20 呎貨櫃這個單位成了最小的標準裝載量。1TEU 等於 38.5 立方公尺。一艘超大型貨櫃船（ULCV，Ultra Large Container Vessel）是可攜帶超過 14500 TEU 的貨櫃船，也因此可攜帶超過 50 萬立方公尺的貨物。[30]

## 大雨將至

在我長大的南非東開普（Eastern Cape）農業社區理，有個恆久不變的話題，就是鄉下下了多少雨。乾旱一直造成威脅，所以一個能在好時機打開話匣子的話頭，就是發表個意見說「水

[28] 荷帕斯有考慮到圓木被鋸成長方形截面時那些不可避面的浪費量。也可以假設成，可用木材的比例占圓木的 $\pi/4$，或者 79%。

[29] 我在英國薩里郡（Surrey）這邊的柴火供應商以「擔」（load）來提供柴火，在他的定義中是 1.2 平方公尺，大約是 1/3 考得。若以冬天尋常爐火及夏天尋常烤肉活動來算，一擔可提供我兩年份的燃料。

[30] 來做合理性檢查：這種等級的船可能有 400 公尺長 ×60 公尺寬。要攜帶 50 萬立方公尺的體積，貨櫃需堆到 20.83 公尺高。既然標準貨櫃是 2.59 公尺高，這代表要堆八層。事實上，有時可以看到貨櫃在船上堆到十二層。

壩看起來很滿」。所以儘管我父親是律師，他手邊卻一直有一個雨量計且時常使用；對他來說，送他一個裝在銅殼裡的時髦新雨量計當作生日禮物，絕對會正中紅心。[31]

儘管降雨量本質上是水的體積，但我們卻使用線性度量將其量化。這是因為當它落在地表上（並被吸收）時，我們在概念中會把降水總體積量除以落下面積，最終得到一個降雨的線性測量結果，好比說「2 英吋的雨」或「50 公釐的雨」。這個數字代表，如果雨水落在一片不吸收也不蒸發的平面上時，水位會漲到多高。

順帶一提，與降雨同高的降雪（50 公釐的降雪對上 50 公釐的降雨）重量只有雨的 1/10，最終融化的水量是其 1/10。

2015 年 12 月，遭戴斯蒙德風暴（Storm Desmond）猛擊的坎布里亞郡（Cumbrian）格倫里丁（Glenridding）村，24 小時內下了 67 公釐的雨。該村遭受了嚴重損害，但那真的是一個大數字嗎？

稍微**視覺化**一下：想像一間底面積 10 公尺 ×10 公尺的房子。在那場暴風中，落在該屋屋頂上的雨會累積為 6700 公升的水。[32] 一個大雨水桶的容量可到 1000 公升——所以這代表雨量可把那樣的桶子灌滿七次。

事實上，這不是一場大到恐怖的雨：在這個場合中會造成毀滅性的洪水，是因為雨水落進的地面已經飽含水分，只有極少量的雨水被吸收。這塊集水地帶的多山地形，意味著地表逕流全都導入了格倫里丁溪，水流成了奔騰洪水滾滾而來，還順流夾帶鵝卵石而下。

事實上，當時降下的雨量都集中到單一條線，也就是河床上，而平方立方定律有效放大了暴風的破壞能量，而對這個小村產生毀滅性的後果。

---

**[31]** 有一種雨量計特別吸引我心中萌芽的數學家：它的形狀像是一個（朝下指的）圓錐形。所以，這個雨量計不是（像圓筒形的雨量計那樣）以線性方式查看刻度，而是基於立方尺寸：雨量計內的水若是兩倍深，就代表下了八倍的雨。這是為了對較小降雨做更敏銳測量而設計的。

**[32]** 回想一下，1 公升是 1 立方公寸（公寸為 100 公釐，1/10 公尺）。所以 67 公釐的雨就是 0.67 公寸，而 10 公尺 ×10 公尺的屋頂是 100 公寸 ×100 公寸，所以總雨量是 6700 公升。

## 國家與湖泊的相關大小選輯

- **葡萄牙**的面積（92100平方公里）是**貝里斯**面積（22970平方公里）的4倍
- **紐西蘭**的面積（267700平方公里）是**耶誕島**面積（135平方公里）的2000倍
- （俄羅斯）**薩馬拉水壩**（Samara Dam，又稱古比雪夫水庫〔Kuybyshev Reservoir〕）的容量（57.3立方公里）是（美國）佩克堡水壩容量（23立方公里）的2.5倍
- **密西根─休倫湖**的容量（8440立方公里）是（埃及）**亞斯文高壩**（169立方公里）的50倍
- **古巴**的面積（110900平方公里）是**香港**面積（1104平方公里）的100倍
- **蘇丹**的面積（186.1萬平方公里）是**奈及利亞**面積（924000平方公里）的2倍
- **辛巴威**的面積（391000平方公里）是**塞爾維亞**面積（77500平方公里）的5倍
- **納米比亞**的面積（824000平方公里）是**以色列**面積（20770平方公里）的40倍
- **三峽大壩**的容量（39.3立方公里）是**蘇黎世湖**容量（3.9立方公里）的10倍

# 第四種技法：比率和比
## 把大數字打落凡間

　　有時候我們可以用非常具體的方式，將一個大數字和一個已知的地標數字做比對，如此來馴服大數字：那方法就是把大數字用地標數字切分，進而創造一個比率。這可以把大怪獸弱化成一個穩穩坐落於我們舒適區內的數字，接下來要掌握這頭野獸的要害，並判斷牠實際上是大是小，就會容易許多。

　　舉例來說，想瞭解一個國家的人口變化，你會去看出生率和死亡率，而不是原始的出生人數和死亡人數。要得到出生率，就是一隻手數出生人數，另一隻手數總人口數，然後把出生人數除以人口數。這就跟測量速度一樣：你用所選用的單位，測量行進距離後除以花費時間。至於要比較棒球打者優劣，你可能會去看打擊率：安打數除以面對的球數或者打數。

　　比率讓大數字變得容易對付，因為比對工作的第一步已經完成了。你移除了一個令人不知所措的因素，也就是基數的大小。一個表達成比率的數字，其實已被標準化，能讓比對變得容易。舉例來說，像法國這樣的大國家一年的出生人口（2015 年為 824000 人）會比法屬玻里尼西亞（同一年為 4300 人）來得多，這實在正常不過，畢竟法國人口實際上比法屬玻里尼西亞多上太多。但毫無簡化地比人頭並非一種有幫助的比對。藉由把出生數表現為出生率（把出生數除以人口數）來將測量結果標準化，可能會更有用。當你這麼做以

後，你會發現 2015 年法國的出生率是 12.4‰，法屬玻里尼西亞則是 15.2‰。

計算比率或比的技巧，可用於各種方法：車的型號可用它們的耗油量來判斷，計為每 100 公里耗多少公升油（當然也可以是每加侖跑多少英哩）；如果測量每平方公里多少人，就可比較不同國家的人口密度；醫療服務可用每名醫生對幾名病人來測量；網頁效益可用銷售額除以網頁瀏覽次數來測量，諸如此類。本來因為各自度量基數大小不同而無法比對的東西，藉由上述這些方式，就能進行比對。

## 人均

想想我們在出生率那邊做了什麼。我們用了識數公民錦囊中一種最有用的技法：把人均（per capita）標準化。藉由把一個數字除以某個人口基數，你就把一個未經處理的「發生次數」變成一個「盛行程度」，來當作一個事物有多普遍的度量。而當你把數字除以一個人數（即「per capita」的本意）[1] 時，這真的就是把大數字拉下凡間變成人類尺度了。舉例來說，2015 年加拿大的國內生產毛額（GDP）是 1.787 兆美元。那是個大數字嗎？這個嘛，有鑑於世界上有 3530 萬加拿大人，這代表每個加拿大人（人均）接近 5 萬美元。[2]

把加拿大和「GDP 為 1.283 兆美元，且有 1.19 億人口」的墨西哥相比，就會得出可比較的數字，也就是每個墨西哥人均接近 11000 美元。墨西哥的經濟略弱一些，但更重要的是，他的人口是加拿大的 3 倍，所以每個墨西哥人分到的 GDP 只有每個加拿大人分到的 1/5。

就如我們在前一章看到的，各國的地理大小和人口大小可說形形色色、天差地別。但把這些變成人均度量，我們就能理

[1]　Per capita＝每個人頭。顯然數人頭會比數整個人容易。類似的說法，還有「人頭稅」和牲口的「頭數」。

[2]　為了好比較，我使用美元而不是加幣。

解一些本來很難調和一致的數字。觀察國家統計數字，這個技巧不可或缺，其他場合也用得到。舉例來說，你可以觀察大小公司內每名員工的營業額：公司大小的「標準化」可揭露本來被原始總數遮蔽的潛藏意義。

## 占總數的比例

　　2015 年，英國政府花了大約 1.1 兆美元，[3] 那大約是人均 17700 美元。那年花在國防預算上的錢大約是 555 億美元。那是個大數字嗎？結果算出來那只比國家預算的 1/20 再多一點而已。百分比是另一種表達占整體比例的方式——所以我們也可說那是 5%。和大約占 35% 的退休補助金等福利，以及占 17% 的醫療保健相比，這個數字看起來就沒多大了。

　　和美國占 15% 的國防支出數字相比，英國這數字還算普通。如果一個數量呈現出來時無法和某些其他量產生關聯（在這個例子中，就是政府總支出），這類比較就無從進行。把數字呈現為總數的一個比例，好處不只是縮減通貨膨脹和經濟成長所造成的數據扭曲而已。你同時也找到了理解大數字的最佳脈絡，以及實際理解大數字的一種好方法。

　　政府通常會大張旗鼓地宣布支出計畫，公布幾百萬或幾十億的數字，企圖給人深刻印象。但在審查預算時，當數字列入整體預算的脈絡下之後，通常看起來就遠遠不如宣布時那麼起眼了。如果你想讓英國的海外援助預算看起來很大，你可以說那是 180 億美元；如果你想讓它看起來小一點，你就說那是國內生產毛額的 0.7%。如果你想瞭解那是不是一個大數字，就從你所有能觀察的角度去觀察。

3　免責聲明：英國脫歐後，匯率已急遽滑落。我這裡引用的數字使用的是歷史平均匯率，也就是 1.6 美元對 1 英鎊。

# 成長率

「那是個大數字嗎？」這問題通常會接著被問「跟什麼比？」，那麼一個適當的答案就常常會是「和上一次測量時比」。尋找脈絡時，手頭上最簡單的比對有時就是上一次測量。所以，一個國家的國內生產毛額（GDP），或者預測 GDP 就不可避免地要和先前的數值相比，進而得出成長率（有時會是負的）。[4] 成長率是除以上一次的數值，能算出從上次數值以來的變化（通常會轉為百分比）。成長率還從標準化效果中得到額外好處。英國的 GDP 成長率可拿來和美國的 GDP 成長率相比，經濟規模的大小不對等不會使對比變得無意義。

成長率也可能成為過度敏感的度量衡。如果一個度量衡有誤差幅度（且到頭來都會發現，大部分的大尺寸測量結果都是估計值而非準確值），這就可能導致狂亂不穩的成長率。尋求精彩故事的媒體常會忽略這種效應──犯罪率掉 5%，其實用隨機變動（包括實際犯罪量的隨機變化、犯罪遭舉發量的隨機變化、或測量舉發案件量時出現的隨機變化）就能簡單解釋，但卻總是輕易被說是真正的犯罪率下降。

成長率也應該要考量到週期性變動，一般來說是季節性變動。商業活動報告單季營業額時會和去年同季比較，而不只是和上一季做比較而已。

基於同個理由，通貨膨脹也不是以該月相對物價指數的增加來測量，而是測量過去一年的增加。1 個月內急遽的價格飆升，會成為未來 11 個月通貨膨脹率的一部分。事實上，每個月公告的通貨膨脹率都只是 1/12 新的消息，而剩下的 11/12 是基於之前經歷的狀況。

[4] 連續兩季的 GDP 負成長就算是「經濟衰退」。如果衰退持續兩年以上，就成了「不景氣」。

# 重量的數字
## *待估重量的重型數字*

你們施行審判，不可行不義；在尺、秤、升、斗上也是如此。要用公
道天平、公道法碼、公道升斗、公道秤。

——《聖經》〈利未記〉19 章 35 至 36 節

---

下列哪一個的質量最大？

□ 一台空中巴士 A380（最大起飛重量）

□ 自由女神像

□ 一台艾布蘭（M1 Abrams）戰車

□ 國際太空站

---

## 歷史的重量

　　如果測量距離是最基本的數量度量衡，那麼第二名的候選者
想必就是質量了。[1] 而最早的質量度量就跟過去的距離度量一
樣，也是奠基於每日生活。說起重量和秤重，最早與它們建立
深刻關係的就是交易。所以毫不意外地，最早的質量基本單位，
在世界上許多地方都是「穀物」（grain，一般譯作「格令」），

[1] 我只會在這個注解裡面賣弄一下，來刻意撇清質量（某物本身固有的質量）和重量（作用於該物的重力）的不同。整個來說，我都會使用「質量」一詞，除非說要玩雙關語（就好比這一節的標題），或說慣例和實際操作讓我別無選擇只能說「重量」。令人挫折的是，沒有哪個動詞是從「質量」衍生而來，所以我們還是得給東西「秤重」（weigh）來找到它的「質量」。

這單位在英國的概念上是一粒大麥的重量。測量金銀重量時，則是用另一種種子來當標準：「克拉」（carat），代表的是長角豆的重量。

大麥穀粒確實是三種不同測量系統的基本單位：金衡制（Troy system）、常衡制（Avoirdupois system）以及藥衡制（Apothecaries' system）。

在金衡制裡，24 格令是 1 本尼維特（pennyweight），20 本尼維特是 1 盎司（ounce，來自拉丁文的 uncia，1/12）[2]，而 12 盎司是 1 磅，共 5760 格令。[3]

常衡制（Avoirdupois 這個詞若按原本詞意翻出來，勉強可說是「重量貨物」）經歷多種版本更迭，但這制度中 1 磅原本的定義是 6992 格令（16 盎司，每盎司 437 格令）[4]。這個系統也採用了一種稱作「英石」（stone）的單位，等於 14 磅（可想而知，石頭這種東西也是一種隨手可得的質量參照來源）。26 英石被當作 1「羊毛包」（woolsack）或者簡稱「包」（sack），而 8 英石是 1「英擔」（hundredweight，其實是 112 磅，字面上的意思是「百份重」，但有人在算嗎？），而 20 英擔就成了 1 英噸。

常衡制量的是大數，為了醫藥目的使用的藥衡制則是量小數。20 格令是 1 吩（scruple），3 吩是 1 打蘭（drachm），8 打蘭是 1 盎司。同樣地，12 盎司是 1 磅。

就像三個系統都從格令開始一樣，它們也各自透過不一樣的路徑來把「磅」吸納進去。「磅」這個詞源是拉丁文的 libra pondo，也就是「重 1 磅」。

我們不只從這個詞獲得了英語的「磅」，也獲得歐洲多種語言裡源自 libra 的「磅」（錢或質量都有；例如法語的貨幣單位里弗爾〔livre〕，義大利的貨幣單位里拉〔lira〕和重量單位磅〔libbra〕）。就連在英語社群裡，libra 這個詞也在「磅」的縮寫中活了下來：質量的磅縮寫為「lb」，而金錢的鎊縮寫是

[2]　別忘了「吋」也是源自拉丁用詞。

[3]　講件奇妙事情：240 本尼維特是 1 磅（重量的磅，libra 或者 lb），一如 240 便士（penny，金錢單位）算 1 鎊（金錢單位）。但位居中間的單位（重量裡的盎司，金錢裡的先令）卻不是用同樣的方式在進位換算。

[4]　我知道……這個數字滿醜的，不是嗎？

「£」（libra 也意指「天平」，[5] 跟黃道十二宮裡的那個星座及占星專欄裡的那個占星符號都是同個意義）。

蒲式耳是個古怪的度量衡，怪就怪在它有時是體積或容量的度量衡，有時又是介於英磅和英噸之間的質量度量衡。這個模稜兩可的特色在美制度量衡上顯現了出來：1 蒲式耳實際代表的質量，可根據秤重的貨物是什麼而有所不同。所以舉例來說，1 蒲式耳的大麥是 48 磅，但 1 蒲式耳的麥芽卻是 34 磅。然而，這兩個都還是質量單位，不是體積單位。

## 古代的度量衡

錢和質量有一個明顯的關連：某個重量的貴重金屬可被歸屬為一個特定的價值。所以當我們在《聖經》中讀到「塔蘭同」（talent）這種錢的單位時，就是源自一種質量度量衡。在古希臘文中，talanton 指的是裝滿一個雙耳瓶的水的質量，大約是 26 公斤。1 塔蘭同的黃金，因此是相當大的一筆錢，而且據說 1 塔蘭同的銀子，可支付一艘三列槳戰船上全體船員（兩百人）一個月的薪水。塔蘭同被細分成 60 米那（mina），而米那又細分成 60 謝克爾（shekel）。

在《聖經》記載的伯沙撒（Belshazzar）盛宴故事中，但以理把牆上寫的字讀為「彌尼，彌尼，提客勒，烏法珥新」（Mene, mene, teqel, u-farsin），並翻譯為「量了、量了、秤了又分了」。這裡的「提客勒」和「謝克爾」有同樣的根源，意思為「秤重」。謝克爾又進一步細分為 180 格令。謝克爾這個詞持續存活下來，存活在今日以色列的貨幣中，也就是「以色列新謝克爾」（new sheqel）。

金錢、重量和交易之間的連結，實在是明白到不能再清楚了。

5　好吧，我前面的注釋說「不再強調質量跟重量的差別」其實是說謊。我再提一個關於質量對重量的論點。計重秤量的是質量，而非重量，因為它把待「秤重」的物件和參考質量進行相比。然而，彈簧秤量的就是重量，因為它是以彈簧受力產生的伸長或收縮狀態，來對應重力對物體施加的力量。

6　譯注：「克」的英語讀法。

7　這是個很有趣的例子，在這例子中，基本單位居然不是命名的根源詞。「Kilo」加上「gram」是 1000 克。譯注：作者是指在公斤的例子中，人們居然先決定了「千克」〔公斤〕的標準，再用這基本單位回頭去定義「克」的標準。

8　看起來這可能很快就會變了。已經有計畫準備要採用新的公斤定義，依據的是基礎普朗克常數。譯注：2018 年 11 月 16 日國際度量衡大會通過決議，改採普朗克常數來定義公斤，並於 2019 年生效。

9　用「噸」直接指公噸的這種用法現已很普遍。當我在學校學這詞的時候，一噸還是英制的，等於 2240 磅（1016 公斤）。

10　我們也可以反過來跑這個序列。如果 1 毫升的水重 1 克，那麼它的 1/1000，立方釐米，一微升，就會重 1 毫克，差不多是一隻跳蚤的質量。而每邊 1/10 公釐的立方體（姑且稱為千鈞一髮吧），重量就是 1 微克。這用肉眼還是能輕易看到。

# 從格令到格蘭[6]

就跟長度度量衡一樣，質量度量衡的大改革也是在法國大革命之後，隨著公制系統的採用而到來。為了尋找一種可以配合新長度系統的人類尺度質量，法國官方達成共識，將標準定為體積 1 公升（10 公分 ×10 公分 ×10 公分）的水在密度最高的攝氏 4 度時的質量。他們打造了一個黃銅製的參照物，將其稱為「公斤」。[7] 這個重物的 1/1000（等於上述冷水 1 公分 ×1 公分 ×1 公分的質量）就成了 1 克。而公斤因為依舊要參照一個實物——一個鉑銥合金的重物，而在國際標準制中顯得獨一無二。[8]

公制的 1 噸（即「公噸」〔tonne 或者 ton〕），[9] 雖然不是國際單位制的一員（國際單位制的質量只有「公斤」），卻仍是國際單位制的延伸，並在質量普遍偏大的測量中（處理船運貨物時）被使用，等同於 1000 公斤。要把這視覺化為每邊 1 公尺的水立方體並不難。來把這視覺化再延伸一下，一個 4 公尺寬、6 公尺長、深度平均從 1 公尺下降到 2 公尺的游泳池，可容納 36 噸的水。

所以，我們可以想像三個立方體，每個邊長都是上一個乘以 10：所以 1 公分的立方體 1 克重，而 10 公分的立方體就是 1 公斤重，而 1 公尺的立方體就有 1 噸重。當線性長度增加 10 倍時，立方體的體積大小及質量（不管是水還是其他任何東西）都會增加 1000 倍。這又是平方立方定律。[10]

# 他不重，他是我兄弟

一個人可以攜帶多重的東西？英國航空接受的最大托運行李重量是 23 公斤：對於一名健康的大人來說，那是可掌握的重

量。英國健康安全執行局（Health and Safety Executive）的指導方針建議，一個人把物品舉到腰間高度時，物品重量的最大限度是 25 公斤。背包的最大負重量也建議為同樣的數字。

　　一個人可以攜帶的負重量取決於那個負重要怎麼分配：「消防員搬運法」是一種讓一個人扛得動另一人的特定方法，即將被搬運者扛在兩邊肩膀上，把重量分散開來，並讓負重的重心始終貼近搬運者的中軸。

　　在喜馬拉雅山麓擔任嚮導和腳伕的雪巴人，會使用 namlo 或者所謂的「額帶」（tumpline），也就是從繞過額頭前的皮繩，同樣也是讓負重接近身體中軸，因而可攜帶 50 公斤的負重，在某些案例中比他們自己的體重還重。

　　如果我們只想著要舉起來而不必帶著走的話，伊朗的海珊・拉扎扎德（Hossein Rezazadeh）在 2004 年的奧運會上有舉起過 263 公斤。這是一個雪巴人所能攜帶重量的 5 倍多，大約等於 4 個成年人的重量，但要記得，這只是單次舉重，而不是持續搬運。

**地標數字**
普通人可用雙手搬運的最大負重＝25公斤

# 每日質量

　　因為物體質量會因隨線性尺寸的立方而變化，所以我們很容易低估大物體的質量，而高估小物體的質量。這裡又是平方立方定律在運作了。想想以下這一整列的動物：

很粗略地來說，小鼠的質量（約 20 克）等於
　1/10 的大鼠質量（約 200 克），而那等於
　　1/10 的兔子質量（約 2 公斤），而那等於
　　　1/10 的中型犬質量（約 20 公斤），而那等於
　　　　1/10 的驢子質量（約 200 公斤），而那等於

1/10 的犀牛質量（約 2 噸）。

所以犀牛是小鼠質量的 10 萬倍，然而說到身長，犀牛其實只比小鼠「大」50 倍而已（差不多是 4 公尺對上 80 公釐）。[11]

以下是一些我希望你們能輕易視覺化的人工製品質量列表，從小處開始，來讓你們感受一下 1 克有多小：

[11] 利用立方定律，我們可以預期 10 萬倍的質量比會等同於 46.4 倍的長度比。我會說那對於粗略比較來說還真是挺好的呢！

- 兩個迴紋針大約 1 克
- 一台 iPhone 6 大約重 170 克，而 iPhone 7 重 138 克
- 一台 iPad Air 2 重 437 克
- 當前的 MacBook 筆記型電腦大約重 900 克
- 一台微波爐——約 18 公斤
- 一台普通的家用洗衣機——70 公斤
- 一台機車可重達 200 公斤
- 一台小客車——800 至 1500 公斤
- 一架賽斯納 172 輕型飛機——只有 998 公斤
- 一台小型露營車——3500 公斤 [12]
- 一台中型卡車——約 10000 公斤——俗稱「十噸」
- 一架灣流 G550（Gulfstream G550）私人噴射客機——2.2 萬公斤
- 一架波音 737-800 噴射客機 [13]——空機時大約 4 萬公斤
- 國際太空站——約 42 萬公斤
- 一架空中巴士 A380 ＋商務噴射機，最大起飛重量——578000 公斤
- 英國皇家郵輪鐵達尼號——5200 萬公斤
- 一艘超級航空母艦——6400 萬公斤
- 海洋和諧號（Harmony of the Seas，世界上最大的遊輪）——2.27 億噸

[12] 這是可以不用特殊駕照就能駕駛的最大噸位露營車。

[13] 這個型號出產了超過 4000 架飛機。

如果你沒有要東西動起來的話，還可以蓋出更重的結構。看看這些吧：

- 一塊建築磚塊——2 公斤
- 艾菲爾鐵塔——730 萬公斤
- 布魯克林大橋——1330 萬公斤
- 帝國大廈——3.31 億公斤
- 哈里發塔[14]——5 億公斤
- 古夫王金字塔——59 億公斤

為什麼大金字塔比哈里發塔這種超級摩天大樓還要重那麼多呢？最基本的原因就是，它幾乎全是實心的石頭。

## 金剛有多重？

想著帝國大廈，就想起金剛立於摩天大樓頂上，大手抓著費·芮（Fay Wray）並揮開雙翼飛機的經典一幕。但那隻手有多大呢？

針對 1933 年元祖《金剛》（King Kong）拍攝時使用的尺寸大小，網路電影資料庫（IMDb）提供了一些相關數據。顯然這隻巨猿在各場面的每個鏡頭裡都有不同的尺寸。電影宣傳描述金剛為 50 英呎（15.2 公尺）高，但牠老家島嶼上叢林裡的布景上卻是一隻 18 英呎（5.5 公尺）的野獸。為了特寫鏡頭打造的手部模型尺寸，顯然來自一隻 40 英呎（12.2 公尺）的動物，但牠在紐約場的尺寸卻是 24 英呎（7.32 公尺）。激發大家思考牠的身高的想法，正好來自金剛在帝國大廈頂端的畫面，那我們就用那個數字，把牠當成 7.32 公尺高好了。

如果我們在計算金剛身高／重量比的時候，是以西部大猩

地標數字
- 中程客車：1000公斤＝1噸
- 中型卡車：10000公斤＝10噸
- 中型民航機：100000公斤＝100噸
- 大型遊輪：1億公斤＝10萬噸

14　作者完成此書時（2017 年），哈里發塔是世界上最高的建築物。

猩為模型的話，我們就可以按比例增加高度，並用平方立方法則，來按比例為牠增加重量。這一種大猩猩中的特大號個體可到約 1.8 公尺高，重量可到約 230 公斤。所以金剛的高度稍多於牠的 4 倍，然後，利用長度比例的立方來放大牠的體重，67.25 這個倍數會得出牠的質量略小於 15000 公斤。這個數字合理嗎？大象的 3 倍大？我猜是吧。金剛絕對有資格睥睨飛機，因為那場景用的飛機是柯帝斯 O2C-2 地獄俯衝者（Curtiss O2C-2 Helldiver），其淨質量略多於 2000 克，大約是金剛體重的 1/8。但那些裝了機槍的討厭飛機，最終還是讓大金剛抓不牢而墜落到 381 公尺（牠自己身高的 52 倍）底下的街道。和那棟代表性建物相比，這隻巨猩的質量簡直微不足道。牠的質量比帝國大廈質量的 1/20000 還小。

## 其他大大小小的生物

| | |
|---|---|
| 100000 公斤 | 藍鯨——110 噸 |
| 50000 公斤 | 北大西洋露脊鯨——54 噸 |
| 20000 公斤 | 座頭鯨——29 噸 |
| 10000 公斤 | 小鬚鯨——7.5 噸 |
| 5000 公斤 | 非洲草原象——5 噸 |
| 2000 公斤 | 白犀牛——2 噸 |
| 1000 公斤 | 長頸鹿——1 噸 |
| 500 公斤 | 北極熊——475 公斤 |
| 200 公斤 | 瓶鼻海豚——200 公斤 |
| | 紅鹿——200 公斤 |
| 100 公斤 | 馴鹿——100 公斤 |
| | 疣豬——100 公斤 |
| 50 公斤 | 紅大袋鼠——55 公斤 |

| | 雪豹——50 公斤 |
|---|---|
| 20 公斤 | 湯氏瞪羚——20 公斤 |
| | 非洲冕豪豬——25 公斤 |
| 10 公斤 | 蜜獾——10 公斤 |
| 5 公斤 | 黑吼猴——5 公斤 |
| 2 公斤 | 中華穿山甲——2 公斤 |
| 1 公斤 | 印度狐蝠——1 公斤 |

不過，地球上最大的生物並不是動物：讓藍鯨和紅杉都小巫見大巫的生物，是美國奧勒岡州藍山的蜜環菌（Armillaria solidipes）。這種蜜環菌在地底下生長，延伸面積超過 9.6 平方公里，其年齡介於 1900 ～ 8650 歲之間，質量估計大約是 500 噸，約為 5 頭藍鯨重。

## 沉下去還是游起來？

什麼會浮起來，而什麼又不會？這要看密度：尤其是看物體的平均密度比水高還是比水低。

每個學童應該都聽過那個老謎語：「哪個比較重，是 1 噸羽毛還是 1 噸鐵？」這裡的要點在於，就算它們一樣重，鐵不知為何**感覺**還是比較重，那是因為它的密度實在是大上太多了。不管哪一個體積內，密度較大的物質，裡頭包含的質量就是比較多。所以我們知道密度。我們對密度的感覺有可能不清楚，但它確實就在那裡。那是一個混合度量衡：物體的質量除以物體的體積，而得到質量／體積的單位，好比說公斤／立方公尺。

密度可以完美合理地應用於特定物體（「這個蘋果的密度是 0.75 克／平方公分」）上，碰到單一物質時卻也可以適用。因為那是一個混合度量衡，我們可以說（好比說）純金的密度

是 19.3 克／立方公分。這個數值並不管黃金鑄成什麼形狀，也不管該樣本有多少黃金。那就只是一個質量比體積的比率而已。[15] 這是一種述說「整塊料有多重」的方式，而不是「物體各有多重」的方式。

在談論質量的那一節裡，我們看到公斤原本的定義，也就是 1 公升攝氏 4 度（水密度最大的溫度）的水的質量。所以那給我們一個可以當作起頭的顯著地標數字。

一個物體或物質和水比較密度後，我們就會知道它會不會浮起來。當一個物件浸入水中，被排開水的重量對該物體產生上推力，而那上推力的量，就跟被排開的水的重量相等。

如果一個物體密度比水大，舉例來說像是鐵製炮彈，那麼它的上推力就會小到無法對抗物體的重量，因此就會沉下去。[16] 如果該物體密度比水小，舉例來說是蘋果的話，那該物件就一直下沉到與它同重量的水被排開為止。所以蘋果會沉沉地在水面上上下下，但海灘球就會高高地浮乘在浪上。

冰山的密度是把冰山推起之海水的 90%（而海水密度又比純水高了 2.5%）。一座漂浮的冰山必須排開足夠的水，才能等同自己的重量，這也代表它只會在水面上展現 1/10 的體積。

剛砍倒的輕木（Balsa wood），密度只比水低一點，因此只能勉強浮起來。然而在窯中烘烤兩週後，它的密度就只剩下水的 16%，能輕鬆浮在水上。試圖證明遷移理論的索爾‧海爾達（Thor Heyerdahl）駕著輕木造的木筏「康提基號」（Kon-Tiki），渡過了半個太平洋。相對地，黑檀木和癒創樹這類木材就比水重，而會沉下去。

人類身體的平均密度會改變，連呼吸都會造成變化。粗略來說，人體跟水一樣重。也就是說，你的肺臟沒有空氣時，你在淡水或鹹水裡應該都會沉下去。當肺臟裡有平均量的空氣時，你在鹹水中會浮起來，但在淡水中會下沉。而如果你吸飽一大

---

[15] 這還滿有趣的：這又是一次概念的飛躍，是一種不需要提及特定物體，而能用半抽象的方式來談論物質品質的能力。

**地標數字**

水的密度是1公斤／立方公寸，或者同等地，1公斤／公升、1公噸／立方公尺，或者1克／立方公分

[16] 這個稱作「阿基米德浮體原理」。後面會再談阿基米德。

口氣，你在淡水中就能浮起來。以色列死海的極端鹽度讓它有比水還要高 24% 的密度，所以在那麼鹹的海水中，誰都能輕鬆漂浮。

## 興高采烈（好酒）

酒精飲料的濃度現在幾乎都標記為「體積飲料內含酒精的百分比」。啤酒通常是大約 5% ABV（Alcohol by volume，酒精體積分數），而葡萄酒介於 10% 和 15% 之間，琴酒可能介於 40% 和 50% 之間。但你常常會聽到人們談起某種很烈的酒，好比說「酒度 70 趴」。我體內愛賣弄學問的那部分反對這種說法！

使用「酒度」（proof）就是說出了一種極不相同的測量酒類濃度方式（至少在英國是這樣），一種基於液體濃度而非酒精比例的方式，也因此意味著講「百分之幾酒度」是不對的。[17]

酒因為價值高而課稅多，而且好幾世紀以來都是如此。課稅需要測量，容量和濃度都得要測量。早年要測試供應給英國海軍的烈酒濃度，方法是把少量受測酒類和少量炸藥混合，看看它會立刻燃燒還是無法點燃。如果燒不起來，那就是「未過檢驗」（under proof）。如果燒了起來，就是合乎檢驗（at proof）或超標（overproof）。所以基準點就這麼定了下來。

但稅官想要更精細的測試等級，而非只有一個未過／超標的分界點，而且他們也想要測試（永遠點不著的）啤酒，而不只是烈酒而已。他們沒有我們現今的實驗室技術，所以需要一種測試密度的方式。乙醇比水輕（密度大約是其 79%），藉由測量受測飲料的密度，你可以建立一個把密度和酒精量相連的比例尺。就這樣，把密度與前述的點火測試進行校準後，「100 度」就被定義為：含酒精液體呈水密度 12/13 時的酒精濃度。[18]測試使用的是液體比重計，這是一個校準過的浮筒，浮筒一頭

17　這是「酒度」古老的原初定義，在英國依舊通用。在美國的通用慣例中，「酒度」是定義為 ABV 測量值的兩倍。這樣定有什麼用我不知道，頂多能用來吹噓某種酒的酒度比一百還強。

18　這背後的計算，會因為酒精混合水時失去了一些體積（50:50 混合時會失去大約 4%）而複雜起來。

是有刻度的細長棍向上伸出，而那浮筒底端是標準化的金屬片，靠重量把整個浮筒往下拉。低密度的液體（代表含有較多酒精）會讓浮筒沉得比較深，因此就可以從細長棍上的刻度讀出密度測量值並呈現為酒度，也就可以徵收正確等級的稅金。

以下是一些液體的密度：

- 酒精——790 公斤／立方公尺
- 橄欖油——800 至 900 公斤／立方公尺
- 原油——不一而定，但大約 870 公斤／立方公尺
- 淡水——1000 公斤／立方公尺
- 海水——1022 公斤／立方公尺
- 鹽水——1230 公斤／立方公尺（接近死海的鹽度）

吃水線（Plimsoll line）[19] 是船身一邊的記號，用來確保船不會過載。事實上，這套記號包含了各種不同尺度的線條，因為船的浮力要看它經過的海洋本身的條件。吃水線需要考量到海水、淡水，以及各種不同的水溫。

來看看以下這個物質密度列表。讓我驚訝的是混凝土（相對而言）居然這麼輕，而金屬整體而言比岩石重那麼多。誰想得到鋁這種輕金屬和花崗岩這種偏重的石頭在密度上居然那麼相似？

- 中等強度的混凝土——1500 公斤／立方公尺
- 石灰石——2500 公斤／立方公尺
- 鋁——2720 公斤／立方公尺
- 花崗岩——2750 公斤／立方公尺
- 鐵——7850 公斤／立方公尺
- 銅——8940 公斤／立方公尺

[19] 以英國政治家山繆・普林索（Samuel Plimsoll）命名，經由他的努力，英國國會在 1870 年代通過立法下令使用吃水線。網球球鞋稱作「普林索鞋」（Plimsolls，橡膠底帆布鞋），則是因為繞著鞋的那一條條紋和船身的吃水線據說有些相似。

- 銀──10490 公斤／立方公尺
- 鉛──11340 公斤／立方公尺
- 金──19300 公斤／立方公尺
- 鉑──21450 公斤／立方公尺

## 阿基米德幹麼跳出浴盆？

「Eureka！」阿基米德大喊著跳出浴盆，裸身跑過大街，他說的是「發現了！」，然而阿基米德發現了什麼，這為什麼那麼重要？

他發現的可不只是進澡盆會讓水滿起來甚至滿出去。他察覺到的是，他可以用這個行為來作準確測量。如果他可以把一個物體浸入裝滿水的容器裡，那麼他把物體投進去時滿出來（「被排開」）的水，就會等於物體體積。因為他已經有了可秤出合理精準重量的工具，現在他也可以替外形複雜的不均質物體測量體積，那麼他就可以得到計算那些物體密度時所需的數字。

這就解決了敘拉古的赫隆王（King Hiero of Syracuse）丟給他的難題，也就是判斷一頂王冠是否由純金打造，或說金匠是否把裡頭的一些黃金換成了銀。

就如前面的密度列表所示，金的密度幾乎是銀的兩倍。所以他的計算精準度不用多高：如果金匠只把 1/4 的金換成了銀，皇冠的體積就會比原本該有的體積大了 21%，這樣的不一致可以輕易地被阿基米德察覺。

## 什麼有 1 噸重？

### 1 克到 1 公斤

　　1 克　　日幣一圓硬幣的質量──1 克

| | |
|---|---|
| 2 克 | 美元一分錢的質量——2.5 克 |
| 5 克 | 美元 25 分錢的質量——5.67 克 |
| 10 克 | 一英鎊硬幣的質量——9.5 克 |
| 20 克 | 小家鼠的質量——17 克 |
| 50 克 | 規定容許內高爾夫球之最重質量——45.9 克 |
| 100 克 | 鹼性 D 電池（俗稱 1 號電池）的質量——135 克 |
| 200 克 | 一台 iPhone 6 的質量——170 克 |
| 500 克 | 一台 iPad Air 的質量——500 克 |
| 1 公斤 | 中等大小鳳梨的質量——900 克 |

## 1 公斤到 1000 公斤（1 公噸）

| | |
|---|---|
| 1 公斤 | 人腦的平均質量——1.35 公斤 |
| 2 公斤 | 磚頭的質量——2.9 公斤 |
| 5 公斤 | 一隻成年雄暹羅貓的質量——5.9 公斤 |
| 10 公斤 | 大型西瓜的質量——10 公斤 |
| 20 公斤 | 冰壺比賽中規則所允許的石壺最重質量——20 公斤 |
| 50 公斤 | 蠅量級職業拳擊手的最大上限質量——50.8 公斤 |
| 100 公斤 | 鴕鳥的（近似）質量——110 公斤 |
| 200 公斤 | 機車的質量——200 公斤 |
| 500 公斤 | 一匹成熟良種賽馬的質量——570 公斤 |
| 1000 公斤 | 一架塞斯納 172 飛機的質量——998 公斤 |

## 1000 公斤至 100 萬公斤（1 噸至 1000 噸）

| | |
|---|---|
| 1000 公斤 | 一架 MQ-1 掠奪者無人攻擊機的質量——1020 公斤 |
| 2000 公斤 | 成年雄海象的質量——2000 公斤 |

| | |
|---|---|
| 5000 公斤 | 成年非洲象的質量——5350 公斤 |
| 10000 公斤 | 阿波羅登月小艇的質量——15200 公斤 |
| 20000 公斤 | 阿波羅指揮艙的質量——28800 公斤 |
| 50000 公斤 | 一架灣流 G650 商務噴射機的質量——45400 公斤 |
| 100000 公斤 | 一台 M1 艾布蘭戰車的質量——62000 公斤 |
| 200000 公斤 | 藍鯨的質量——190000 公斤 |
| 500000 公斤 | 一台 SpaceX 獵鷹 9 號運載火箭的質量——542000 公斤 |
| 100 萬公斤 | 最巨大紅杉樹的質量——120 萬公斤 |

## 超過 100 萬公斤（超過 1000 噸）

| | |
|---|---|
| 200 萬公斤 | 奧運游泳池（最淺深度為 2 公尺）內的池水質量——250 萬公斤 |
| 500 萬公斤 | 繞行地球的太空垃圾質量——550 萬公斤 |
| 1000 萬公斤 | 布魯克林大橋的質量——1332 萬公斤 |
| 2 000 萬公斤 | 全球一年銀產量（2014 年）——2600 萬公斤 |
| 5000 萬公斤 | 鐵達尼號的質量——5200 萬公斤 |
| 1 億公斤 | 一艘超級航空母艦的質量——6400 萬公斤 |
| 2 億公斤 | 帝國大廈的質量——3.31 億公斤 |
| 5 億公斤 | 一艘 TI 級超級油輪（TI-class supertanker）的載油質量——5.18 億公斤 |
| 10 億公斤 | 金門大橋的質量——8.05 億公斤 |
| 20 億公斤 | 胡佛水壩內的蓄水質量——24.8 億公斤 |
| 50 億公斤 | 吉札大金字塔的質量——59 億公斤 |
| 100 億公斤 | 巴特米爾湖（Buttermere，英國湖區的一座湖泊）內的湖水質量——150 億公斤 |
| 200 億公斤 | 巴森斯韋特湖（Bassenthwaite Lake，位於英國湖 |

|   |   |
|---|---|
|  | 區）內的湖水質量——280 億公斤 |
| 500 億公斤 | 霍斯沃特水庫（Haweswater reservoir，位於英國湖區）內的湖水質量——850 億公斤 |
| 1000 億公斤 | 拉特蘭湖（Rutland Water）內的湖水質量——1240 億公斤 |
| 2000 億公斤 | 倫敦儲水水庫內的儲水質量——2000 億公斤 |
| 5000 億公斤 | 地球上所有人類的總質量——3580 億公斤 |
| 1 兆公斤 | 地球上所有陸生生物總質量——1.3 兆公斤 |
| 2 兆公斤 | 全球一年產鋼（2014 年）的總質量——1.665 兆公斤 |
| 5 兆公斤 | 全球一年產出原油（2009 年）的總質量——4 兆公斤 |
| 10 兆公斤 | 全球一年產碳（2013 年）的總質量——7.82 兆公斤 |
|  | 67P/ 楚留莫夫－格拉希門克彗星（comet 67P/Churyumov–Gerasimenko，又稱「羅賽塔彗星」〔Rosetta's comet〕）的總質量——10 兆公斤 |
| 20 兆公斤 | （美國）佩克堡水壩內的蓄水質量——23 兆公斤 |
| 100 兆公斤 | 日內瓦湖的湖水質量——89 兆公斤 |
| 200 兆公斤 | 哈雷彗星的質量——220 兆公斤 |
| 500 兆公斤 | 地球所有生物質量總和——560 兆公斤 |
| 1000 兆公斤 | 地球大氣層內儲存的碳質量——720 兆公斤 |
| 2000 兆公斤 | 火衛二（Deimos）的質量——2 千兆公斤 |
| 5000 兆公斤 | 全球煤礦中儲存的碳質量——3200 兆公斤 |
| 1 埃公斤 [20] | 火衛一（Phobos）的質量——1.08 埃公斤 |
| 2 埃公斤 | 北美洲五大湖的湖水質量——2.27 埃公斤 |

[20] 譯注：萬兆。

## 重啊，有夠重

- **地球**的質量（5.97秭）[21] 是**木衛三**（Ganymede）質量（1482垓公斤）的40倍

- 成年雄**長頸鹿**的質量（2500公斤）是**人類**平均質量（62公斤）的40倍

- 一架**灣流G650商務噴射機**的質量（45400公斤）是一台**大平臺鋼琴**質量（450公斤）的100倍

- 一頭**犀牛**的質量（2300公斤）是一匹成熟良種**賽馬**質量（570公斤）的4倍

- 一把**低音大提琴**的質量（10公斤）是一把**小提琴**質量（400克）的25倍

- 全球一年**產鋼**（2014年）的總質量（1.665兆公斤）是**帝國大廈**質量（3.31億公斤）的5000倍

- 一塊**磚**的質量（2.9公斤）是比克牌**原子筆**（Bic pen）[22]（5.8克）的500倍

- TI級**超級油輪**的載油質量（5.18億公斤）是**鐵達尼號**質量（5200萬公斤）的10倍

[21] 譯注：$10^{24}$ 公斤。

[22] 譯注：即一般最通用原子筆。

# 已達全速
## *給速度一個值*

---

下列哪個最快？

☐ 人力飛行機的最高速

☐ 長頸鹿的最高速

☐ 人力船的最高速

☐ 大白鯊的最高速

---

## 藍緞帶

　　1952 年 7 月 15 日，客輪「美國號」（SS United States）抵達了設置在下紐約灣的安布洛斯燈塔（Ambrose Light）。這艘客輪才剛以 3 天 12 小時 12 分鐘橫跨了大西洋，平均速度為 34.51 節（幾乎有 64 公里／小時），因此拿下藍緞帶（Blue Riband），也就是獎勵以最高節數向西橫跨北大西洋之客輪的非正式殊勳。它奪走了瑪莉皇后號（RMS Queen Mary）保有十四年的頭銜，而根據這個嚴格的定義，它成為最後一艘贏得藍緞帶的船隻。

　　在那之前一百一十五年多的歲月裡，對於在這條高利潤航

線上進行商務競爭的海運公司來說，藍緞帶一直是它們的榮譽勳章，而它們旗下的船隻更是以奢華聞名。在那段期間裡，技術推動船隻越駛越快，而橫跨大西洋的時間也隨著船速從 8½ 節（接近每小時 16 公里）增加到 30 節以上，而從兩週下滑到半週。

但也就是驅動競爭的商業壓力，把這場競賽送向終點。1927 年，查爾斯‧林白（Charles Lindbergh）飛越了大西洋，1938 年則有第一班商用飛機達成跨洋航程。1939 年，泛美航空開啟了紐約與馬賽之間的定期航班，同年稍晚又增飛英國南安普敦。這些早期航班花的時間大約是 30 小時。

二戰之後，泛美航空於 1947 年設立了往返紐約倫敦的定期航班，實質上宣告藍緞帶競賽的終結。如果有足夠鈔票就能在半天內飛越大西洋，就算海上航程只有三天半都嫌太長。商務對速度的迫切需求，把大獎給了空中航班。現在人們還是會不太當回事地談論今日的藍緞帶紀錄保持者，即便已經沒有人在遵守那嚴格的定義了。當今由商務船隻創下的最快橫跨北大西洋紀錄，是由「峽灣貓」（Fjord Cat，原本稱為「貓連 V」〔Cat-Link V〕）保持，該船於 1998 年向東航行，花了 2 天 20 小時 9 分鐘抵達，平均速度為 41.3 節（每小時 76.5 公里）。

**地標數字**

客輪的最高速度——每小時 64 公里

## 測量速度

速度讓我們印象深刻。不管是奧運賽道上的尤塞恩‧博爾特（Usain Bolt）、[1] 超音速尋血獵犬號（Bloodhound SSC）計畫準備要挑戰的陸上移動世界紀錄，或是安迪‧莫瑞（Andy Murray，英國網球選手，三屆大滿貫得主）的發球，我們都把更快的速度當成偉大的成就。還不只如此；我們說「時間就是金錢」，而那在速度上又賦予了價值。確實，就如藍緞帶比賽

[1] 譯注：牙買加短跑選手，男子 100 公尺、200 公尺等世界紀錄保持者。

的競爭所展現的，在 20 世紀的大部分時候，速度幾乎就等同於進步。

速度是一個混合度量衡。我們測量一段空間——移動距離，然後除以一個時間測量值，即移動時所花的時間。任何度量衡除以時間後都會成為一個比率，便可視為一種速度。所以印表機的速度可以以每分鐘印幾頁來測量，數據傳送速度則是每秒幾位元，甚至還有每分鐘幾拍的鼓擊速度，在世界最快鼓手（World's Fastest Drummer，WFD）[2] 競賽中就有留下紀錄。不過在本章中，我們會專注於基礎的定義：時間內行進的距離。

我們用於速度的單位通常追隨著「每單位時間內的單位距離」這個模式。但不一定都是這樣：上述的藍緞帶速度紀錄是以船隻慣用的方式記為「節」。為什麼呢？在過去幾個世紀中，判定船（相對於水）移動速度的方式，是把繫著繩子的木板（所謂的「圓木」）扔出船外，當船前行把木板留在後頭、讓它留水中原處「不動」，繩索就會一直往外放。繩子上打了一個個結，相距各 8 噚，而當線放出去 30 秒後，船員就會去數有幾個結漂走了。繩結的總數就是船速，然後很自然地，就是以「節」（英語的 knot 指繩結，中文寫為「節」）為度量衡。繩結的間距和測量時數去的時間，形成了一種校準刻度，讓一節等同於每小時一浬。[34] 這種測量速度的方式，明顯展示了這種測量涉及到在兩種數數之間建立比值關係：數繩結和數秒。

## 如風而走

如果你有聽英國廣播公司的廣播四台（Radio 4），你會聽到航海天氣預報（Shipping Forecast）。基本上，內容包括一位主播讀出一份資料庫，也就是英國周圍三十一塊有名稱的海域之相關資訊，其中包括了遙遠東北方的「維京」和遙遠西北方

[2] 當前紀錄：手打每分鐘 1208 下，腳踩每分鐘 1034 下。

[3] 一浬是根據緯度線。如果你直直朝北或朝南航行緯度一度的距離，你就會走 60 浬。所以一浬就是極點到赤道距離的 1/90 的 1/60，即 1/5400。儘管說公里最早的定義也是同一段距離的萬分之一。這也就代表說一浬就等於 2 公里再少一些的長度。

[4] 而這些速度會有一份紀錄留下來。當然，這會寫進航海日誌裡。

的「冰島東南方」。一段典型的播報片段可能像下面這樣：

維京北烏特夏爾（North Utsire）南烏特夏爾東南 4 或 5 增強至 6 或 7 後轉南 4 或 5。偶陣雨。天氣良好部分地區有霧轉普通或差。

　　航海天氣預報裡的每個元素都列出了它所指的海域（在這個例子中，維京、北烏特夏爾及南烏特夏爾）、風況預報、降水（如果有的話）以及最後的能見度狀況。風況提供的是方向（在這個例子中，一開始是「東南」），然後是預測的風速（「4 或 5」）。但「4 或 5 增強至 6 或 7」的風有多強呢？

　　風力數字是法蘭西斯・蒲福（Francis Beaufort）為了將風速度量統一規格，於 1805 年設計並提出的一套等級制，第一次使用是在小獵犬（HMS Beagle）的航程，也就是乘客有達爾文的那一趟航程。這套等級制的顯著之處在於，它是基於觀測自然現象，而不需要明確的測量——雖然說現在每個風力等級都已經有了對應的特定風速。

　　以下是風力等級一覽：

| 風力與風級 | 海象 | 風速 | |
|---|---|---|---|
| | | 節 | 公里 / 小時 |
| 0. 無風 | 海面如鏡 | <1 | <1 |
| 1. 軟風 | 細浪，但不起白沫 | 1-3 | 1-5 |
| 2. 輕風 | 小波，不破碎 | 4–6 | 6-11 |
| 3. 微風 | 小波較大，浪頂有白頭浪 | 7–10 | 12–19 |
| 4. 和風 | 頂頭碎開的小浪 | 11–16 | 20–28 |
| 5. 清風 | 中浪，些許浪花飛濺 | 17–21 | 29–38 |
| 6. 強風 | 長浪，白色帶沫浪頭，浪花飛濺 | 22–27 | 39–49 |
| 7. 疾風 | 海面突湧，白沫成條紋狀 | 28–33 | 50–61 |

| 級數 | 觀測現象 | 節 | 公里/小時 |
|---|---|---|---|
| 8. 大風 | 中等高浪，飛沫 | 34–40 | 62–74 |
| 9. 烈風 | 高浪，浪頭捲動。浪花飛濺降低能見度 | 41–47 | 75–88 |
| 10. 狂風 | 極高浪，翻滾。大片白沫使海白茫茫 | 48–55 | 89–102 |
| 11. 暴風 | 異常高浪。極大片的白沫覆蓋海面絕大部分 | 56–63 | 103-117 |
| 12. 颶風 | 巨浪。海面全白，空氣中充滿浪花飛濺 | 64+ | 118+ |

若以風速來定義，超過 64 節（118 每小時公里）便是颶風，但颶風在這之上還有一個自己的分級。1971 年，赫伯特・薩菲爾（Herbert Saffir）和羅伯特・辛普森（Robert Simpson）開發出一套根據風速來替颶風分門別類的分級表：

**地標數字**
- 大風──每小時約60公里
- 狂風──每小時約90公里
- 颶風──每小時約120公里

| 級數 | 觀測現象 | 風速 | |
|---|---|---|---|
| | | 節 | 公里/小時 |
| 1 | 會造成些許損害。屋瓦吹飛 | 64–82 | 118–153 |
| 2 | 會造成大規模損害 | 83–95 | 154–177 |
| 3 | 會出現毀滅性損害。小型住宅結構損害 | 96–112 | 178–208 |
| 4 | 會出現災難性損害。小型住宅結構毀壞 | 113–136 | 209–251 |
| 5 | 會出現災難性損害。只有少屬建築結構能保持完好 | 137+ | 252+ |

# 速限

當英國開始使用鐵路時，人們會擔心列車的高速會危及人體健康：人們認為每小時 50 英哩超過人體可承受的程度。某方面來說，他們是對的：一個人行動得越快，遇上意外的風險就越大。這也就是為什麼公路和鐵路都配有速限。但有些速限──那些自然設下的速限──就沒那麼憑人而定了。

聲音是振動透過媒介（最典型就是空氣）而傳播，而這種震動傳送的速度端看媒介物質的性質。而這就是測量速度的「馬赫」（Mach）系統的基本定義。馬赫數字是個沒有單位的速度度量：它就只是運載工具（通常是飛機，但也有可能是一台試圖挑戰地面速度紀錄的「車」）的速度和該環境中音速的比。

音速通常記為每小時 1236 公里，但不同氣溫和高度時會有不同。不管當地條件下的音速是多少，都被稱作 1 馬赫。

但有一種速限至少在我們所知範圍內是絕對的速限，那就是光速。[5] 愛因斯坦讓世人知道，當一個物體的速度往光速漸漸接近時，該物體的進一步加速也會變得越來越困難。不管再提供多少額外的力量，都沒辦法把一個物體加速到光速以上。由於光速這個數字直接源自物理常數，且不需人為設想或斷然定義，因此光速可視為測量速度的天然單位。

## 藍鳥、藍鳥和尋血獵犬號

1924 年，馬爾康・坎貝爾（Malcolm Campbell）開著一台陽光牌（Sunbeam）汽車，在威爾斯南部海岸卡馬森灣（Carmarthen Bay）的盆丁沙灘（Pendine Sands）飆出每小時 235 公里的速度，因而打破了世界陸上速度紀錄。他接著又持續在陸地和水上接連以車輛和船隻打破紀錄，每一台都被他稱作藍鳥（Blue Bird）。他最後一次打破紀錄的駕駛，是 1935 年在美國猶他州博納維爾鹽灘（Bonneville salt flats）上，當時他幾乎達到每小時 485 公里的速度。

他的兒子唐納・坎貝爾（Donald Campbell）延續家族傳統，於 1964 年 7 月駕駛名叫「藍鳥 CN7」（Bluebird CN7）的車，達到每小時 648.73 公里的速度。[6] 同年 12 月 31 日，他駕駛「藍鳥 K7」（Bluebird K7），以每小時 444.71 公里的速度打破了世

[5] 我們應該說「真空內的光速」。就跟音速一樣，光速也因穿梭的媒介不同而有差異，但絕不比在真空中行進來得快。

[6] 同樣是藍鳥，馬爾康・坎貝爾的稱作 Blue Birds，而唐納・坎貝爾的叫做 Bluebirds。

界水上速度紀錄。

不過，1967 年 1 月 4 日那天，唐納‧坎貝爾在英國湖區的科尼斯頓湖（Coniston Water）上企圖把藍鳥 K7 的水上速度推進到每小時 480 公里時不幸喪生。多年後，到了 2000 年 10 月和 2001 年 5 月，船隻和坎貝爾的遺體才分別尋獲。

動筆時，地表速度世界紀錄是由一台叫做超音速推進號（ThrustSSC）的車輛於 1997 年 10 月所保持，當時它以每小時 1228 公里的速度持續行進了 1 英哩。這是史上首度在地表上突破音速。紀錄保持者安迪‧格林（Andy Green）現在正準備以噴射火箭動力車「超音速尋血獵犬號」重新挑戰紀錄，目標要達到每小時 1690 公里，計畫於 2018 年 10 月在南非北開普的哈克斯金潘（Hakskeen Pan）挑戰紀錄。[7]

## 終端速度

當你讓一個東西往下落時，它會因為重力作用而加速，一邊落下一邊增加速度。但也有一個反向的力量：空氣阻力。而且儘管重力對任一物體施加的力量大致上是恆定的（跟物體的質量成比例），空氣阻力卻不只是和物體的表面積成比例，也和物體穿越空氣的速度平方成比例。這代表說加速時向下的力量不變，但向上的力量卻會增加，而減緩了加速度。同時，下落的物體會達到一個向上和向下力量比達到平衡的極限速度，此時下落的物體就不會再加速。這就是這個物體的終端速度（terminal velocity），大小要看空氣密度及物體暴露於空氣的截面積。

有個都市傳說在講，從帝國大廈丟下去的一分錢硬幣可以砸死人。這不僅異想天開，而且還不是真的。一分錢從高處下落的終端速度，只比每小時 100 公里略多一點，而在那速度下，

**地標數字**
地表速度世界紀錄——每小時 1228公里

[7] 譯注：由於投資者更換緣故，本車已於 2019 年改名為「尋血獵犬地表速度紀錄號」〔Bloodhound LSR〕，並於 2019 年 11 月的測試中達到每小時 1011 公里。

一分錢會造成挫傷沒錯，但不是什麼重傷。

採取四肢伸展姿勢進行自由落下的跳傘選手，能夠達到的終端速度大約是每小時 200 公里，且會在落下約 12 秒後到達那速度。如果這時跳傘選手把四肢收回，就會減少暴露在空氣阻力下的面積，終端速度可以增加到每小時約 300 公里。而如果所有能用來減少空氣摩擦的事情都做到了，可以達到每小時約 500 公里。最後，一旦降落傘妥當展開，其巨大的表面積就會把終端速度直接減到每小時 20 公里之類的速度，讓人平安地降落地面。

## 逃逸速度

逃逸速度（Escape velocity）是一個拋射體要擺脫地球重力（或者其他行星、月球或天體）所需的向上速度。隨著拋射體越來越遠離質量中心，把它拉回來的重力也會減低。如果它以低於逃逸速度的速度起步，重力最後一定會讓它掉回地上：速度只要高過逃逸速度，重力就會落敗。

地球表面的逃逸速度大約是每秒 11.2 公里，或者約略超過每小時 40000 公里。[8] 若是要逃出比較弱的月球引力，就只需要大約每小時 8600 公里的速度。

[8] 這個數字有沒有看起來很熟悉？地球的赤道接近 40000 公里——所以逃逸速度就等於一個可在一小時內繞地球一圈的速度。

## 軌道速度

把人造衛星送進地球軌道、把組員送進國際太空站的火箭，都要達到兩個標準：必須飛得夠高，才能達到想進入的軌道高度。此外，一旦抵達了那個高度，就得移動得夠快，才能維持在軌道上。

在離地 200 公里，即所謂近地軌道（low Earth orbit）處（國

際太空站所在高度的一半），需要的軌道速度比每小時 28000 公里略多。[9] 至於電視衛星會使用的地球靜止軌道（geostationary orbit），則是約 36000 公里高，需要的軌道速度就比較低，為每小時 11160 公里。

## 越來越快

以下是一份從慢到快的速度列表：

- 一隻蝸牛的速度約每小時 10 公尺，即每小時 0.01 公里。
- 陸龜雖然慢但很穩健，移動速度通常為每小時 0.5 公里，但也可加快到每小時 1 公里。
- 打算來趟一日健行嗎？那就準備在平地上以每小時 5 公里的速度輕鬆走吧。
- （2016 年為止）雙腳速度最快的人——尤塞恩・博爾特，於 2009 年柏林的一場 100 公尺賽跑的 60 至 80 公尺路段，達到了每小時 44.7 公里的速度。
- 一匹馬可疾馳到每小時 45 公里，甚至再快一點點。[10]
- 打算來趟開車旅行嗎？路況天氣都好時估計可開到每小時 100 公里。
- 比較想搭火車嗎？日本的子彈列車以每小時 320 公里的速度行進，而法國的 TGV（Train à Grande Vitesse，即「高速列車」）也不遑多讓（在測試時曾達到每小時 570 公里）。
- 還是你比較想搭飛機？商用客機會以每小時 850 公里的速度帶你前行。
- （本書動筆時）地表上有史以來最快的速度，是超音速推進號創下的每小時 1228 公里。
- 尋血獵犬計畫已於 2018 年挑戰這個紀錄，以快 33% 的行進

[9] 位於 400 公里高處的國際太空站本身，每小時 27600 公里的軌道速度。

[10] 美國西部知名的「小馬快遞」（Pony Express）雖然只營運了十九個月，但可以在十天內把一個信息從北美大陸的一頭傳到另一頭，而那是 3200 公里的距離。電報的來臨讓它無用武之處。又一次地，商業上對速度的需求促成了進步，也成為進步的度量衡。

速度碾壓舊紀錄。

- 就算我們站在原地，地球也是在繞著自己的軸心轉，並以每小時 1675 公里的速度帶著我們走（幸好我們周圍的空氣也是以同樣速度在行進）。
- 如果你曾有機會在協和號（Concorde）營運期間搭上機，你的速度便能達到每小時 2140 公里。
- 最快速的軍用／試驗用飛機紀錄為每小時 3500 公里。
- 超人在想像中比飛馳的子彈更快。這代表他飛得比每小時 5000 公里的一槍還快。
- 若要進入地球軌道，火箭必須達到每秒 7.9 公里＝每小時 28440 公里。
- 每年，地球都繞行太陽約 10 公里，而那代表，以太陽為定點來看，地球是以每秒 30 公里＝每小時 107000 公里的速度在移動。
- 太陽在銀河系內，相對於其鄰近的那些星球而言，是以大約每小時 7 萬公里的速度在行進。
- 太陽與其鄰近一帶，則是在一條為期一銀河年（約 2.25 億地球年）的軌道上，繞著銀河系的中心轉。這代表它是以約每小時 792000 公里的速度在穿越空間。
- 那麼最快速度呢？當然，這就是宇宙的最終速度極限──光速，大約是每小時 10 億公里。

## 曲速和其之上

就我們所知，沒有速度比光速更快。如果觀測到比光更快的速度，就會違反愛因斯坦的狹義相對論，並動搖當代物理的基礎（並不是說這是件壞事──科學也因新結果需要新解釋而生生不息）。即便進行 OPERA 計畫（Oscillation Project with

Emulsion-tRacking Apparatus project，微中子振盪感光追蹤儀計畫）的科學家記錄到某個似乎是微中子的東西，在相距 731 公里的法國瑞士邊界歐洲核子研究組織（CERN）實驗室與義大利格蘭薩索國家實驗室（LNGS）之間，移動得比光還快時，他們還是對自己的研究成果感到懷疑，並秉持著「幫我們找出我們哪邊搞砸了」的精神發表出來。他們確實搞砸了，而這個反常狀態完全可以用實驗失誤來解釋。

　　所以，目前來說，超光速移動唯一能發生的地帶就在科幻領域。說到這一點，先不管別的，《星艦迷航記》（Star Trek）的曲速（Warp speeds）有多快呢？星艦迷團體整理了所有手頭上的證據，結果有點像下面這樣：

　　曲速層級 1 是光速。這一點大家都同意。不過，過了這一點之後，《星際爭霸戰》系列（The Original Series，TOS）以及衍生電影所使用的「曲速層級—速度」關係，就和《銀河飛龍》（The Next Generation，TNG）之後的影集使用的數字有了分歧。在 TOS 設定的時期中，曲速層級 2 等於 8 倍光速（c），曲速層級 3 等於 27 倍光速，然後依此增加，其關鍵要素在於你要以層級數的立方來計算「企業號」（Enterprise）是光速的幾倍。在後來的系列中，某些想像中的科技升級，讓這種速度飆升起來。現在曲速層級 2 等於 10 倍光速，曲速 3 等於 39 倍光速，而曲速層級 10 就讓你的速度來到無限大。這樣你就知道了。

---

**快步前進⋯⋯**

- **螺旋槳飛機**達到的最快速度（每小時870公里）是**瓶鼻海豚**最快速度（每小時35公里）的25倍
- **馬**的最快速度（每小時88公里）是**人力飛行機**最快速度（每小時44.3公里）的2倍
- **獵豹**的最快速度（每小時120公里）是**家貓**最快速度（每小時35公里）

的 2.5 倍

- 人力交通工具的最快速度（每小時 144 公里）是非洲野犬最快速度（每小時 72.5 公里）的 2 倍
- 獅子的最快速度（每小時 80 公里）是大白鯊最快速度（每小時 40 公里）的 2 倍
- 風力水上交通工具的最快速度（每小時 121.2 公里）是虎鯨最快速度（每小時 48.3 公里）的 2.5 倍
- 噴射機達到的最快速度（每小時 3530 公里）是商務客機最快速度（每小時 880 公里）的 4 倍
- 地球繞太陽的速度（每小時 107000 公里）是協和號客機速度（每小時 2140 公里）的 50 倍

# 中場休息
# 到了回顧思考的時候

今日有太多人 —— 甚至是專業的科學家 —— 在我眼中都像是那種看過了
一千棵樹卻從沒見過森林的人。

——艾爾伯特・愛因斯坦

菲利普・葛拉斯（Philip Glass）的歌劇《沙灘上的愛因斯坦》
（*Einstein on the Beach*）充滿了數字。在其中幾節裡，人聲部分就
只是在背誦連續數字。這齣歌劇的唱本以這樣的文字開始：

> 一、二、三、四、
> 一、二、三、四、五、六、
> 一、二、三、四、五、六、七、八。
> 一、二、三、四、
> 一、二、三、四、五、六、
> 一、二、三、四、五、六、七、八。
> 一、二、三、四、
> 一、二、三、四、五、六、
> ——、二、三、四、五、六、七、八。

第一節被編列為「膝間奏 1」（Knee Play 1），作品中還有另外
四個膝間奏，而那都是劃分並連結各主幕的小短篇。它們有著實際
效用（作為**轉場**）並作為接合點，是重要元素之間的關節結構。

　　就把書中的這個小節當成是一種「膝間奏」吧。這個關節有兩塊，緊緊接合著。第一塊思考的是我們在實際日常世界中真正遇上的數字的變化性與分布。第二塊膝關節和那些思考相連，並描述了五種領略大數字的技法中剩下的幾種，好準備談論那些超乎這世界局限的數字。

# 野外的數字
## *變化性和分布*

## 抓數字

　　以下是我小時候在南非長大時、當我在長途車程中坐著無聊時，會在腦裡玩的一個遊戲。看看你周圍汽車的車牌，[1] 然後一直等，直到你看到某輛車的車牌號碼從 1 開始。抓到這輛之後，接著去找一張從 2 開始的車牌。接著找 3，然後 4，這樣一直下去。當然，一旦你有了 9，就得跳到二位數，所以你接下來要抓 10 開始的號碼，然後 11，如此這樣下去。隨著數字變大，遊戲也變得更難，因此抓到下一個數字的滿足感就越來越強。我不太記得我抓過最高的數字是多少，但應該有到幾百。

　　現在，要抓到 10 很顯然會比抓 1 來得難，因為兩位數都得要符合；不過更意外的是，要抓到 9 也遠比抓到 1 來得難。那是因為當地的登記機關在每個地方都是按順序分配數字。沒有一個地方會在還沒登記完 1 就去登記 9，而至少要發出 11 個從 1 開始的號碼（1、還有 10 到 19）之後，才會開始發出「9」起頭的兩位數字，所以 9 永遠不會比 1 多，而在絕大部分的遊戲中，1 都會比 9 多。同樣地，9 永遠不會比 5 多，而 5 也不會比 1 多——個位數的自然分布總是會偏愛比較小的數字。

[1] 那時候，南非的車牌包括了一組英文字母組，用來表明所屬地方政府，然後是一組一般來說是 1～4 個位數的數字（我父母的車是 CAP 560）。很難過地，這個遊戲沒辦法在我現在住的英國玩——車牌的格式就是不對。

# 班佛定律（Benford's law）

我當時並不知道，但我現在知道，這是班佛定律（Benford's law）的表現；這個定律描述了數字頭幾位數的分配。這個定律可以把這種傾向量化，並以數學的方式描述。一組符合班佛定律的數字會有 30% 的數字以「1」為頭位數，只有 4% 會以「9」起頭。真正驚人的是，真實世界脈絡中收集到的相當多組數字，都符合這個定律。

這個定律健全到可以測試賬目詐欺。除非詐騙者很有見識，知道有班佛定律，不然的話，（好比說）當他想要捏造數字報假帳時，他就有可能去捏造一個（好比說）從 7 開始的數字，而不是隨機地讓 7 自己冒出來。班佛定律說，只有 5.8% 的數字會從 7 開始。所以如果我們分析一本帳本，或者某國公告的選舉統計，然後發現 7 的比例明顯高過 5.8% 的時候，就該查覺到有詐欺的嫌疑了。

## 測驗班佛定律

IsThatABigNumber.com 收集了一群純粹為了把其他數字放入脈絡的數字。會選入這些數字，不是因為數字本身的量，而是因為它們是很好的比較工具——它們可能會和已經標準化的物件相關，好比說棒球球棒的長度，或者艾菲爾鐵塔這種知名建築建物的高度，或者個體個數，好比全世界的大象數量等等。這個數量集合絕對能滿足你期待找到的五花八門：這是一套野外數字收藏。

我把這些數字拿去給班佛數字檢驗，得到了以下的結果：

| 首位數 | 班佛定律說的 | 我發現的 |
|:---:|:---:|:---:|
| 1 | 30% | 28% |
| 2 | 18% | 16% |
| 3 | 12% | 13% |
| 4 | 10% | 11% |
| 5 | 8% | 9% |
| 6 | 7% | 7% |
| 7 | 6% | 7% |
| 8 | 5% | 5% |
| 9 | 4% | 4% |

　　雖然未完全吻合，但看到一群從五花八門來源收集來的、又在沒分門別類下全部混在一起的數據，居然可以產生出那樣的規律性，實在是相當驚人。

　　這裡有一些微妙且難以捉摸的事情。當一個數學家仔細思考數字時，她就好像是在實驗室條件下研究它們一樣。她可以打造並研究任何她選擇創造的數字，而它們會是完美樣本。舉例來說，我們知道（在定義上）數數可以永遠數下去而不會有縫隙。而且我們知道 900 和 901 之間的實數，就跟 100 和 101 之間的一樣塞得緊緊的。而 $\pi$ 儘管小數位永遠不會終結，卻是一個精確值。

　　但如果，我們不去思考那些來自柏拉圖領域的理想型態數字、那每個合理又完美的數字，而是去觀察當我們實際數數和測量時會在生活中真正遇到的那些數字呢？這個嘛，我們會發現，數字越大，遇見它的頻率就越低。舉例來說，在所有著作中，至今可能從沒有人用過 728167198612003 這個數字，而且比那還大 1 的那個數字，可能永遠都不會被用上。所以在某種意義上，野生的數字變大之後就會「形影稀薄」。這是一個古

怪的想法，也是一個有點擾人的想法，但我們還會再回顧這想法，而且這對於我們如何思考大數字來說十分重要。

但班佛定律**不**適用於狹隘分布範圍內的類似大小數字。若從身高數據樣本中取出第一位數，你就會發現，如果你是用公尺來作測量單位的話，大多數的第一位數都會是 1。如果以英吋為單位來測量的話，極少會是 4，絕大部分是 5 和 6，然後 7 非常少。但如果最大數字與最小數字之間的差異為一百倍甚至更多，這個定律似乎就相當全面地適用。

## 1 與 1000 之間的量級分布

IsThatABigNumber.com 資料庫裡的數字是這樣儲存的：每個數字都有兩個部分，一個是**有效位數**，在資料庫中的大小總是介於 1 和 1000 之間，通常是三位有效數字；另外還有一個是**縮放倍數**，表示為 1000 的次方：1、1000、1000000、100000000，一路往上。所以，從現在開始忽略倍數吧！因為資料庫裡的每個數字都有一個介於 1 到 1000 之間的有效位數。我決定來看看這些數字的分布。

這會有點像另一版本的班佛定律，不過我們不是要看十進位制標記法中的第一個位數，而是要看一個千進位制系統中的第一個位數。我把有效位數做了分類，所以這些數列會從 1（出自「大辛巴威城於 1000 年前開始興建」）開始，並在 998（出自「998 公斤是塞斯納 172 的質量」）結束。在將數字分類之後，便可做成曲線圖。

結果如下，曲線圖顯示資料庫中多於兩千個數字的分布，將其標準化後讓所有數字都介於 1 和 1000 之間，並完全無視用來達到標準化所使用的縮放係數：

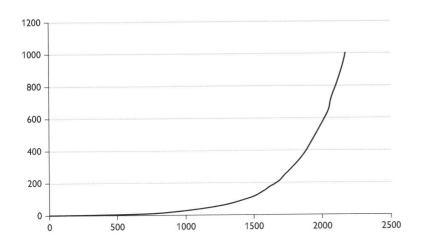

　　現在，如果所有數字都平均分布的話，我們就會看到一條以固定斜率爬升的直線。不過如你所見，眼前這條線完全不是平均分布：事實上，33.7% 的有效位數都介於 1 和 10 之間，32.6% 介於 10 跟 100 之間，而 33.7% 介於 100 和 1000 之間。

　　想想那代表什麼意思。在我們的大雜燴數字集裡，範圍在 1 到 10 的，跟範圍在 10 到 100 的差不多一樣多，而介於 100 到 1000 間的也還是差不多。如果我們把數字的範圍（1 至 1000）劃分成以同比例增加的一群一群（每一群都是前一群的 10 倍大小），那麼每一群裡就會有等量的數字。[2]

　　曲線圖看起來就會平順很多，如果你經驗老到，應該就會從這個形狀猜到，這大致上呈現出指數成長，那樣的話就可以反過來說，縱軸如果改用對數尺度的話應該滿不錯的。

　　對數尺度？不要被嚇到了。瞭解對數尺度，會是你很快就要獲得的超能力。至於現在呢，就先看看我們重畫一張曲線圖，但把縱軸改成使用對數尺度（代表 1~10、10~100、100~1000 這三個群配成一樣的大小）：

[2]　事實上，如果我們不是根據 10 的倍數來把數字分組，而是用其他任何倍數的話，還是會保持同樣的整體定律：1 到 4 這組有 18.5% 的數字，4 到 16 這組有 21.9% 的數字，16 到 64 這組有 18.3% 的數字，64 到 256 這組有 21.9% 的數字，而 256 到 1000 這個稍微小一點的組也有 14.4% 的數字。每一組都有 1/5。這個線索告訴我們，現在正在應付的數字呈現指數效應。

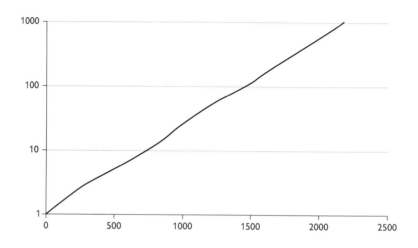

　　賓果！那看起來像一條稍稍起伏的直線。有看到我們這三個群體是怎麼變得清晰可見嗎？這條線的筆直程度，遠比之前更清楚顯現了數字分布的方式：大約 1/3 的數字小於 10，又有大約 1/3 的數來到 100，然後最後剩下的 1/3 來到 1000。如果沒有換成對數尺度，就很難從視覺上洞察這樣的現象，而這也是為了本書的下一個部分先做的牛刀小試。

　　回到主題。某些方面來說，這個「一組非常因人而定的數字組合中的數字以這麼有順序的方式，在我們從 1 排到 1000 時，呈現越來越『形影稀薄』的結果，看起來非常驚人」。另一方面，它又確認了我們一個非常自然的直覺，那就是所有環繞我們的數字，真的較多是小數字，而大數字較為稀少。這可能會有助於解釋，為什麼我們面對大數字時會比較不自在——我們就只是比較沒那麼常遇到它們。

## 站起來伸長腳

　　如果你到現在還跟得上我，那真的很感激。我希望你有享受到這趟路程。我們看過了一些大數字，也探索了幾種用來理

解這些數字的技巧。但當我們進入接下來幾章時，情況會開始
變得有點迷亂，而我們也要開始觀察一些遠超乎我們日常經驗
的數字。為了勇敢向前，我們還需要一種技法來瞭解大數字，
而且是一招大絕技。為了讓你準備好迎接它，我們先回想一下
前面讀過的一些要點，並把它們連結起來：

- 我們與生俱來對數字的「近似感」是一種**比例**感。我們對
  大數的判斷正確度大致維持同樣比例，約有 20% 的正確性。
- 我們用於 1000 以上的數字的詞，形成了一個以千倍為基礎
  的名單：[3] 千、百萬、十億等。過了 1000 以後，每個新的
  詞都是**乘以** 1000 的結果。
- 你已經看過涵括距離、時間、質量的地標數字，而且它們
  都是以我稱為「金錢數字」的數字序排列的：1、2、5、
  10、20、50、100，如此下去，而這就跟常常使用的貨幣命
  名模式一樣。每一次我都是將其**乘以** 2 或 2.5。每三個步驟
  就讓我們乘以 10。
- 班佛定律告訴我們，若是碰到真正在野外中觀察到的數字，
  數字越大就會越顯得「形影稀薄」。以「9」開頭的數字比
  從「1」開頭的數字少。而如果我們看的不只是第一個位
  數，就會看出它們是以一個**成比例**的關係來逐漸形影稀薄。

　　這些全都用上了（或者說顯示了）基於比例的對比，而非
基於原貌的純粹差別。我們藉由加法讓幼稚園學的數字變大，
然後藉由減法來比較它們。[4] 一把學生用的尺，把邊上每一段
等長的範圍分派給一個個連續的數字。那就是線性尺度，而那
適合用來進行加法和減法。
　　但當我們講到大上太多的數字，以及快速成長的數字時，
我們就越來越會牽扯到**比率**和**比**。測量越來越大的數字時，如

[3]　譯注：這裡指英語世界的用法。

[4]　畢竟，「差異」（difference，亦指「差額」、「差距量」）這個詞就是這個意思。

果我們有一把尺，（好比說）是能把尺上每一段等長的範圍分配給每一次「大小**成比例**增加」，就可能滿有用的。

說出口吧。我們需要對數。在學校教的數學中，只有少數主題擁有和對數一樣令人畏懼的名聲，僅次於微積分，可能跟三角函數並列。以前你可能覺得跳到次方──指數運算，就已經夠慘了，但等你奮力精通了指數技巧，對數還會要你逆向行走這個流程，而對某些人來說那實在是走太快了。

那實在很可惜，因為要瞭解大數字，使用對數尺度就是超能力，比七里格靴還強，因為你走的每一步都比上一步還要大。之所以可惜，也在於不管你信不信，對數尺度就是觀看世界的一種自然方式。舉例來說，在電視問答比賽節目《百萬大富翁》（*Who Wants to be a Millionaire*）原本的獎金架構裡，你連續正確回答一道道問題能贏得的獎金，就是以一種非常接近完美的加倍順序，在節目中逐步增加的。

100─200─300─500─1000─2000─4000─8000─16000─32000─64000─125000─250000─500000─1000000

那是一把有十五根橫木的對數梯，每往上爬一根新橫木都代表著獎金加倍。

我希望可以向你展現「透過對數鏡片觀看世界」的新方法，並讓你瞭解到，這一招會讓你把非常大的數字看得加倍清晰。

所以別慌張！本書依舊不是數學相關書籍：這是關於數字的書。裡面不會有代數學，你也不需要計算任何對數。但下一章我會讓你看到，識數公民可以怎麼樣戴上對數鏡片，來釋放對數尺度的超能力，以征服全新層次的大數字。

# 第五種技法：對數尺度
## *把極小和極大做比對*

如果，我們量東西的那把尺上每段等長部分，代表的不是在前一個數字上再加上一個固定的量，而是**乘上**一個固定的量，那量出來會是什麼呢？那把尺上「1」到「10」的一步，就跟從「10」到「100」的一步一樣大小，然後又以同樣大小的一步來到「1000」。那就是對數尺度。

## 打破數字線

假設我要求你把下列這些數字（為了互相比對而）在單一條數字線上呈現出來：

- 一頭非洲象的高度——4.2 公尺
- 世界最早的摩天大樓高度——42 公尺
- 帝國大廈高度——381 公尺
- 最深礦坑的深度——3.9 公里
- 最高的自由落體跳傘——39 公里
- 國際太空站的軌道高度——400 公里
- 月球直徑——3480 公里
- 地球同步衛星繞行地球的軌道高度——35800 公里
- 地球到月球的距離——384000 公里

那挺辛苦的，不是嗎？如果我們畫出一張 30 公分長的數字線，並把地球到月球的距離放在尾端的某處，那麼第二大的數字就是人造衛星軌道的那個，就得在靠近 3 公分處。月球直徑就得在 0.3 公分左右處，而太空站的軌道會在原點出來僅僅大約 1/3 公釐處。

這樣行不通。這條數字線的確有把幾件事表示得很清楚：這些步驟，這些十倍十倍的跳躍，是非常大的增幅，而且最早的幾個數字相對於較大的那些數字而言，實在是小得可以。那是值得表示出來的一件事，因為它強調了大小規模感。然而，這條數字線卻讓小數字徹底呈現不出來，也無法在數字間做出更細微的比較。

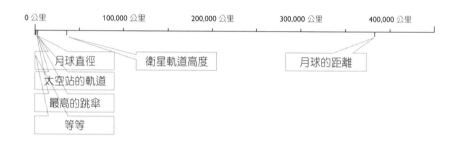

但如果我們可以有系統地變動數字線上的尺度，給每個十倍分配同等空間，那麼我們就可以在九步以內從 1 公尺來到 100 萬公里（$10^9$ 公尺），而那九步每一步都能容納我們的一個數字。

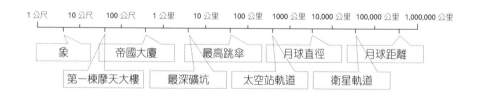

這第二種呈現方式反過來就缺少了那種「這實在是比那個大太多了」的驚歎要素，但它確實可以為你展現所有數字，而

且也展現了（舉例來說）這些數字之間的間隔（如果你在它們
之間使用相稱的比例的話）其實非常規律。那規律就是，每個
數字大約都是前一個數字的 10 倍。

　　而那就是對數尺度的力量，讓我們能在數字間做出有意義
的比較，即便我們對付的是非常不同的度量規模也沒問題。

## 摩爾定律

　　1960 年代，電腦晶片公司英特爾（Intel）的高登・摩爾
（Gordon Moore）注意到微處理器上可容納的電晶體數量，是
以指數方式增加的。[1] 你可能很熟悉這所謂的「摩爾定律」（而
且這個定律從將近五十年前至今，都還是不可思議地維持正
確）。[2]

　　以下這個例子使用的一連串數字，是關於英特爾的處理器
從 1972 年至 2002 年的數量，以及每個處理器上的電晶體總數。
數字從大約 2000 開始，最終到達了 4.1 億，開頭和結尾的比例
是 1：200000。不管對誰來說，要把規模差異這麼大的數字輕鬆
做比較，都是很難的事情。

[1] 譯注：摩爾提出摩爾定律時尚未創辦
英特爾公司。

[2] 當然這不是自然定律，只是一種觀察
結果，而且有可能在接下來的十到
二十年裡打破（但有人說是接下來的
三十年，所以到頭來錯的也可能是
我）。

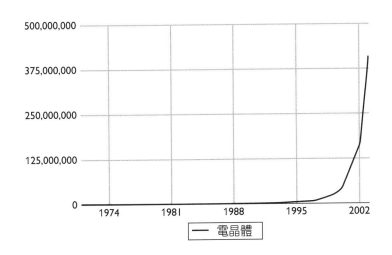

這些數字的曲線圖看起來有點像是峭壁:先是完全看不出早年成長的任何細節,但接著斜率突然起飛,然後飆升。對於這種成長特質,很難不做出以下文字所描述的判斷:數字開始時相對小,然後急速變大。簡單來說,我們無法從這曲線圖知道些什麼。

但現在我們透過對數鏡片來看。[3] 我們不以每個晶片多少個電晶體來做圖,而是用該數字的對數:[4]

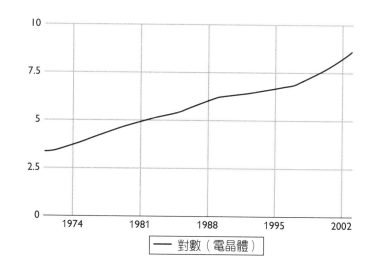

這裡我們看出對數鏡片帶給我們的力量:比對規模差異太大的數字的能力。我們就不需要在曲線圖上標出 2250,而是可以標出該數字的對數,也就是略多於 3;我們也不用標出 4.1 億,只要用「約 8.5」即可。行了!我們讓無法比較的東西變得可以比較。

不僅如此,我們現在還能在這張曲線圖中看出一些有趣的特色。整體來看,這裡的斜率比較平緩(在 1990 年代初期稍微放緩一下,接著又再次抬升)。對數曲線圖上的平緩斜率,代表比較平緩的成長率,而這就是摩爾定律的核心。事實上,摩爾定律可以很精確地說成:若我們把晶片上電晶體數量對數隨

[3] 這只是我自己述說的方式:在我們測量的東西上進行一個轉變——我們就不會呈現數字本身,而是使用一個基於該數字對數的尺規。

[4] 不要太擔心對數的底數是什麼:不管你以什麼為底數,對數尺度的超能力都可以發揮。底數為 10 的對數有時比較好處理,因為它們有連結到十進制系統的數字書寫方法。在底數為 10 的情況下,有個簡單方法可在腦中「猜」對數:略少於需要寫下該數字的位數數量。1000 到 9999 範圍內的數字需要 4 位數,而那些數字的對數就介於 3 和略低於 4 之間;在上面的電晶體例子中,2002 年的數字是 410000000(9 位數),那麼其對數就接近 8.6。因為電腦使用的是二進位(底數為 2),所以電腦科學家就喜歡使用 2 為底數的對數。一個以 2 為底的對數,會和要用多少位元(二進位數位)來儲存一個數字有密切關係。

時間的變化畫成一張圖，我們就會得到一條直線。那條線是陡是平，會告訴我們成長率是多少。

任何在每一段期間以同個**倍數**成長的進程，都會呈指數成長。這樣的進程中，數量會在一段恆定時間內倍增，而這又是另一種表達成長率的方式。

人們通常會說摩爾定律是電晶體的數量每 1.5 年增加一倍。從我這邊使用的數字能看出，在我們這曲線圖的 30 年間，電晶體的數量大致加倍了十七回，這代表約每 1.7 年就加倍一次，而這多少能證明這段期間摩爾定律是正確的。

你在對數尺度上每往前的一步並不只是增加多少，而是乘以多少倍數，而那就是讓對數尺度獲得力量的方式。在對數尺度上，把兩段距離相接有著把其代表的數字相乘的效果，而不是相加。這就是為什麼你在對數尺度上可以走得那麼快、那麼遠。

而這不只是在電晶體上有用：許多其他領域中，相關數字也會打破普通的線性尺度（每一步增加同樣的量），而對數尺度（每一步乘以同樣的量）會比較管用。一個例子就是測量地震。

## 芮氏規模

地震儀測量地震所造成的地球震動，而最初是測量一根針的移動。剛開始使用地震儀時，能偵測到的針頭最小移動量是 1 釐米，使用這種器材的地震學家便把這當作最小度量衡的底線。

地震在大小上差異甚鉅：地球其實持續在經歷微小顫動，這種顫動無法預測，且永遠上不了新聞。事實上，測量出來接

近底線水準的微小地震，每年大約會發生 10 萬次。另一方面，「十年一度」的大地震，其震動程度通常是前者的百萬倍。那樣的尺度差異很難在科學和新聞上處理。所以，1935 年，查爾斯・芮克特（Charles Richter）設計了一種尺度，讓比對與分析變得更為簡易。

芮克特把（當時）能偵測到的最小地震，也就是底線，分類為強度 3 的地震（從 3 開始，是他很明智地預料到，未來科技進步後能偵測到更小的地震）。從那個起始點開始，芮氏規模每增加一個單位，就代表振幅增加了 10 倍。[5]

這代表說，強度 4 的地震是強度 3 地震的 10 倍，而強度 5 的地震又是前者的 10 倍（比規模 3 大上 100 倍），如此這樣上去，一直達到大 100 萬倍、被分為強度 9 的地震。有趣的是，地震出現的頻率有著與大小成反比的傾向。所以比某地震大 100 萬倍的地震，發生的頻率就是其百萬分之一。[6]

這樣的定義讓芮氏規模成了對數尺度：芮氏強度可以使用地震儀震幅的數學對數來直接計算。所以又一次地，數量級上差異太大而很難比對的數字，在使用了對數尺度之後，被轉化成有用且可處理的尺度。

每增加 1，代表震動增加為 10 倍，但事實上在芮氏規模中，間隔相當的任何一組數字（大小不需是 1 單位）都對應到同樣比例的震幅增加。如果間隔是 0.5（芮氏規模 5 到 5.5），那麼常數因子就接近 3.16。[7] 如果有兩個這種半個單位的距離，就代表連乘兩次 3.16，而那得出的就是 10。

芮氏尺度讓極小地震和極大地震的比較，處在一個連貫一致的基礎上。這也代表我們得要小心，不要低估了芮氏規模看起來不大的差異所代表的效應。

舉例來說，2016 年 1 月 25 日，西班牙和摩洛哥中間有一個芮氏規模 6.3 的地震。接著同年 2 月 6 日，台灣發生了一次規模

[5]　譯注：台灣所稱「芮氏地震規模」之英文為 Richter magnitude scale，指「芮克特強度等級」。本書描述地震之翻譯按照原文，magnitude 3 譯為「強度 3」，指台灣俗稱的芮氏規模 3。

[6]　芮氏尺度和震幅有關。一場地震中釋放的能量增加得甚至比震幅還快。所以芮氏規模差 1，其實對應的是 31.6 倍的能量釋放（31.6 是 1000 的平方根）。

[7]　這個數字是 10 的平方根。

**地標數字**
芮氏規模 8 的地震（平均來說）一年會出現一次

6.4 的地震。[8] 這兩起地震是同樣大小嗎？（兩起地震都造成財產損失，但只有後者有人死亡）。事實上，0.1 的強度差距代表 26% 的震幅差距（釋放能量的差距則是 41%）[9]。所以，沒錯，芮氏差 0.1 確實代表了明顯不同的影響。

## 關小聲一點！

播音室內的環境雜音音量（未使用時）被測定為 10 分貝（decibel，dB），距離 1 公尺的對話是 50 分貝，10 公尺外的車聲可能高達 90 分貝，而 100 公尺外的噴射機引擎為 130 分貝。長時間暴露在 85 分貝的聲音中可能會造成聽力損害，而 120 分貝會造成耳部瞬間損害。

分貝這種用來描述音量的不正式單位，測量的其實是聲壓級，或稱 SPL（sound pressure level）。儘管不常使用，但聲壓級的基本單位其實是貝爾（bel），名稱取自亞歷山大‧格拉漢姆‧貝爾（Alexander Graham Bell），而「分貝」就是 1/10 貝爾。所以無聲的播音室是 1 貝爾，對話是 5 貝爾，車聲是 9 貝爾，而噴射引擎是 13 貝爾。[10]

這樣表示出來，就很容易瞭解到這個尺度非常類似芮氏尺度：每增加 1 貝爾就代表聲壓級增加為 10 倍。所以，比播音室大聲 4 貝爾的對話聲，其實是 10000 倍的聲壓級。增加 1 分貝就像是芮氏規模增加 0.1 一樣，代表增加了 26%。

順帶一提，別以為 10 分貝的差距代表聲音大 10 倍，20 分貝的差距就代表聲音大 20 倍。記注，對數尺度上同樣的距離會轉化為同樣比例上的增加。所以大 20 分貝，代表造成兩次 10 倍增加，也就是增加了 100 倍。

[8] 譯注：即 2016 年高雄美濃地震，造成台南維冠金龍大樓倒塌，共 117 人死亡。

[9] $10^{1/10} = 1.2589\cdots\cdots$

[10] 我們感知為音量的東西，其實和科學儀器測出的值並不一樣。事實上，粗略地來說，我們對音量的感知每 1 貝爾、每 10 分貝就會加倍，聲壓級則是乘以 10。

### 地標數字

- 在 100 分貝中暴露超過 15 分鐘會有（聽力受損的）危險
- 對動力工具、割草機、搖滾演唱會和足球比賽來說，100 分貝都是稀鬆平常

## 黑白和鳴

一台標準鋼琴的鍵盤上有 88 個琴鍵：[11]52 個白鍵和 36 個黑鍵。以音樂術語來說，每個鍵（不論黑白）都能彈出一個音高比左邊高半音的音符，而這個黑白間隔的模式每 12 個半音就會重複一次。

如果你從鍵盤正中央的中央 C（Middle C）開始，然後向右數 12 個半音，也就是黑白都數，就會來到下一個 C 音，稱作高音 C（Treble C）。這是中央 C 往上一個「八度」。[12]再走 12 個半音，你就會來到高 C（Top C），而那比中央 C 高了兩個八度。

往另一頭過去，如果你從中央 C 向左數 12 個半音，你就會再次彈到 C（這個是低音 C〔Bass C〕，比中央 C 低八度）。再向左 12 個鍵，你就會來到低 C（Low C），比中央 C 低兩個八度。

現在，一位數學家看著鋼琴鍵盤的樂理描述，可能會將它視為線性尺度，數著半音，每 12 個半音算一個八度，而整個鍵盤包含了 7.5 個八度。這個黑白音符特定模式背後的理由很迷人（光為這件事就有好幾本書寫出來了），但這和我們這邊要說的無關。先把黑白鍵模式丟一邊，你幾乎可以把鍵盤想成是一種準繩：就像 1 呎有 12 吋那樣，八度有 12 個音，但這個丈量的不是距離，而是半音階尺度的音高。[13]

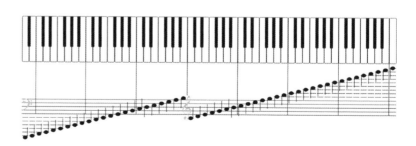

現在我們來想想這件事的物理層面吧。

當你敲擊中央 C 時，一台調過音的鋼琴會發出頻率約 261.6 赫茲（Hz，每秒震動次數）的音。意指鋼琴內部的弦會來回振動，接近每秒 262 次。這些振動（也是以 261.6 赫茲的頻率）穿過空氣，擊打我們的耳膜而使我們聽見中央 C。

現在敲擊高音 C。這次音波的頻率是兩倍——523.2 赫茲。高 C 呢？再兩倍來到 1046.5 赫茲。每上去八度，頻率就加倍。往下彈，低音 C 是 130.8 赫茲，而低 C 則是 65.4 赫茲，是中央 C 的一半又一半。

事實上，一個健康人類的聽力範圍是從 20 赫茲到 20,000 赫茲，頻率的增幅大到千倍。就跟電晶體和地震一樣，當你面對規模差異那麼大的數字，你最該做的就是使用對數。而那就正是鋼琴鍵盤做的事：它把音高中同樣的比例差異（一個半音到下個半音、一個八度到下個八度）轉換成鍵盤上同樣寬度的距離。所以鋼琴其實是一個產生眾多參照頻率的機器，是一個基於對數尺度建立的輸入機制（喔對，你還可以在上面演奏音樂？真是有用的邊際效應呢）。

在音高中提高一個八度，代表的是（就物理而言）頻率加倍一次，往下一個八度就代表把頻率砍半。那半音呢？樂理上來說，12 個半音合起來形成一個八度。物理上來說，我們要的結果是讓 12 個半音總合起來，可以達成一次頻率加倍。還記得的話，對數尺度上的每個階段，都代表乘以這個基本系統中的一個常數因子，那麼一個半音的頻率變化，就應該是一個自己乘自己 12 次之後變成 2（加倍）的數字。那個乘數就是 $\sqrt[12]{2}$，2 的 12 次方根，算出來大約是 1.06。當我們在鋼琴鍵盤上往上彈的時候，每一階的半音僅僅把音符的頻率增加 6% 而已。做了 12 次之後，頻率就加倍了。[14]

那麼，一台鋼琴也就是另一個對數尺度，其中最低音（一

14　這個八度化為 12 個半音的「等分」，對使用「十二平均律」（equal temperament）調過音的鋼琴（大部分都是這樣調的）來說是正確的。其他樂器可能會使用「純律」（just intonation）調音，在這方法中，為了聲音的理由，八度中的 12 個半音並不會每一個都呈現等比例的頻率比。但即便如此，12 個音合起來還是會完成一次頻率加倍。

個 27.5 赫茲的 A）和最高音（一個 4186 赫茲的 C）的巨大頻率差距，就這麼被馴化為可掌控的 87 個相等半音音階，又分成了七個再多一點的八度。

## 對數表和計算尺

那些在 1960 年代學習科學和數學的人，可能是最後一代使用「對數表」的學生。這是一整本的表，提供找出 1 到 10 之間數字之對數（底數為 10）[15] 的方法。回想一下，在對數尺度上，兩段距離合起來會有相乘的效應。有了對數表，當你要把兩個數字乘在一起時，你就只需去找兩個數字的對數，把它們加在一起，然後去查「反對數」（反函數）。除法則是靠著對數的相減來完成，並在使用反對數之前，藉由把對數乘以要求的次方，轉換成次方。

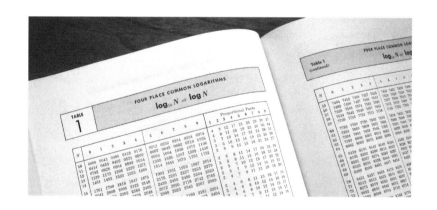

在你可以只花 5 英鎊（2020 年時折合新台幣 192 元）就能買到一台科學計算機的現在，人們很容易就忘記這東西多有用。這本對數表對於任何需要做計算的人來說，都是忠貞不二的好夥伴。

比對數表更能代表工程師象徵的就是計算尺，而這也一樣

15　至於比 10 還大或比 1 還小的值，我們可以按比例縮放：在對數上加 1 來乘以 10，在對數上減 1 來除以 10。

是基於對數尺度。計算尺的基礎，就跟我們在本章開頭為了把大小數字畫在同一張圖上所設計的數字線一模一樣。尺的長度上標記了從 1 到 10 的數字，尺上舉凡同樣長度的距離，就代表其兩頭數字之間會呈同樣比例，而這就形成了一個對數尺度。

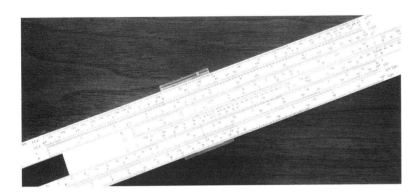

這把尺的滑動機制可讓兩種不一樣（但有相同記號）的尺度相對彼此滑動，而簡單地把兩段實體距離加在一起，而這等於是把兩個數字乘起來。擅於使用計算尺的人，很快就能把一連串的乘法串起來。大部分的計算尺還有第二條從 1 數到 100 的尺規，讓平方或者取平方根的步驟容易併入計算中。[16] 更進一步的尺規，還加上三角函數的功能和指數。擁有一把好的計算尺如有一寶。

計算尺對於科學家和工程師的形象如此重要，以致科幻作家羅伯特・海萊因認為，在他想像的未來世界裡，科學家和工程師理所當然還是在使用它：

爸爸說不會用計算尺的人就是文化盲，不該讓他投票。我的那把可是大美女——一把柯符艾瑟 20 英吋雙對數雙工德西崔格（K&E 20-inch Log–log Duplex Decitrig）計算尺。

——羅伯特・A・海萊因《穿上太空裝去旅行》
（*Have Space Suit—Will Travel*，1958）

[16] 沿著計算尺來回滑動、上頭有精細對齊線的那個透明部分，是用來把尺上不相接的尺度連在一起的「游標」（cursor）：而這個詞，便是我在眼前的電腦螢幕上看到、在我打這些字時跑在我打字位置前端的「游標」的起源。

然而，隨著精準度高上太多且用起來簡單太多的攜帶式計算機上市，計算尺的市場在 1970 年代初期徹底崩盤而慘遭淘汰。有些微妙之處可能就在這個轉型中消失了。計算機天生就是數位的，但計算尺卻是類比設備。瞭解一個顯示在計算機上的數字，完全是一種智力上的操作，是在破解符號。然而，使用計算尺體會數字卻是一種感知、一種觸覺上的質感。它的實體本質帶來了一種樂趣，而它**牽連起**一大串其他數字來展現你算式答案的方式，能幫助你發展出一種計算機無法複製的、對比例和比的直覺。

我鼓勵各位去找找擁有一把計算尺的人，或者自己去弄一把——在 eBay 拍賣網站上就隨手可得，然後玩一下它。它把對數尺度的深刻寓意講得很透徹：它們把相乘的步驟簡化為相加步驟。

## 死亡率

我們終究難逃一死，但對我們多數人而言，我們多半希望活完一個長壽、幸福且豐富的人生再死去。保險精算師和人口統計學家利用所謂的「死亡率」，來研究各年齡的死亡機率。死亡率就是某個年紀的人會在下一年死亡的機率。

| 你目前幾歲 | 明年死去的機率 | |
|---|---|---|
| | 男性 | 女性 |
| 25 | 0.055% | 0.025% |
| 50 | 0.31% | 0.21% |
| 75 | 3.34% | 2.23% |
| 100 | 36.2% | 32.1% |

　　從該表中你可以看出，每多活 25 年會讓你在下一年死去的機率（大約）增 10 倍。所以我們再一次面對規模上差異極大的一批數據，範圍從小於 1/1000 到高過 1/10。這似乎是對數鏡片能發揮的領域。

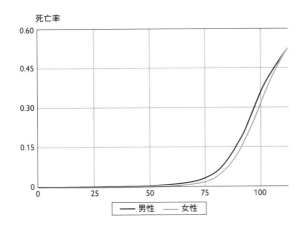

　　來看看上面這張未經調整的曲線圖。這張曲線圖清楚顯示了一些重要事情：50 歲以下的死亡率和其後的死亡率相比是非常低的，而男性死亡率在 50 歲後高於女性，並在相當老的時候，兩者又會接近到合而為一。但這個曲線圖也把資訊藏了起來：關於 50 歲之前的死亡率它什麼都沒說；它也完全沒給一點線索，讓我們看出死亡率是以什麼方式隨時間增加的。

　　現在我們來看看在死亡率上使用對數的情形。

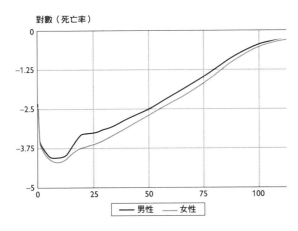

賓果！我們突然就從數據中得到了一大堆本來沒有的東西。首先，我們可以看到 25 ～ 100 歲期間，無論男女的曲線都不可思議地筆直。就跟我們在摩爾定律中看到的一樣，這代表大致上恆定的成長率。[17] 事實上，每過一年，你在下一年中死去的機率都會增加大約 10%。

對數尺度顯現的另一個震撼特色，就是嬰兒死亡率在曲線的開頭出現「彎鉤」。即便在當代的西方社會中，幼年還是有風險。

最後，看看男性從 15 至 25 歲的那個加速然後拉平的風險機率。這被稱作「意外高峰」（accident hump），反映的是年輕男性在那些年間偏好進行（或者至少說暴露於）高風險行為的情況。

[17] 而那反過來可以告訴我們，會造成死亡的因素，是那些會在一生中穩定持續以相乘方式累積起來的因素。

## 時間究極簡史

這些新發現的對數鏡片，在各種不同脈絡中都好用到不可思議。最後舉的例子中，我們甚至可以利用它們，稍微多瞭解一下那段穿越歷史和史前的的漫長連綿時間。我們把一些關鍵事件放在對數尺度的時間軸上；雖然這條時間軸是從僅僅 10 年前開始，但尺規上的每個刻度都讓我們來到 10 倍年份的過去。

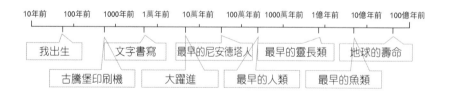

當我們進入本書的下一個部分時，我們會發現有越來越多機會可以使用對數尺度，來幫助我們瞭解科學世界的巨大數字。

# 第三部
# 科學的數字

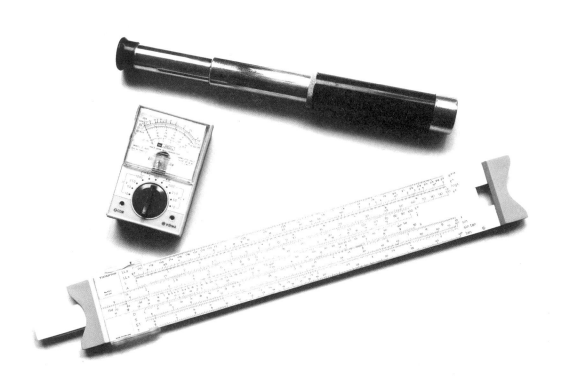

# 大處著眼

如果我們能成功地向學問獻上愛，學問本身必定會隨之而來。

　　　　　　　　　　——約翰·盧伯克（John Lubbock）[1]

[1] 譯注：19世紀英國銀行家、政治家、學者，第一代艾夫柏里男爵 (1st Baron Avebury)。

## 為了知識的數字

　　目前為止，我們看的大多是日常人類經驗與活動中自然出現的數字。桶裡有多少啤酒？十瓶保齡球道有多長？洗衣機有多重？這世界有多少人？到西雅圖有多遠？這些數字幫助我們理解每天的日常世界。

　　但生活不是只有啤酒和彩虹糖。我們的腦有能力和欲望來思考日常生活以外的事，如果不是這樣，生命將會黯淡無光。我們是好提問的生物。如果我們的求知欲沒有強過對手指頭燒傷的恐懼，我們就永遠不會戰勝火。所以，早在有實際需要之前，我們就已經會問「到月球有多遠？」，這遠早於我們開始盤算把太空船送過去之前。這種念頭出自純然的好奇心。

　　這就是科學的模式。出於好奇、來自想要瞭解的欲望，而問出有趣的問題。我們冀求經由追尋答案的過程所產生的知識，有時候（不是每次，但常見到有點驚人）竟會發現答案很有用。但只有在有了發現之後，實用性才會成為方程式的一部分。接著，工程師就可以動手把其中的潛能實用化，把科學變成解方。

雷射光發明出來時是實驗室裡的珍品，是一種還在尋找應用方式的科技，但如今雷射已無所不在，然而當年沒人能預知它日後的眾多用途，而那些用途也從不是發明雷射背後的動機。

本書的這一部分，是關於我們在科學中找到的大數字，以及源自人類尋求知識、理解世界欲望而生的大數字。其中有一些數字很難直接去數算或測量。許多數字並非直接測量的結果而是估計值，或是計算結果，而使得數字本身更難以理解，降低了它的可信度。許多數字有極其遠離日常生活的規模，這讓它們顯得遙不可及。

但科學中的大數字至關重要。它們不只本身就時常引人入勝，還幫助我們瞭解世界、瞭解宇宙、瞭解我們在宇宙中的位置，不論那是好是壞。

道格拉斯・亞當斯（Douglas Adams）[2] 以下列文字描寫了一種想像中的設備「全方位觀點漩渦機」（Total Perspective Vortex）：

發明者衰・踹古拉（Trin Tragula）原本發明它，是要用來給他太太點顏色（他太太總是叫他要知道「自己的分寸」），現在這台漩渦機在蛙星二號上被當作一種拷問兼（實際上等於）殺人工具。即將成為全方位觀點漩渦機受害者的人被放在小房間裡，裡頭會呈現出整個宇宙的模型，同時還有一粒小到不行的點上面標示著：「你在這裡」。這種模型傳達出的觀點足以摧毀受害者的大腦；據說，全方位觀點漩渦機是目前所知唯一能摧毀人心智的手段。[3]

這麼說吧，道格拉斯・亞當斯所講的很多事都有道理，可是這裡我覺得他錯了。我並不覺得瞭解宇宙規模會擊潰人的心智，我認為這反而會鼓舞人心。我比較傾向安那托爾・佛朗士（Anatole France）[4] 的態度：「神奇的不在於星海如此廣闊，而

[2]　譯注：英國作家，以科幻小說《銀河便車指南》（*The Hitchhiker's Guide to the Galaxy*）系列聞名。

[3]　譯注：以上翻譯參考丁世佳翻譯之《銀河便車指南2：宇宙盡頭的餐廳》，木馬文化出版。

[4]　譯注：法國小說家，1921年諾貝爾文學獎得主

在於人已經丈量過它。」

2015 年夏天，新地平線號（New Horizons）太空探測器飛越了冥王星及其衛星。對於阿波羅登月時代曾是個宅童的我來說，這似乎是史詩級的人類成就，而且在許多方面都激勵人心。我的意思是，拜託，是冥王星耶！靠到那麼近了啊！

每一天，我們都踏在我們滿是沙塵的路徑上。我們很少看著比幾步還遠的地方。但科學把我們的望著老路的雙眼抬高，不只是望向地平線，而是望過地平線，來到群星。科學給我們一種願景來激勵我們：若我們能夠實現的話，事情可以是什麼模樣。

# 蒼天在上
## *測量宇宙*

一個人越不瞭解宇宙，解釋起來就越簡單。

　　——里昂・布朗休維克（Leon Brunschvicg，法國數學哲學家）

---

**下列哪個最大？**

☐ 一天文單位（Astronomical Unit，AU）

☐ 太陽到海王星的距離

☐ 地球繞太陽軌道的（周長）長度

☐ 哈雷彗星離太陽最遠（遠日點）的距離

---

## 難如登天

天文學上，如果進得了 10 個數量級的範圍內，那就 OK 了。

　　——麥可・艾提亞爵士（Sir Michael Atiyah）[1]

### 月亮有多高？

　　我們開頭就緩和一點吧：珠穆朗瑪峰的峰頂比海平面高 8.85 公里（5.5 英哩）。這個數字打動我的地方，在於它不是真的有

**1** 譯注：英國數學家，當代最傑出的其中一位數學家。

多大。這並不是有意貶低那些登頂者的成就，但如果那個高度往一邊倒，變成了水平距離，就會比 10 分鐘的車程還短。若和人類所能自行打造的高度相比，這高度也不過就是世界最高的摩天大樓「哈里發塔」的 11 倍高。

在比這略高一點處，商用噴射機通常會以離地 13 公里的高度飛行。別忘了，地球從中心到表面的半徑大約是 6400 公里。所以你可以把一架飛行中的客機視覺化為僅僅在地表上方掠過，讓你從地球中心離開了僅僅 2‰。這實在也不是多高。

在飛機遠遠不及的軌道上滑行的國際太空站，是以 400 公里的高度環繞地球。那很高，但也不過比地表離地球中心遠了 6% 而已。那被稱為「近地」軌道。

但不是所有的人造衛星都在「近地」軌道上。軌道越高、越遠離地球重力，衛星環繞行星的速度就會越慢。事實上，傳送電視頻道訊號的人造衛星必須在地球的靜止軌道上。也就是說，它們在地球赤道上繞行的速度，要跟地球自轉的速度一樣，也就是一天繞一圈。相對地，國際太空站每 92 分鐘就飆過地球一圈。若從地球上望去，一顆地球同步衛星看起來始終都在同一位置上（所以你可以把一具固定的衛星天線對準其中一顆）。要待在這種軌道上，衛星得要非常高高在上——事實上是 35800 公里，幾乎是國際太空站高度的 90 倍。那是一個會開始讓地球看起來有點小的距離。

所以，月球有多遠呢？這個嘛，

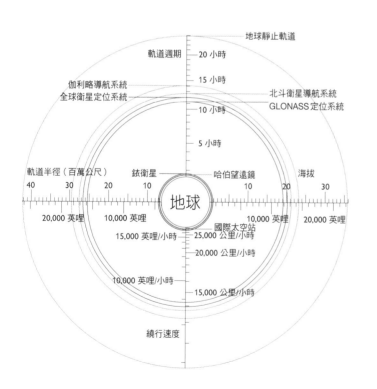

不一而定，因為它的軌道並非正圓，在最靠近時大約離地球中心有 356000 公里遠，而在最遠時大約是 406000 公里遠。經計算為 384402 公里的這個平均距離，有時會自成一單位來給天文學家使用，稱為**月球距離**，而那大約是地球同步衛星高度的 10 倍。

那月球和地球相比有多大呢？月球半徑是 1740 公里，大約是地球的 27%。那代表說它的體積大約是地球體積的 1/50。這也代表，月球直徑是 3480 公里，短於澳洲（從東到西）的寬度，後者大約是 4000 公里。

> **地標數字**
>
> 以下是一個好記的序列，數字則非常約略：
> - 國際太空站在 400 公里高度繞行地球
> - 地球同步衛星在 4 萬公里的高度繞行
> - 赤道有 4 萬公里長
> - 月球大約距離 40 萬公里遠

## 守望相助

相對來看，剛剛講起地球和衛星還只是在家附近走走而已。現在要來探索我們更遠的鄰居：去做哥白尼當年做過的事，從地球中心的觀點，轉移到以太陽為中心的觀點。

太陽離地球多遠呢？不過是 1.5 億公里，那是地球月球相距距離的 390 倍。太陽有多大？它的半徑大約是 695000 公里，略少於月球的 400 倍。太陽比月球遠 400 倍，又比月球大 400 倍，這只是純粹的巧合，但也是一個挺有意思的巧合。我們能看見日全食的奇景與壯觀的日冕，唯一的理由就是月球和太陽在視覺上幾乎是完全一樣大小的。

地球以 1.5 億公里的距離繞行太陽。光速非常接近每秒 3 億公尺，這讓光抵達地球所需的時間很好記地成了 500 秒，或者 8⅓ 分鐘。

地球繞著太陽運行，每年轉完一圈，一圈是 9.4 億公里（略少於 10 億公里，真是個漂亮的數字）。所以地球繞太陽的速度是大

約一年10億公里，經計算約為每小時107000公里。

有兩個行星（水星和金星）在比地球近的距離繞行太陽，另外五個行星（火星、木星、土星、天王星、海王星）的繞行軌道距離比地球遠。這些行星的互相比較，可用來介紹一個討論太陽系內各距離的標準單位。有什麼是比地球與太陽之間的距離還更渾然天成的單位呢？所以這個距離（約1.5億公里）被稱為一個「天文單位」，或者AU。

以下是一張與太陽距離的列表，同時顯示了公里和AU。我也把矮行星囊括進來。這張表也顯示了行星的一年（軌道週期）是怎麼隨著與太陽的距離而增加的。

| 天體 | 與太陽距離<br>（公里） | 與太陽距離<br>（AU） | 軌道週期<br>（地球年） |
|---|---|---|---|
| 水星 | 5800 萬 | 0.39 | 0.24 |
| 金星 | 1.08 億 | 0.72 | 0.62 |
| 地球 | 1.5 億 | 1.00 | 1 |
| 火星 | 2.28 億 | 1.52 | 1.88 |
| 穀神星 | 4.14 億 | 2.77 | 4.6 |
| 木星 | 7.78 億 | 5.20 | 11.9 |
| 土星 | 14.29 億 | 9.55 | 29.4 |
| 天王星 | 28.75 億 | 19.22 | 83.8 |
| 海王星 | 45.04 億 | 30.11 | 164 |
| 冥王星 | 59.15 億 | 39.53 | 248 |
| 妊神星 | 64.65 億 | 43.22 | 283 |
| 鳥神星 | 68.68 億 | 45.91 | 310 |
| 鬩神星 | 101.66 億 | 67.95 | 557 |

2016 年，美國太空總署的新地平線號太空探測器飛近冥王星，來到了你可能會覺得是太陽系邊緣的地帶。不過你錯了，太陽系遠比那還大上太多。新地平線號已邁向下一個目標，那目標便是 2014 MU69，另一個位於古柏帶（Kuiper Belt，距離太陽 30 至 50AU 間的天體密集環狀帶）內的天體，屆時新地平線號會離太陽有 65 億公里（43AU）遠。[2]

矮行星「鬩神星」（列於表中）是太陽軌道上一整群稱作「離散盤」（Scattered Disc）的天體中的一顆；這群盤狀分布的天體占據了離太陽 30AU 至 100AU 間的環狀範圍。

太陽系結束在哪呢？某種意義上這是一個人為的邊界，但天文學家的主要指標有兩個：第一個是太陽吹出的太陽風粒子與宇宙深處的粒子「海」合而為一的地帶。這個界線被稱作「日球層頂」（Heliopause），也就是日球（Heliosphere）邊界，位置大約在離太陽 120AU 處，幾乎是太陽離冥王星距離的 3 倍遠。

天文學家仍持續收到 1977 年發射的航海家一號（Voyager 1）所傳來的數據，而能繼續研究這塊區域。旅程已有 40 年、比任何人造物體離家更遠的航海家一號，已穿過了好幾個代表日球邊緣的過渡帶，現在離地球已有 40AU 了。美國太空總署於 2012 年 8 月宣布，航海家一號已處在星際空間（interstellar space）。貓王已經離開本樓了。[3]

這張圖顯示了行星和外太陽系的其他部分。請注意到，這是以對數尺度畫出的圖。尺標上的每個數字都比上一個數字離太陽 10 倍遠。

繞行太陽的最遙遠物體是

## 地標數字

- 地球軌道——離太陽 1AU 遠
- 土星——大約離太陽 10AU 遠
- 離散盤的外緣 —— 離太陽 100AU 遠

[2] 譯注：新地平線號已於 2019 年 1 月 1 日抵達已被命名為「阿羅克斯」〔Arrokoth〕的這顆小行星，並進行探測中。

[3] 譯注：歌手「貓王」艾維斯·普里斯萊〔Elvis Presley〕當紅時，演唱會主辦單位得宣布「貓王已經離開本樓」來勸離狂熱歌迷；如今引申為主要人物已經退場。

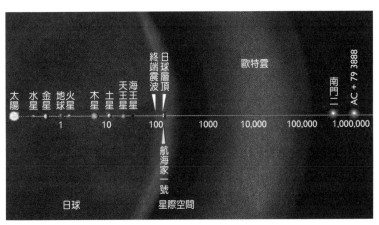

獲得美國太空總署／加州理工學院噴射推進實驗室之許可進行重製

歐特雲（Oort Cloud）的一部分，彗星定期造訪太陽以外的時間就是待在這裡（其實它們也只是緩慢走著自己那條極狹長的橢圓軌道）。歐特雲延伸到離太陽至少 50000AU 的地方，那只比 1 光年略短一點——下一節我們會多談談光年。

第二種定義太陽系外圍邊界的候選說法，是太陽的重力不再為主宰重力、而有其他恆星的重力開始與其競爭的距離。當然，這不是一道明確的邊界線，但到了離太陽大約 2 光年的距離時，我們就會來到一個不再受重力支配的端點。在那個端點上，我們確實擺脫了太陽所有類型的影響力。我們處在外太空。

所以可以很公道地說，太陽系的半徑雖然邊界模糊，但最多就是 2 光年，所以我們可以把太陽系的影響範圍想像成是一個橫跨 4 光年的球體。

## 光年

一開始會令人困惑：你可能會預期光年是時間單位，但它真正測量的是距離。不過，從古早以前，我們描述距離的其中一種方式，就是說那段距離要以某一速度花多久時間走完，所以我們可能會把某朋友的家描述成走路 15 分鐘的距離，或是一個住在 2 小時車程外的親戚。我們利用一個對速度的普遍瞭解（走路速度、開車速度），來把時間轉化為距離測量結果。因為太空中的光速恆定，此外更因為那是任何東西能行進的最快速度，所以用光在某段時間內可以走多少距離來測量太空中的距離，是自然且精準的方式。

所以基本上，說「地球離太陽為 8⅓ 光分」，就跟你說「車站離我家騎腳踏車 15 分鐘」的道理一樣。而光秒、光小時、光日也都是極完美的度量衡，當然這裡最重要的單位還是光年：光在一年內所行進的距離。[4]

1 光年：那是個大數字嗎？一如往常，這要視脈絡而定。那

4　天文學家也喜歡使用秒差距（parsec）來測量與恆星的距離。那大約是 3.26 光年。會使用這個度量衡，是因為它自然對應到天文學家計算銀河系中恆星距離的一種方法。就跟你左右搖頭時，靠近的物體相較於遠方背景，看起來就像是移動（一種視差〔parallax〕效應）一樣，當地球在軌道上繞行時，比較近的恆星相較於外太空背景，看起來就會像是在改變位置。一秒差（視差秒）就是當地球朝垂直方向移動一天文單位時，一顆在天空中的位置出現一角秒（1 度的 1/3600）變化的恆星與我們的距離。事實上，就實際面而言，這個測量會以一年中相隔 6 個月（代表地球移動了 2AU）的兩個適當時間進行觀測的結果為基礎，然後再對半分。

大約是 63250 AU，也就是太陽與地球距離的 63250 倍遠。

　　從我們現在抵達的這個地方算起（如果我們用公里當作單位的話），接下來在討論大數字時，得加入科學家的行列。以下都是相等的量：

地標數字

1光年
● 大約為與太陽系最遠邊界距離的一半
● 大約10兆公里
● 大約10$^{16}$公尺

- 1 光年（ly）大約是 9.5 兆公里
- 1 光年（ly）大約是 9.5×10$^{15}$ 公尺

## 星際

　　與太陽距離最近的三顆恆星，都是同一個恆星系統的一部分；該系統稱為半人馬座 α（Alpha Centauri），離我們 4.37 光年，是天空中第三明亮的可見「恆星」。在這三顆恆星中，最靠近的是紅矮星「比鄰星」（Proxima Centauri）。我們現在知道比鄰星周圍有一顆位在適居範圍內的行星（即溫度可讓水維持液態）。[5]

　　接著，在大約 6 光年的距離處是巴納德星（Barnard's Star），它是一顆紅矮星，肉眼無法看到。天空中最亮的恆星是天狼星（Sirius），大約在 8.6 光年外。南河三（Procyon）在 11.5 光年外，是天空中第八亮的恆星（視覺上第二亮的老人星〔Canopus〕則在比這遠上太多的 310 光年外）。

　　我們的太陽是「銀河系」這個螺旋形星系的一部分，而我們在星系內最近的鄰居是「本地泡」（Local Bubble），它全長約 300 光年，在寬容的定義下是我們太陽系的 75 倍。本地泡位在銀河系其中一條螺旋臂「獵戶—天鵝臂」（Orion–Cygnus arm）上。這條螺旋臂寬 3500 光年，長 10000 光年。

　　整個銀河系大約是 12 萬光年寬（為了比對，回想一下太陽的重力影響球面範圍只有 4 光年寬），而我們離銀河系中央大約是 27000 光年。所以我們比一半還要再靠近中間一些。

[5]　我們太陽最鄰近的鄰居似乎有一顆可保有液態水的行星，實在是不可思議——這代表說，擁有行星或許是恆星非常普遍的一種特色。

地標數字

最靠近太陽的恆星位於4.37光年外

地標數字

我們的銀河系有12萬光年寬
那是本地泡的400倍寬，是太陽系直徑的三萬倍

## 地標數字

本星系群的直徑——1000 萬光年大約是銀河系的 80 倍寬

我們的銀河系被一群較小的衛星星系所環繞，與我們銀河系大小相近的星系中，最靠近的是仙女座星系（Andromeda），距離我們有 256 萬光年遠。它本身是 22 萬光年寬（寬度是我們銀河系的兩倍）。這兩個星系都是「本星系群」（Local Group）的一部分，裡頭包括了三角座星系（Triangulum）及五十一個較小星系，其大小約為 1000 萬光年寬。

## 數量級

目前我們看過的大數字掌握方法中，其中一個是**分而治之**。我們有時候選擇把它們分成兩部分：一個是有效位數，也就是一個處在我們能自在使用的 1 至 1000 之間的數，然後是一個縮放倍數（好比說「億」）。選擇一個合理的單位，好比說光年，能進一步幫助我們思考這些大數字。但在太空中，當我們開始來到遠大於百萬光年的距離時，這個策略就失靈了。不只如此，其實也沒有很多熟悉的物體可幫助我們建立**地標數字**來建立脈絡。

我們使用的尺度在快速增加，以致我們討論的物體大小和距離越來越不精準，數字的有效位數也變得沒那麼有意義了。當數字變得這麼大時，我們還能緊抓住規模就要偷笑了。當精確比對不可行，我們的焦點也隨之轉向，只求把縮放比例弄到對的數量級就好。回想一下對數尺度，在這個尺度上，10 的每個次方、每個數量級，都可用**對數尺度**上的一個記號來代表。向外進入星際世界後，我們就來到「以數量級方式來思考」才是最有用策略的時刻。

所以我們可以說，銀河系 $10^{21}$ 公尺的寬度，比 $4 \times 10^{16}$ 公尺的太陽系大了 4 至 5 個數量級。而本星系群（在直徑上）比銀河系大了 2 個數量級。應付這種尺度的大數字時，絕大部分都是在瞭解數量級。

## 超星系團

銀河系是本星系群的一部分，但以大上許多的尺度來看，它也是一個超星系團（supercluster）的一部分；這個實在相當大的結構，被稱作拉尼亞凱亞超星系團（Laniakea Supercluster），裡面包含了 10 萬個星系，其寬度有 5.2 億光年，而讓它的直徑是我們本星系群的 52 倍（幾乎差 2 個數量級）。人們認為可觀測宇宙內大約有 1000 萬個超星系團。超星系團本身又構成甚至比這還大的結構：有數十億光年大的小纖維狀結構（filament）、長城（wall）和薄片（sheet）等。

**地標數字**
拉尼亞凱亞超星系團的直徑為 5.2 億光年，大約是本星系群寬度的 52 倍

## 來自外太空的訊息

我們在這趟旅程中穿越了漫長的距離來到此處時，光是數數量級就能帶來最有意義的比對，甚至連這都還不算直接了當。在寫這本書的過程中，可觀測宇宙內的星系估計量已從 1000 億修正到了 2 兆，增加了 20 倍。這可不是誰一轉念就造成的，而是連續二十年研究哈伯太空望遠鏡（Hubble Space Telescope）所揭露的空前細節數據得到的結果。現在，哈伯的後繼者詹姆斯‧韋伯太空望遠鏡（James Webb Space Telescope）已打造完成。[6]它所進行的觀測，勢必也會促使這些大數字再次修訂。

6 譯注：發射時間目前改定為 2021 年 3 月 30 日。

2015 年，雷射干涉引力波天文台（Laser Interferometer Gravitational-Wave Observatory，LIGO）首度偵測到兩個黑洞進行向內螺旋運動與併合所放出的重力波。這個事件發生在離地球 14 億 ±6 億光年處，也就是三個拉尼亞凱亞超星系團那麼遠的地方。那是個大數字，但和我們手上的其他數字相比還不算大。

## 一切（這個嘛，算我們能看到的一切好了）的大小

我們能看向多遠的宇宙其實有個極限：過了那點之後，從

宇宙誕生以來發出的光線，就從來沒有夠長的時間能抵達我們這頭。科學家已偵測到大霹靂發生後不久（38 萬年後）就放出的射線，經計算後得知，宇宙放出該射線的位置，現在距離地球有 465 億光年遠（不是只有光線朝我們前進，宇宙本身也會擴張，並把起始點帶離我們）。這讓可觀測宇宙的直徑成了大約 930 億光年，約為我們這個超星系團直徑的 180 倍。

所以，數著數量級，或許再把它們視覺化，成為對數尺度上量出的數字，我們就能得出左下角的地標數字。

整個串連在一起，意味著可觀測宇宙的直徑比地球軌道直徑大 15½ 個數量級，而這代表為 3000 兆倍大。而它是銀河系的 100 萬倍大。[7] 若要談距離，比這還大的數字就沒有意義了。

## 10 億公里有多遠？

以下是一個宇宙相關距離的數字梯。空格處代表實在沒有合理的東西好填。

| | |
|---|---|
| 500 公里 | 國際太空站的軌道高度——400 公里 |
| 1000 公里 | 地球監測繞極衛星的一般軌道高度——1000 公里 |
| 2000 公里 | 月球的直徑——3480 公里 |
| 5000 公里 | 地球平均半徑——6370 公里 |
| 10000 公里 | 金星直徑——12010 公里 |
| 20000 公里 | 地球同步衛星的軌道高度——35800 公里 |
| 50000 公里 | 海王星直徑——49200 公里 |
| 100000 公里 | 土星直徑——116400 公里 |
| 200000 公里 | 土星環直徑——282000 公里 |
| 500000 公里 | 地球到月球的距離——384000 公里 |
| 100 萬公里 | 太陽直徑——139.1 萬公里 |
| 200 萬公里 | 空中第二亮的恆星（僅次於太陽）天狼星直 |

| | |
|---|---|
| | 徑——238 萬公里 |
| 500 萬公里 | |
| 1000 萬公里 | |
| 2000 萬公里 | |
| 5000 萬公里 | 太陽至水星的距離——5800 萬公里 |
| 1 億公里 | 空中第三亮的恆星（僅次於太陽）老人星直徑——9900 萬公里<br>太陽至地球的距離——1.496 億公里 |
| 2 億公里 | 太陽至火星的距離——2.28 億公里 |
| 5 億公里 | 太陽至穀神星的距離——4.14 億公里 |
| 10 億公里 | 太陽至木星的距離——7.78 億公里<br>地球繞太陽軌道的（圓周）長度——9.4 億公里 |
| 20 億公里 | 我們可見之最大恆星大犬座 VY（VY Canis Majoris）之直徑——19.8 億公里<br>太陽至海王星的距離——45 億公里 |
| 50 億公里 | 哈雷彗星離太陽最遠（遠日點）的距離——52.5 億公里 |
| 100 億公里 | 至鬩神星（矮行星）的距離——101.7 億公里 |
| 200 億公里 | 至日球層頂的距離——179.5 億公里 |
| 500 億公里 | |
| 1000 億公里 | |
| 2000 億公里 | |
| 5000 億公里 | |
| 1 兆公里 | |
| 2 兆公里 | |
| 5 兆公里 | 歐特雲的外側——7.5 兆公里 |
| 10 兆公里 | 一光年——9.46 兆公里 |

| | |
|---|---|
| 20 兆公里 | 一秒差——31 兆公里 |
| 50 兆公里 | 至比鄰星（最靠近太陽的恆星）的距離——39.9 兆公里 |
| 100 兆公里 | 至天狼星（夜空中最亮恆星）的距離——81.5 兆公里 |
| 200 兆公里 | |
| 500 兆公里 | |
| 1000 兆公里 | |
| 2 千兆公里 | 至老人星（夜空中第二亮的恆星）的距離——2940 兆公里 |
| 5 千兆公里 | |
| 1 京公里 | |
| 2 京公里 | |
| 5 京公里 | |
| 10 京公里 | |
| 20 京公里 | |
| 50 京公里 | |
| 100 京公里 | 銀河系的直徑——113.5 京公里 |
| 200 京公里 | 仙女座星系（離銀河系最近的大型星系）的直徑——208 京公里 |
| 500 京公里 | |
| 1000 京公里 | |
| 2000 京公里 | 與仙女座星系的距離——2422 京公里 |
| 5000 京公里 | |
| 1 垓公里 | 本星系群的直徑——9500 京公里 |
| 2 垓公里 | |
| 5 垓公里 | |
| 10 垓公里 | |

20 垓公里

50 垓公里　拉尼亞凱亞超星系團的直徑——49.2 垓公里

100 垓公里

200 垓公里

500 垓公里

1000 垓公里

2000 垓公里

5000 垓公里

1 秭公里　可觀測宇宙的直徑——8800 垓公里

# 天的重量

我已用重力解釋了天與海洋的現象，但卻還未給重力找到一個起因。

——艾薩克·牛頓

## 怎麼秤行星？

當我們依食譜秤 500 克麵粉時，我們會用廚房磅秤，而那種秤可測量地球重力場對秤盤上麵粉所施加的拉力。幸運的是，校準好的磅秤會把那股力量正確轉譯成麵粉質量的測量數字。

牛頓建立了決定兩個物體間重力的基本關係（要看這兩個物體各自的重量及彼此間的距離），但還是少了個要素。他知道這個方程式的性質，但當時他並不知道進行此方程式的相關計算時，會需要日後稱作「重力常數」（Gravitational Constant，寫為 G）的數值，也不知道那數值是多少。一直要到 1798 年，亨利·卡文迪什（Henry Cavendish）才進行實驗，量測出一間實驗室內幾個大型球體間的重力，因此完成了讓方程式能實際應用的必要工作。[8] 卡文迪什使用的方法計算了地球相對於水的密度，因而得出 5.448 這個答案（而今日我們使用的數字是

8　事實上，亨利·卡文迪什並不是用我們今日的這套方法來寫出方程式。所以，雖然他並沒有算出一個 G 值，其構想卻是完全相同的。

## 地標數字
地球的質量是 $6 \times 10^{24}$ 公斤

9　譯注：原英文為 6 million billion billion，中文也以三個單位字來做翻譯。

10　針對那個數字的合理性做個快速檢查：1 兆立方公里是每邊 10 公里的方形體積。那讓這個方塊版的地球有 40000 公里的「周長」，而這也合乎赤道的長度。

11　花崗岩的密度大約是 2750 公斤／立方公尺，而鐵是 7850 公斤／立方公尺。

12　被發現的系外行星——太陽以外的恆星所擁有的行星——已經越來越多。所以這些行星準繩質量就因為能夠拿來比對而變得有用了。

5.515）。

既然知道了地球的體積是 $1.08 \times 10^{21}$ 立方公尺，我們就可計算出這代表地球的質量約為 $6 \times 10^{24}$ 公斤。

那是一個大數字。我們甚至都還沒開始講到我們這顆地球以外的任何東西，但這裡就已經有了一個比銀河系直徑用公尺來算還大上 6000 倍的數字，而在「距離」那一節的討論中，也只有兩個數字比它大。所以這真的是一個很有挑戰性的大數字。面對這樣的數字，我們真的還有一絲機會能產生某種理解嗎？我們又怎麼能應付一連串緊接而來的更大數字呢？

我們可以重新把地球的質量描述成 6 億億億公斤，[9] 或者 6 秭公斤，不過說真的，這寫出來幫助也不大。我們來做一個簡單的**視覺化**練習，不過也只是幫我們把那數字解開，然後讓我們對這數字多少比較有真實感，至少能確認它是處在正確的數量級內。

前頭我們看到，地球體積大約是 1 兆立方公里。[10] 卡文迪什發現，平均起來每 1 立方公尺的地球大約重 5500 公斤。而我們知道 1 立方公里裡面有 10 億立方公尺。把這些串連起來，我們就可以把 1 兆乘以 10 億再乘以 5500。一兆是 12 個數量級，10 億有 9 個，然後 5500 是三個又多一些。所以這三個構成的多於 24 個數量級。我們粗略可用的計算得出 $5.5 \times 10^{24}$ 這個數字，而那相當符合上面的數字。這確實是大數字，但也是一個合乎我們對地球大小的認知、也符合岩石和鐵密度的數字。[11]

但很明顯的是，**繼續用公斤甚至噸來思考行星和恆星會不太容易**。或許需要換一個單位？而那就是天文學家會做的事。碰上比較小的行星，用「地球質量」來當新單位很合理，至於比較大的行星，「木星質量」就很適合，[12] 至於恆星的話，我們可以使用「太陽質量」。

## 行星和太陽的質量

以下是太陽系內一些著名天體的質量列表：

| 天體 | 質量（公斤） | 太陽質量的倍數 | 地球質量的倍數 | 土星質量的倍數 |
|---|---|---|---|---|
| 太陽 | $1.99 \times 10^{30}$ | 1.00 | 333000 | 1050 |
| 水星 | $3.30 \times 10^{23}$ | $1.66 \times 10^{-7}$ | 0.0553 | $1.74 \times 10^{-4}$ |
| 金星 | $4.87 \times 10^{24}$ | $2.45 \times 10^{-6}$ | 0.815 | $2.56 \times 10^{-3}$ |
| 地球 | $5.97 \times 10^{24}$ | $3.00 \times 10^{-6}$ | 1.000 | $3.14 \times 10^{-3}$ |
| 月球 | $7.34 \times 10^{22}$ | $3.69 \times 10^{-8}$ | 0.0123 | $3.86 \times 10^{-5}$ |
| 火星 | $6.42 \times 10^{23}$ | $3.23 \times 10^{-7}$ | 0.108 | $338 \times 10^{-6}$ |
| 穀神星 | $9.39 \times 10^{20}$ | $4.72 \times 10^{-10}$ | $1.57 \times 10^{-4}$ | $4.94 \times 10^{-7}$ |
| 小行星帶 | $3.00 \times 10^{21}$ | $1.51 \times 10^{-9}$ | $5.02 \times 10^{-4}$ | $1.58 \times 10^{-6}$ |
| 木星 | $1.90 \times 10^{27}$ | $9.55 \times 10^{-4}$ | 318 | 1.000 |
| 土星 | $5.69 \times 10^{26}$ | $2.86 \times 10^{-4}$ | 95.3 | 0.299 |
| 天王星 | $8.68 \times 10^{25}$ | $4.36 \times 10^{-5}$ | 14.5 | 0.0457 |
| 海王星 | $1.02 \times 10^{26}$ | $5.13 \times 10^{-5}$ | 17.1 | 0.0537 |
| 冥王星 | $1.47 \times 10^{22}$ | $7.39 \times 10^{-9}$ | $2.46 \times 10^{-3}$ | $7.74 \times 10^{-6}$ |
| 妊神星 | $4.00 \times 10^{21}$ | $2.01 \times 10^{-9}$ | $6.70 \times 10^{-4}$ | $2.11 \times 10^{-6}$ |
| 鳥神星 | $4.40 \times 10^{21}$ | $2.21 \times 10^{-9}$ | $7.37 \times 10^{-4}$ | $2.32 \times 10^{-6}$ |
| 鬩神星 | $1.66 \times 10^{22}$ | $8.35 \times 10^{-9}$ | $2.78 \times 10^{-3}$ | $8.74 \times 10^{-6}$ |

**地標數字**

- 太陽質量是地球的 33,3 萬倍
- 太陽質量是木星質量的 1000 倍再多一些
- 太陽質量非常接近 $2 \times 10^{30}$ 公斤
- 火星質量只有地球質量的 1/10 再多一點
- 地球質量比水星、金星和火星加起來還大
- 天王星和海王星加起來只有木星質量的 1/10 左右
- 鬩神星比冥王星重 1/8

表中一些值得注意的地標數字（見右方表格）

## 地球與月亮的共舞

稍微離題一下，我們注意到月球質量為地球的 1.2%，然後想想地球—月球系統的質量中心，也就是**質心**的位置。如果你在地球中心和月球中心間畫一條線，那麼質心就會在接近沿線

的 1.2% 處，即大約從地心算起的 4700 公里處，或者地心至地表距離的 2/3 處。我們喜歡把月球想成是繞著穩定的地球在轉動，但實際情況是兩個天體都繞著這個質心在轉動，就像奧運鏈球選手準備甩球那樣。這代表說，地球繞太陽的過程不會是個穩定動作：它有一種為期一個月的搖擺。在太陽系的行星中，只有地球有（相對而言）重成這樣的月球。

### 彗星和小行星

2016 年 9 月，羅塞塔（Rosetta）太空探測器結束了探索彗星「67P/楚留莫夫—格拉希門克」任務。這顆最長端有 4.1 公里長的彗星，質量為 $1.0 \times 10^{13}$ 公斤，幾乎比地球小 12 個數量級（兆分之一）。來回過程已被追蹤了好幾世紀的哈雷彗星就比較大一些：長 15 公里，是 67P 的 30 倍大。

在前面列表中列為矮行星的小行星「穀神星」，是目前為止小行星帶內數十萬顆小行星中最大的一顆。穀神星擁有整個小行星帶的 1/3 質量，而小行星帶的總質量約為 $3 \times 10^{21}$ 公斤，或說月球質量的 4%。

### 來到銀河系與其外

我們所處的星系銀河系，估計約為 $6 \times 10^{11}$（6 千億）太陽質量，或者 $1.2 \times 10^{42}$ 公斤，而可觀測宇宙內可觀測物質的總質量，估計是在 $10^{53}$ 公斤這個數量級內，又比前者大了 11 個數量級。這個估計值排除了暗物質；人們還不知道這種物質的本質，但認為它比普通物質重，比例是 5:1。

### 天文密度

地球是太陽系密度最高的行星，大約為 5500 公斤／立方公尺（相比之下，水的密度是 1000 公斤／立方公尺，鐵是 7870

公斤／立方公尺，而花崗岩是 2700 公斤／立方公尺）。水星和金星密度稍微低一些，火星則是低了不少，只有 3900 公斤／立方公尺。而月球比那密度更低，為 3340 公斤／立方公尺。

就如你所預期的，氣態巨行星的密度都很低，從海王星的 1600 公斤／立方公尺到土星的 700 公斤／立方公尺。那代表說，土星平均而言比水的密度還低，所以理論上它可以浮在水上！太陽密度大約是 1400 公斤／立方公尺，遠比地球密度低。

目前已知密度最大的星球是中子星，是巨大恆星崩塌成由中子構成的核心時所形成的，其密度可與原子核相比。因此，中子星擁有太陽的 2 倍質量，直徑卻只有 10 公里。那樣的密度大約為 $4 \times 10^{17}$ 公斤／立方公尺，比太陽高 14 個數量級。

那黑洞呢？想必它們絕對是宇宙中存在的最大密度實體吧？但其實我們不知道。黑洞存在於一個叫做事件視界（event horizon）的球體內，而那裡頭有什麼，我們毫無證據得知。

---

**天啊！我從來都不知道……**

- 天王星的直徑（50700公里）是**地球**直徑（12,760公里）的4倍
- **地球到月球**的距離（384000公里）是**泰晤士河**（386公里）的1000倍
- **土星環**的直徑（282000公里）是**木星**直徑（139800公里）的4倍
- **金星**的直徑（12010公里）是**葉森德比賽**馬（Epsom Derby horse race）長度（2.4公里）的5000倍
- **火星**的直徑（6790公里）是牛津劍橋賽艇對抗賽（Oxford–Cambridge boat race，6.8公里）的1000倍
- **地球繞太陽軌道**（9.4億公里）是**密西西比河**（3730公里）的25萬倍
- **太陽**的直徑（139.1萬公里）是**月球**直徑（3480公里）的400倍
- 阿波羅任務**農神六號**火箭的長度（110.6公里）是《星際大戰》系列電影角色**丘巴卡**（Chewbacca）身高（2.21公尺）的50倍

# 整堆能量
## *測量活力*

我們用線圈纏繞一個簡單的鐵環；我們建立了與發電機的連結，並在驚喜中注意到我們所發動的怪力效應，這怪力使我們能任意變換、傳送並引導能量。

——尼古拉・特斯拉（Nikola Tesla）

---

下列何者最大？

☐ 代謝 1 克脂肪釋放的能量

☐ 擊中地球的隕石中 1 克所含之能量

☐ 燃燒 1 克汽油釋放的能量

☐ 引爆 1 克 TNT 炸藥釋放的能量

---

## 能量數字

——一根點燃的火柴釋放大約 1000 焦耳的能量。*那是個大數字嗎？*

——一根士力架（Snickers）巧克力棒包含 1.36 百萬焦耳的能量。*那是個大數字嗎？*

一點燃一桶石油，會釋放大約 60 億焦耳的能量。*那是個大數字嗎？*

## 困惑著與令人困惑

能量是個困難的主題。$E = mc^2$，愛因斯坦如是說，教導我們質量和能量只是同一種東西的不同形式。至少自人類貿易開始以來，把物質量化和測量質量（換言之，秤重）就一直是人類史的一部分，形式則有各色各樣。但一直要到 19 世紀，靠著詹姆斯・焦耳（James Joule）的成果，才把不同形式的能量視為本質上相同的東西。到了今日，儘管在宇宙的構成上，能量可說是比物質更基本的存在，且能量也確實是公眾生活中一個爭論不休的主題，但它始終是一個令人困惑的概念，而這種困惑就反映在我們測量它的方法上。

「能量作為一種統一概念」的姍姍來遲，絕對是能量的度量衡之所以（說穿了就是）一團亂的原因。如果你要尋找「度量衡基於單一且一致的基本單位、並以和諧的一連串單位來增加倍數」那種井然有序的模樣，在這邊是找不到的，你可以直接跳過這章。

相反地，你會找到度量衡的大雜燴，每一種都是從相關的人類活動而來，也各自屬於那些人類活動範疇。你會看到各種不同的能量測量方法，端看它量的是：

- 食物能量
- 電能
- 燃料能量
- 爆炸能量

理論上來說，這些度量衡都已透過國際能量單位「焦耳」

統一了。不過實際上，焦耳並不是人類選擇用來在日常生活中
測量能量的單位。

## 早期的能量測量

　　儘管不知情但想當然爾地，人類已進行了上千年的能量貿
易——用來加熱和照明的油、用來加熱的煤炭和泥煤，甚至人
類自己也買賣本身的肌肉。成綑的柴火、成桶的油，這些曾是
能量的替代度量衡。

　　所以，並沒有所謂「古代的」或「歷史上的」人類尺寸能
量度能量，或許除了「一日勞動」以外。[1] 第一個確切的能量
量化，其實不是度量衡（因為當時沒有合適的測量設備），而
是方程式，為 17 世紀晚期由萊布尼茲所寫。萊布尼茲注意到，
在許多機械系統中，有那麼一種（根據質量和物體速度的平方）
計算出來的量是守恆的。他把這個量稱作活力（vis viva），而且
若不計其中一個固定的測量差異，活力其實就是我們今日所謂
的動能（kinetic energy）。

　　因為能量有這麼多種不同的形式（動能、位能、化學能），
也就沒有標準且固定的測量手段。不過，19 世紀中進行研究的
詹姆斯・焦耳，被認為是第一位察覺到位能如何轉換成溫度計
上升的熱能、且進行了測量的人。他的儀器使用了了一個抬高
了的重物，當重物鬆脫下降時，會帶動一個槳片狀的攪拌裝置
來攪動水。從而產生了動能。這動能被水擄獲而形成熱能，造
成水溫上升。為了紀念他，國際標準制的能量單位就稱作焦耳
（J）。但焦耳有多大呢？

## 焦耳有多大？

　　我在此冒了害你跟不上的風險。焦耳的定義並不直接了當。
它不是基於身體部位或幾桶貨物，或者任何我們在日常經驗中

[1]　粗略來說，是 6000 千焦（kJ）。

熟悉的東西。它是一個**導出單位**（derived unit），意思是它是由其他更基本的單位來定義的。

一焦耳是你施加 1 牛頓作用力經過 1 公尺距離所花費的能量。但什麼是 1 牛頓？誰把牛頓找來的？這個嘛，沒有牛頓就沒有焦耳。1 牛頓是國際標準制的力量單位，而那也是一個導出單位，定義為把 1 公斤的質量達到每秒加速 1 公尺的速度所需的力量。

這幫不上忙，對吧？我可以想像你讀上一段內容時眼神都呆滯了。我懷疑，這個定義恐怕完全沒讓你有產生一點直覺的理解。我們來試試一個不同的路線。[2] 以下是有 1 焦耳能量的東西列表：

- 當 100 克的番茄掉落 1 公尺後沒有彈起來時消耗的能量。噗啪！
- 用來把 1 毫升的水增加攝氏 1/4 度所需的熱能。[3]
- 把 1 瓦特的 LED 燈點亮 1 秒鐘所需的電量——現在連詹姆斯·瓦特也登場了——而一個 1 瓦特的 LED 燈當作檯燈已綽綽有餘了。

如你所見，焦耳是一個相當小的能量單位。人類尺寸嗎？是的，但幾乎不是，而且小到很難多有用。一顆 AA（三號）電池就差不多有 1 萬焦耳：以一個那麼小的儲能器來說還真是頗大的數字。

所以，如果焦耳小到沒辦法當作一個實用的單位，我們就來看看有沒有什麼是比較合適的。記錄市電用量的標準單位是「千瓦時」（kilowatt-hour，kWh），一單位是 360 萬焦耳。如果你一天在廚房燒四次開水（功率算 3000 瓦），每次 5 分鐘，你就用了 1 千瓦時。

[2] 那些想在這裡糾結的人，就想像一股力量（比如你的手）在一個沒有摩擦力的表面上推著一個 1 公斤的重物，從靜止狀態開始推 1 公尺的距離，讓施力保持恆定，使得重物平穩加速。如果你可以在大約 1.4 秒內完成，到了你抵達那 1 公尺距離的終點時，該重物就會以每秒 1.4 公尺的速度前進。你就是對該重物施加了 1 焦耳的動能。還是不完全能直覺理解，對吧？

[3] 這就把焦耳連結到了另一種能量的定義，也就是卡路里，把 1 克的水提高 1 度，而這呼應了焦耳原初的實驗方式。

好了。那個千瓦時感覺像是個合理的人類尺度能量度量衡，若以 2016 年的英國來說，大約是 15 便士（約合新台幣 5.6 元）。英國的能源管理單位「天然氣暨電力市場管制局」（Office of Gas and Electricity Markets，Ofgem）會發布一般家庭的用電數字，在他們的描繪中，採普通方案的「中等」家庭每年用電 3100 千瓦時，大約是每天 8.5 千瓦時的電。英國大部分家庭仰賴管線天然氣來取暖並獲得熱水，而一般就能量來說，其天然氣用量大約是用電量的 4 倍，也就是說若把天然氣和電力算在一起，一個這樣的家庭通常一天會用掉略多於 40 千瓦時的能量。[4]

## 食物中的能量

我們自身也如字面上那樣「消耗」能量，用食物來為我們的身體添加燃料。按慣例，我們會用卡路里（calorie）來測量食物的能量值。在科學定義中，卡路里是把 1 克的水提高攝氏 1 度所需的能量。要完成這工作所需的實際能量，端看氣壓和起始溫度等因素，這也就代表說卡路里會有多種不同的可能定義。最普遍使用的是熱化學卡路里，等於 4.184 焦耳。

但實際情況比這還混亂，因為卡路里這個度量衡相當小，而那些與營養能量相關的事物，按慣例是用千卡路里來測量食物能量，卻仍把千卡稱作卡路里（字首 C 改為大寫，中文俗稱「大卡」）。如果你有在關注體重的話，這才是你所熟悉而要去計算的「卡路里」。

因為食物的大卡是科學上卡路里的 1000 倍，那便是用來把 1 公斤水提高攝氏 1 度所需的能量。所以如果你的水壺裡有 2 公升的水（重約 2 公斤），然後你把水從攝氏 20 度煮沸到 100 度，就需要 160 大卡，約等於 670 千焦（kJ）。

要在網路上找食物大卡量清單並不難，但這裡還是提供少

[4] 順帶一提，英熱單位（British Thermal Unit，BTU）是北美洲用來測量能量含量的方式，但很諷刺的是，這在英國反而已不通用了。這是一個英制版的千卡，是指用來把 1 磅重的水加熱華氏 1 度所需的能量。

數物件以供建立脈絡：

- 雞肉沙拉三明治——250 大卡。
- 一杯柳橙汁（200 毫升）——90 大卡。
- 士力架巧克力棒（64.5 克）——325 卡路里。

不過，思考你所吃的食物含有多少能量，跟思考你花了多少能量是兩回事。

目前建議的每日卡路里攝取量為男性 2500 大卡、女性 2000 大卡。我們已經很習慣看到「哪種體能運動可燃燒多少能量」的列表，但我們身體燃燒能量的主要途徑，就只是為了生存——持續我們的基本身體運作，避免我們死亡。這些基礎的新陳代謝過程，就已經消耗掉我們每日基本消耗能量中的一大部分（就算沒做任何運動也一樣）。所謂的基礎代謝率（Basal Metabolic Rate，BMR）在一天攝取的卡路里中可占掉超過 3/4。這代表，把運動量（好比說）加倍的效果並沒有你想得那麼好：如果你的能量有 75% 都用在基礎代謝率（而剩下的 25% 用在運動），你所加的那一倍運動量只會讓你多燃燒 25% 的卡路里而已。

### 燃料中的能量

1 公升汽油含多少能量？汽油的能量密度是每公升 34.2 百萬焦耳（34.2 MJ/L），大約是每公升 10 千瓦時，碰巧也等同於同樣體積的動物或植物油脂裡所含有的可用能量（那些能量足以讓你用水壺一天燒四次開水連燒 10 天，也是英國平均值家庭運作一天所需能量的 1/4）。

以下是汽油及其他燃料的能量濃度大小：

| | |
|---|---|
| 鉛酸蓄電池 | 0.047 千瓦時／公斤 |
| 鹼性電池 | 0.139 千瓦時／公斤 |
| 鋰離子電池 | 至多 0.240 千瓦時／公斤 |
| 火藥 | 0.833 千瓦時／公斤 |
| 炸藥 | 1.278 千瓦時／公斤 |
| 木柴 | 4.5 千瓦時／公斤 |
| 煤炭 | 至多約 9.7 千瓦時／公斤 |
| 乙醇 | 7.3 千瓦時／公斤 |
| 食用脂肪 | 10.3 千瓦時／公斤 |
| 汽油 | 10.9 千瓦時／公斤 |
| 柴油 | 13.3 千瓦時／公斤 |
| 天然氣 | 15.4 千瓦時／公斤 |
| 壓縮氫氣 | 39.4 千瓦時／公斤 |

## 你的耗能是多少？

　　我們每個人消耗的能量，在不同國家裡差異極大。住在寒冷地帶會拉高能量用量，應該不是什麼太意外的事。你應該也猜得到，便宜能源若是就近可得，就會提高能量耗用，而就是這兩個因素，讓冰島成為有最高人均能量耗用的國家。2014 年，他們的能源耗用為每人每天燒掉 59 公升的汽油。當然，冰島人不是真的在燒汽油：冰島有一大部分的能量是使用可再生資源，該國幾乎所有電力都來自水力和地熱能發電，而 90% 的加熱需求都直接由地熱來滿足。

　　2014 年，美國的能量耗用約等於一人一天 23 公升汽油，而英國的數字只比 9 公升多一點。同年的中國是約 7.4 公升，至於要從列表底端取一個例子的話，巴基斯坦一人一天的數字是 1.6

公升。

　　整個世界用掉多少能量呢？ 2014 年，全球能量耗用總量達到 14000 百萬噸油當量（Mtoe）左右。糟糕，「百萬噸油當量」，又來一個新單位：這個是「等於一百萬噸的油」，也就是當你來到了真的很大的數字時用來測能量的方法。[5] 所以 1 噸油當量就是 42 千兆焦耳（gigajoule），或者 11.62 百萬瓦時（MWh）。

　　把這算到底的話，2014 年全世界的能量耗用就是 14000 ×1000000×11620 千瓦時。那就是全球一共 $1627×10^{14}$ 千瓦時。我們來做一個**交叉比對**以檢查合理性，然後利用一個**比率與比**的技巧。

　　把那個一年總耗能量除以全世界人口 72.4 億，得到 2014 年全年人均 22470 千瓦時、或者一人一日 62 千瓦時，就英國費率而言等於 9.30 英鎊（新台幣 350 元）的能量，換個方法說是用你的水壺燒 248 次開水。那看起來挺多的，但這個數字不只是家用能量而已，還包括你直接或間接使用能量的所有方法，包括工作、搭火車或去音樂會。這也包括了全世界用在你身上的所有能量，像是做出貨物的工廠，以及各式各樣的商業活動。這還包括了所有在傳送能量、發電效率不彰及其他能量浪費過程中所流失的能量，而那據估計高達 25%。

　　或許這個平均數字有點使人誤解。這數字遮蓋了世界不同地方在能量使用上的極大差異，如冰島人的平均消耗能量是巴基斯坦人的 36 倍。平均數會誤導人，而這是我們會在後面章節更加關注的事。

## 溫度

　　溫度本身不是能量，而是內在熱能的外顯徵象。然而，與能量不同的是，溫度是我們能在世界上直接感覺到的東西。生

---

[5]　順帶一提，也有「噸標準煤當量」（tonne of coal equivalent，tce）這種單位。

**地標數字**

（2014 年）每人每日的平均能量耗用量大約是 60 千瓦時，約等於燃燒 10 公升汽油的能量

物本身、生物的新陳代謝及大部分化學反應，都對溫度非常敏感。基於這個理由，我們的身體（即便在不知情下）會持續調控體溫，而當這個機制動搖時，就是我們病得很嚴重的跡象。就算要製造的物料差異大到有如鋼材與巧克力，精準測量並控制溫度都一樣不可或缺。語言想告訴我們的也是同等重大——這兩種東西都要達到正確的「溫度」（temperature），才能「被馴服」（be tempered）。

　　過去，溫度就只是一種東西多熱多冷的印象，一個自然感受到並容易理解的量，也是當廚師和工匠的人需具備的判斷技能。過去溫度一直都沒做科學定義，或者以物理的方式做出解釋，直到熱力學開始進行有系統的闡述，才把一個物質的溫度定義為：組成該物的分子之平均振動量測量值。儘管我們有一種對溫度的直接感受，但那非常主觀，若要為了科學目的來客觀測量溫度，就得要靠「許多物質會隨著溫度改變而出現可預測的膨脹或收縮」這個物理事實。

　　第一個溫度度量基準，設下了多個參照點，並在這些參照點之間畫出一組刻度。丹尼爾‧華倫海特（Daniel Fahrenheit）於 1714 年發明了水銀溫度計，並在十年後發表他的溫度測量標準。他把溫度零點設定在鹽水溶液的冰點，把水的冰點設為華氏 32 度，然後把健康人的體溫當作第三個參照點，設為華氏 96 度（水的冰點／熔點的 3 倍）。之後，鹽水溶液結冰點和健康人體溫度這兩個點被從標準上捨棄，並重新定下刻度，納入水的沸點並定為高於冰點的 180 度，也就是華氏 212 度。刻度中間所有其他溫度都仰賴一個假設，那就是溫度計內水銀的膨脹和溫度變化成比例。

　　攝氏（Celsius，又稱百分度〔centigrade〕）標準用的則是比較合理的 0 度來當水的冰點，並把 100 度設為沸點。這兩種標準都允許溫度測量值出現負值，在日常生活度量衡中，這算是

**概略測量**

- 攝氏＝5×(華氏–32)/9
- 華氏＝32＋9×攝氏/5
- 克氏＝攝氏＋273.15

[6] 要注意到克耳文標準的單位（從 1968 年以來）就只叫克耳文，不像以前那樣叫做「克氏幾度」。

[7] 這是指「乾冰」直接從固體開始蒸發為氣體，並會產生那種搖滾（或其他類型）音樂常看到的人造煙霧。

[8] 鐵的極高熔點是鐵最先被用來製造工具的一個理由，而鐵器工具也結束了使用青銅（熔點為攝氏 950 度）的漫長時代，標記了鐵器時代的開端。這時候我們的祖先得把他們的火再加溫 500 度才行。

一個頗不尋常的地方。

溫度是振動熱能在一個物質內的統計量，一旦知道了這點，我們就知道這個振動熱能有可能降到零。這就讓溫度標準有了另一種邏輯，其零點不是基於水的冰點，而是基於上述的振動零點。這樣的溫度標準確實存在，叫做克耳文標準（Kelvin scale），其零度為被稱為絕對零度。克耳文溫度標準的尺度大小就跟攝氏一樣，因此水的冰點就等於 273.15 K。

我們再一次看見了日常測量和科學測量之間的緊繃。對科學工作，尤其是極低溫的科學工作來說，只有用克氏標準才合理，[6] 然而對日常生活來說，使用克氏標準就很荒謬，而攝氏和華氏還是人們會選擇的標準。

其他一些比較顯著的溫度則見左方表格：

- 熔點和沸點
  - 氦：0.95 K 和 4.22 K（攝氏 –272.2 度及 –268.93 度）
  - 氮：63.15 K 和 77.36 K（攝氏 –210.00 度及 –195.79 度）
  - 二氧化碳：194.65 K（攝氏 –78.50 度）時昇華[7]
  - 汞：攝氏 –39 度及 357 度
  - 錫：攝氏 232 度及 2602 度
  - 鉛：攝氏 328 度及 1749 度
  - 銀：攝氏 962 度及 2162 度
  - 金：攝氏 1064 度及 2970 度
  - 銅：攝氏 1085 度及 2562 度
  - 鐵：攝氏 1538 度[8] 及 2861 度
- 自燃溫度
  - 柴油：攝氏 210 度
  - 汽油：攝氏 247 ～ 280 度
  - 乙醇（酒精）：攝氏 363 度

- ◦ 丁烷：攝氏 405 度
- ◦ 紙：攝氏 218 ～ 246 度 [9]
- ◦ 皮／羊皮紙：攝氏 200 ～ 212 度
- ◦ 鎂：攝氏 473 度
- ◦ 氫：攝氏 536 度
- 其他
  - ◦ 火災：約攝氏 600 度
  - ◦ 鐵匠的鍛冶場：介於攝氏 650 至 1300 度之間
  - ◦ 煉鐵高爐：高至攝氏 2000 度
  - ◦ 鋁煙火：攝氏 3000 度

[9] 華氏 424 ～ 475 度。這個範圍確實包含到雷‧布萊伯利（Ray Bradbury）在他那本反烏托邦小說《華氏 451 度》（*Fahrenheit 451*）的書名中使用的溫度，也就是紙的燃點，而書中的「打火弟兄」（firemen）反而成了負責燒書的人。

## 大爆炸與小爆炸

　　比較不同形式的能量可說是困難重重。一根士力架巧克力棒含有 1.36 百萬焦耳的能量，這等同於 0.45 公斤的火藥，但釋放那種能量的效果非常不一樣，這和它們燃燒的速度有絕對關聯。

　　火藥有大約每公斤 3 百萬焦耳的能量密度——所以點燃 1 克火藥可釋放 3000 焦耳，或者約一顆三號電池的 1/3 能量。事實上，火藥的能量密度連汽油的 1/10 都不到。讓火藥足以成為爆炸物的，是它釋放那股能量時的極高速度。

　　舉一個特定例子，一枚步槍子彈，「5.56 北約標準用彈」（5.56 NATO），有 1800 焦耳的槍口能量。當子彈擊發時，那個「小小」量的動能非常快速地釋放到了目標物上，能在非常短暫的時間內施展極大的破壞力。

　　展演用煙火含有大約 100 克的爆裂性「閃光粉」，能量密度大約是 9.2 百萬焦耳／公斤，會釋放大約 1000 千焦的能量，大約是步槍子彈的 500 倍多。

　　三硝基甲苯（Trinitrotoluene，TNT）的能量密度比閃光粉還低，大約是 4.6 百萬焦耳／公斤，但 TNT 卻成為測量爆炸的標

準。一公噸 TNT 爆炸釋放的能量，被廣泛用來當作比較爆炸規模的度量標準，而統一標準的值則計為 4.184 千兆焦耳。舉例來說，戰斧巡弋飛彈（Tomahawk Cruise missile）會發動差不多等同於半噸 TNT 的爆炸，而落在廣島的原子彈等於 1.5 萬噸。冷戰高峰時期開發的炸彈可發動 5000 萬噸的爆炸，等於超過 100 拍它焦耳（petajoule）。[10]

但說到破壞的能量，大自然就遠勝過人類。1883 年的喀拉喀托（Krakatoa）火山爆發估計有 2 億噸 TNT 的能量，還影響了全球氣候好幾年。[11] 而且每分鐘裡，太陽就在地表照下了 5 百京焦耳（exajoule，即 $5 \times 10^{18}$ 焦耳）那麼多的東西——而那是 12 億噸，也就是每分鐘 6 座喀拉喀托。

### 能量的數字梯

|  |  |
|---|---|
| 1 焦耳 | 100 克番茄掉落 1 公尺的衝擊 |
| 300 焦耳 | 一個人盡所有力量跳高的動能 |
| 360 焦耳 | 一次世界級標槍扔擲的動能 |
| 600 焦耳 | 一次世界級鐵餅扔擲的動能 |
| 800 焦耳 | 地球重力下舉起一名 80 公斤的人 1 公尺所需的能量 |
| 1400 焦耳 | 地球軌道上 1 公尺平方地表面積於 1 秒內接收的未過濾太陽輻射 |
| 2300 焦耳 | 蒸發 1 克水所需的能量 |
| 3400 焦耳 | 一次世界級鍊球扔擲的動能 |
| 4200 焦耳 | 1 克 TNT 爆炸釋放的能量＝ 1 大卡的能量 |
| 7000 焦耳 | 點 458 溫徹斯特麥格農（0.458 Winchester Magnum）子彈的槍口能量 |
| 9000 焦耳 | 三號電池裡的能量 |
| 38000 焦耳 | 代謝 1 克脂肪釋放的能量 |

[10] 拍它焦耳等於 $10^{15}$ 焦耳，也就是一千兆焦耳。

[11] 那也被稱做人類聽過最大的聲音。

| | |
|---|---|
| 45000 焦耳 | 燃燒 1 克汽油釋放的能量 |
| 300000 焦耳 | 1 公噸車（小客車）以每小時 90 公里移動時的動能 |
| 1.2 百萬焦耳 | 士力架巧克力棒的食物能量（280 大卡） |
| 4.2 百萬焦耳 | 1 公斤 TNT 爆炸釋放的能量 |
| 10 百萬焦耳 | 一名堪稱活躍的人的每日建議攝取能量 |

**轟隆！砰！嘩啦！**

- 1克TNT爆炸釋放的能量（4.2千焦）約略等於食物的1大卡（4.2千焦）
- 代謝1克醣類釋放的能量（17千焦）是奧運擲鏈球的動能（3.4千焦）的5倍
- 代謝一小杯濃縮咖啡釋放的能量（92千焦）是蒸發1克水的能量（2.3千焦）的40倍
- 燃燒1克汽油釋放的能量（45千焦）是一顆三號鹼性電池能量（9千焦）的5倍
- 奧運上擲一次鉛球的能量（780焦）大約等於舉起一名80公斤的人1公尺所需的能量（780焦）
- 代謝1品脫啤酒釋放的能量（764千焦）是代謝一顆50克的蛋所釋放的能量（308千焦）的2.5倍
- 代謝一杯葡萄酒釋放的能量（450千焦）是燃燒1克汽油釋放的能量（45千焦）的10倍
- 燃燒1克汽油釋放的能量（45千焦）是M16步槍子彈動能（1.8千焦）的25倍
- 喀拉喀托火山爆發的能量（837兆焦）是史上測試過最大核武器所釋放能量（210兆焦）的4倍

# 位元、位元組和字
## 資訊時代的測量

位元，資訊最小的單位，資訊理論的基本粒子，是一個選擇，是或否，開或關。那是一個你可以體現在電子迴路裡的選擇，而且那是因為我們有無所不在的電腦計算。

——詹姆斯·格雷克（James Gleick，美國作家，科技史學家）

---

**下列哪一個有最大的電腦記憶體？**

☐ 第一台蘋果麥金塔（Apple Macintosh）電腦

☐ 第一台 IBM 個人電腦（IBM Personal Computer）

☐ BBC Micro B 型電腦

☐ 第一台康懋達 64（Commodore 64）電腦

---

## 關於資訊的數字

有的書所包含的資訊，都沒有比一年內一個美國大城市裡以影像播出的資訊多。並不是每個位元都有一樣的價值。

——卡爾·薩根（Carl Sagan）《宇宙》（*Cosmos*，1980 年）

—我的電腦使用 64 位元架構。*那是個大數字嗎？*

—《白鯨記》（*Moby Dick*）有 20.6 萬字。*那是個大數字嗎？*

—我剛買了一個 4T 的硬碟。*那是個大數字嗎？*

## 羅塞塔

　　「羅塞塔圓盤」（Rosetta Disk）是個 3 英吋的鎳合金圓盤，上頭刻有字母。從邊緣開始，八種語言的八段文字向內螺旋，越往內越小。上頭的英文寫著：

世界的語言：這套案卷包含超過 1500 個人類語言，編制於公元 02008 年。將其放大 1000 倍，以搜尋 13000 頁以上的語言文檔。

　　該計畫生產這個圓盤，主要目標是要創造並保存一個能延續 10000 年的圖書館。這樣的圖書館需要什麼，是一個需要長期思考的課題。它希望能挺過的時間，是（目前所知）最古老的書寫文字出現至今的兩倍時間，而羅塞塔圓盤的目標是提供一把鑰匙，留給未來的圖書館使用者，甚至留給探索我們文明遺跡的考古學家，在他們需要解開（對他們來說已是）古代的任一種書寫文字時使用。這張圓盤會履行的功能，有如羅塞塔石碑在破解埃及象形文字時所起的功用。

　　文字向內旋，是為了向發現這圓盤的人表達「放大是發現這圓盤所包含之一切內容的方法」。它和 CD 或 DVD 不同之處在於，揭露所有內容所需的唯一技巧，只有視覺放大而已。放大之後，觀察者會看到慣例的書頁

凱文・凱利（Kevin Kelly）攝，承蒙今日永存基金會（The Long New Foundation）之羅塞塔計畫提供。

——人可以讀的那種。該計畫會基於本身所謂的 LOCKSS 原則
——「大量的複本得以保障原物」（Lots Of Copies Keeps Stuff
Safe），來大量複製這種圓盤。

這是一個了不起的計畫，察覺到資訊在我們文化中的重要
性。但這個計畫到頭來也可能完全沒用處。人類和我們的文化
有可能持續興衰，不會遇上什麼災難性的文明斷絕。或許再也
不會出現什麼黑暗時代。不過一萬年後還是很難說。

## 資訊

我們討論過了空間、時間、質量和能量的度量衡。這一節
則是關於某種沒那麼實在、有形，但不因此減少重要性的東西。
確實，對我們許多人來說，我們的日常工作就是尋找、運用、
傳播稱為「資訊」的縹緲之物。

資訊關乎於選擇。大約五千年前，一位蘇美抄寫員拿起楔
形的蘆葦桿，壓進了一片柔軟的黏土板上，留下表示「五十堆
穀物」的印痕（利用一套我們現在稱作「楔形書寫」的慣例）。
或許他正和一名買家或賣家在溝通，或者他就只是在記錄今年
某塊田的收穫量，這樣明年他就可以做比較了。不管理由為何，
當他刻下記號時，他就是在製造資訊。物質和能量要服膺守恆
定律，它們不能無中生有，也無法被徹底消滅。但資訊就不一
樣了。它只需要有媒介來攜帶文本，只需要一種標記方式及要
表達的意義就行了。物質和能源不可能被徹底消滅，但資訊可
以。只要稍微搞亂一下就行了。[1]

資訊仰賴記號。不管記號的形式是鹿角上的刻痕、黏土上
的痕跡、羊皮紙上的墨水、紙上的打印，還是電腦晶片上處於
開或關狀態的電晶體，這些全都算是資訊，而且（至少在原則
上）全都可以利用資訊技術來編碼並儲存。

在日常使用上，「資訊」這個詞有點模糊、不夠精確，代

[1] 物理學家會堅決主張，在量子層次上，資訊受限於自己的守恆定律。不過在人類的觀察層次中，當一場 Scrabble™（一種文字拼圖遊戲）遊戲結束、文字拼塊全被丟回袋子裡的時候，資訊就被銷毀了。

表某種潛在的溝通。那不太像是一種你會覺得能精準掌握的東西，更別說能測量了。但在我們資訊時代的黎明期，有位在貝爾實驗室（Bell Telephone Laboratories）工作的傑出電信工程師克勞德·夏農（Claude Shannon）開發了一種資訊理論，如今支撐了我們絕大部分的現代數位世界。他的理論企圖為通訊相關概念提供準確定義，而這就讓我們得以測量這種無形的資訊。現在，在你買新電腦要選擇記憶體容量時，或是當你抱怨頻寬速度時，光是能表達出那些概念，你就得要先謝謝夏農。

### 測量資訊

1948 年，夏農發表了《通訊的數學理論》（*A Mathematical Theory of Communication*），以一種正式而嚴謹的觀念提出了「資訊」這個詞的用法。在夏農理論的形式論中，當一個信息被收到時，該信息就藉由解答了收訊端某一定量的不確定性，而傳達了資訊。「不確定性」本身是個需要正式化的概念。擲一枚硬幣，可能是正面或反面，那裡就有最小單位的不確定性，一個未決的雙向選擇。而夏農則把通訊的功用，視為透過傳遞資訊來解決這個不確定性。

一個訊息**攜帶**的資訊量，就是收到訊息後能移除掉多少不確定性的值。最小的資訊單位就是**位元**（bit，二進位數位），指出兩個同等可能的選擇會選哪個。

美國革命家保羅·里維爾（Paul Revere）曾說，英軍來襲時他會在教堂的塔頂上掛燈通報：如果走陸路來就掛一盞燈，海路就掛兩盞。這就是一個雙向選擇，而他的訊息會消除掉那個雙向選擇的不確定性。夏農的話就會說，里維爾的訊息傳遞了一個位元的資訊。

就像原子可以結合成分子一樣，原子位元可以結合起來，形成更大的結構、更長的訊息，從而攜帶更多資訊，解決更大的

不確定性。假設里維爾必須要通報的不只「陸路」跟「海路」，而是四種可能的選擇，好比說英軍會從東邊、西邊、南邊或北邊來。現在這就是四向選擇，因此需要從更多可能性中做出區分。你可以有很多種方法來傳遞出這樣一個選擇信號，比如打出一盞、兩盞、三盞或四盞燈，或者使用有色濾鏡，但夏農的方法告訴我們，這種多向選擇，全都等同於合併起來的多組雙向選擇。在這個例子中，我們可以打造一個由二元選擇組成的決策樹，其中每條路徑都有兩個抉擇點。

所以，第一個選擇可能是把四個選擇分成兩對：{北或南}對上{東或西}，而第二個選擇是進一步把該選擇提煉為單向。找答案的過程，就是處理一個包含兩個元素的訊息。也就是包含兩位元。

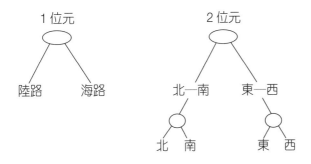

現在如果他要從八個同等可能的信息做選擇，就需要一套能送出三位元資訊的代碼：三個雙向選擇，一個選完換下一個，而導出八種不同的結果，就像是丟一枚硬幣三次，能得出八種可能的正反結果組合一般。所以，從八種可能中做選擇的編碼系統，在每一則訊息中會編出三位元的資訊。[2]

兩台電腦互相通訊時的情況就是這樣。一連串的位元傳送出去，因為採用了共通標準，這些串位元流所代表的意義就能獲得理解。它們利用一致同意的慣例，表達在不同選項間的選擇，好比說要呈現哪個符號，或在螢幕上塗上什麼顏色的像素。[3] 但

[2] 可能性的數量可以計算為 $2^b$，其中 b 代表的是現有資訊的位元數量。反過來說，這代表著資訊的位元數為 $\log_2 n$，而 n 代表同等可能性的數量。

[3] 在最基本的層次內，所有這些資訊處理都極端地簡單，也是簡單到不合理。呈現複雜狀態的能力來自於一種方法，那就是把大量的此類基本原子資訊與計算一併組合成更大的架構。

在我們討論電腦之前，我們先來看看另一種不同的編碼方案。

旗語是另一種早期的長距離傳訊方式。每一面信號標旗可處在八個不同的位置，而資訊理論告訴我們，一面旗子能編出三位元的代碼。旗子有兩面：所以理論上來說，若在視覺上能識別旗子，就可送出六位元的資訊，而有 $2^6 = 64$ 種可能。

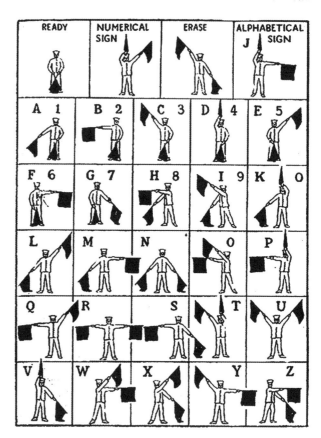

然而，其中有八個位置是兩面旗疊在同個位置上，而這八個位置中只有一個實際上使用在這套代碼中（兩面旗朝正下代表一個空格，或「準備好了」）。但由於兩面旗子無法區分，所以剩下的可能性中有一半不能用。因此靜止的旗號只剩下 29 種可能性——足夠分給 26 個字母使用，再加上 3 個特殊符號：把詞分開的「空格」，一個「取消」選項，還有一個「換成號

碼」，就等於電腦鍵盤上的數字鎖定鍵。

有了 29 種可能性後，我們就可以算出，每個旗位都編碼了略少於五個位元的資訊。[4] 換言之，送出一個旗號，就等於從 29 種可能中選出一個，如果我們使用里維爾式的二元選擇的話，至多就需要做 5 次是／否的選擇。[5]

早期電腦科學家採用了一種方案，稱作美國資訊交換標準代碼（American Standard Code for Information Interchange，ASCII），使用了七個位元來把訊息中的單字編碼。這會產生 128 種可能性，足以分給大小寫字母、數字、標點，以及一套用來在電傳打字機上做實體運作的控制符號（有些是模仿打字機的功能，例如「製表」〔tab〕和「回車」〔carriage return〕）。

用八個一組的位元，這些字母就能輕鬆地呈現出來，而八個一組的位元後來被稱為「位元組」（byte）。多出來的那一個位元，被不同的製造者賦予了不同用途，舉例來說當作偵測錯誤的「同位位元」。[6] 所以，在依舊普遍使用的 ASCII 編碼方案下，會用一個有八個位元的位元組來替文字中的一個字母編碼。[7]

## 數字和電腦記憶體

你用手指最多可以數到幾？很多人不用想太多就會說 10，一根手指數一個數字（一位元代表一個數）。但我們可以稍微改變一下問題，在心裡建立一個資訊理論框架後，再問說如果十根指頭的每一根都處在能伸能縮兩種狀態下，你用你的指頭可以指出多少不一樣的信號？

這個嘛，一隻手的話，你可以比出 32 個信號，從 0 到 31，方法如下。採取一般慣例，伸出拇指代表 16，食指代表 8，中指代表 4，無名指代表 2，小拇指代表 1。如果每個指頭都伸出來，加起來就是 31；如果都不伸出來，就代表 0，中間的每一

[4] 又一次地，嚴格來說，只有在所有旗位都可能出現的機會都同等的情況下才是如此。如果有些字母比較愛用（一般來說就是這樣），那這就意味著編碼中會有一些冗位，而訊息就會包含著比乍看之下還要少的資訊。

[5] 在泰瑞·普萊契（Terry Pratchett，譯註：英國奇幻、科幻小說家，以諷刺幽默著稱。）的《碟形世界》（Discworld）系列小說中，有一個類似旗號的系統叫做「嗶啵」（the clacks），用來在城市之間傳送訊息。書中看來似乎是用了八個可以開關的遮板，這代表說每一個符號都代表了八位元的資訊，使得最多的可能狀態為 256 個。

[6] 同位位元是像下面這樣運作的。八個位元裡有七個用來替要傳送的符號編碼，如果那之中顯示為 1 的位元數量是偶數個，那麼同位位元就為 0；奇數個的話就是 1。那代表說，把八個位元都算進去的話，呈現為 1 的位元一定是偶數個。如果你收到一個位元組裡頭呈現為 1 的位元數是奇數個，那就意味著傳送有出錯。

[7] 現在越來越普及的統一碼（Unicode）編碼方案，位元用量提高到了四位元組，目標是要容納全世界所有語言和書寫系統，還不提其他更多符號。統一碼的頭 128 個字母，就跟 ASCII 一樣。

**地標數字**
八位元的資訊可以替256個不同的數字編碼

個數字都有辦法表達出來。事實上，這就是一個五位元的二元碼。它可以做到旗號能做的所有事情，而且還多了三個空位。

現在呢，如果我們按照這方法用兩隻手來數，那麼每隻手就都有 32 個獨立的可能性，所以全部組合就是 $32^2$，或者 $2^{10}$，或者 1024 種可能的信號。而 1024 這個數字，就是電腦世界裡的「千」。

1980 年代，也就是個人電腦的黎明期，有種很流行的微處理器「英特爾 8086」（Intel 8086）。這款古早的內部記憶體暫存器（儲存位置）包含了 16 位元。就像你可以用十根手指打出 $2^{10}$ 或 $10^{24}$ 種不同數字一樣，有了 16 位元你就可以表現 $2^{16}$，或者 65536 種不同的數字。記憶體暫存器是電腦記憶體中的位置指針，而這指針使用 16 位元就代表，只有 65536 個不同的記憶位置可直接被指出來（只有 $64kB^8$ 的記憶可隨時直接定址）。[9]

沒多久，這個硬體條件就成了開發該世代電腦軟體時的一個明顯難題，一直到使用 32 位元記憶定址成為基準規範之後，這個難題才獲得緩解。增加到 32 位元，代表現在可以直接定址 $2^{32}$ 個記憶位置，也就是 4GB（4294967296 個位置），而這代表一個龐大且不可或缺的記憶量增加。

然而，就連這個大小到頭來也頗為局限。現在新的桌上型電腦和筆記型電腦會使用 64 位元，而這個範圍就能產生 $2^{64}$ 個可定址的位置。這就來到了 16 艾位元組（exabyte），大約是當前高檔筆記型電腦記憶體的 10 億倍。一段時間內，我們應該都會使用 64 位元所組成的電腦架構。

所以你可以看出，當我們把用來將記憶體定址的暫存器加大之後，可定址的記憶量增加得有多快。隨著位址裡的位元數量從 16 增為 64 後，可能表現出來的位址就從極少變成了龐大。

8　嚴格來說，64 kB 代表 64000 位元組，因為 k 代表 1000。然而，在討論電腦記憶體或者數據傳輸的時候，人們普遍會接受一個比較鬆散的用法，使得 k 代表 1024。有另一種比較嚴謹的方針，把 1024 位元組稱做「二進位千位元組」（kibibyte），寫做「kiB」。以此類推也就有 MiB、GiB 等等。在本書中，我整體上都是依循著比較鬆散的普通用法。

9　事實上，整個可用的記憶空間是這個的 16 倍，也就是 1MB，但能達到這一點是透過複雜的交換演算，有效率地交換記憶區塊，來讓程式能夠利用更多空間，使記憶空間在那些為了此種電腦所寫的程式的眼中就像是 1MB。

## 讓每個詞都算數

　　資訊理論從一開始就是電腦發展的一部分——所以，如果資訊就儲存在電腦上，測量資訊也就不意外地是項比較簡單的工作。但資訊就算沒有因為夏農而被正式化，它在歷史中也長期伴隨著我們，尤其是以書寫方式存在我們身邊。所以，我們就回頭去思考書裡包含的資訊量。

　　托爾斯泰的《戰爭與和平》是代表性的「巨作」——名符其實，英文翻譯有 544406 個字。企鵝精裝精典版（Penguin Clothbound Classics）花了 1440 頁刊載這部小說，平均在每頁上放了 378 個字。

　　赫曼·梅爾維爾（Herman Melville）的《白鯨記》有 206000 個字。在沃茲華精典（Wordsworth Classic）平裝版中，這本書有 544 頁，平均每頁字數為 380 字。[10] 狄更斯的《雙城記》有 135420 個字。在 Createspace 個人出版公司的版本中，該書有 302 頁，每頁平均有 448 字。喬治·歐威爾（George Orwell）的《動物農莊》是挺薄的一本書，有 29966 個字，而企鵝精裝精典版用了 144 頁 [11] 來記載這些字：平均一頁有 208 字。

　　藏書量最大的圖書館是美國國會圖書館（United States Library of Congress），大約有 2400 萬本書。在公元 1500 年以前（約翰尼斯·古騰堡〔Johannes Gutenberg〕是在公元 1439 年首度使用活字印刷印書）印刷發行的書被稱作「搖籃書」（incunabula），[12] 其中國會圖書館就有 5711 本。包括不是書的物件在內，該圖書館的總館藏大約是 1.61 億件。大英圖書館的館藏較少，只有 1400 萬件，但總館藏較多，約有 1.7 億件物件。

　　2010 年，Google 嘗試確認全世界發行過多少書（每一種只算一本）。他們對於何者為書，採用了嚴格定義，利用類似於用來分配國際標準書號（International Standard Book Numbers，

### 地標數字

- 《戰爭與和平》約莫有 50 萬字
- 《戰爭與和平》大約有 1500 頁
- 一本經典小說每頁字數：約 400 字

[10] 順帶一提，梅爾維爾在《白鯨記》中用了超過 17000 種不同的單字。這只比《聖經》所使用的字詞類少一點，該書有大約 18000 個不同的單字。吉朋（Gibbons）的六冊著作《羅馬帝國衰亡史》（The Decline and Fall of the Roman Empire）有著超過 43000 種單字，比《羅傑大辭典》（Roget's Thesaurus）的 39000 種單字還多。

[11] 正好是《戰爭與和平》所需頁面的 1/10。

[12] 這個拉丁詞語代表著「包著嬰兒的布」或是「搖籃」。

ISBN）的規則，但排除掉像是地圖、錄音和 T 恤這些能取得 ISBN 的東西。接著，他們施展了某種魔法來排除掉複本，到最後得出總數量，只比 1.3 億本略少一些。

## 代碼和冗餘

每當記錄資訊時，不管是用蘇美抄寫員削尖了的蘆葦，還是用莎士比亞的筆，還是用聲音辨識軟體自動聽寫，資訊都必須要編碼。當我打下這句子時，我腦中的想法也正在編碼成語言，語言接著被編碼成我按鍵盤時所記錄下來的字母，然後電腦把那些按鍵動作編碼成一種形式，而該形式最終會進入資訊空間（cyberspace）的某個儲存設備裡（沿途可能經過好幾個額外的編碼步驟）。資訊理論可以把這之中的每一個編碼步驟都予以分析和量化——而這個編碼行為中的一個重要面向就是「冗餘」（redundancy）。

差不多所有的儲存資料都涉及某種程度的冗餘。來試試看夏農發明來查看英文中有多少冗餘的一個遊戲吧。讓你的朋友從一本小說中隨機挑出一段話，然後要你猜猜第一個字母是什麼，然後揭曉答案，看看對或不對。很有可能你會猜錯。但接著再猜下一個字母，你有不小機會可以猜對——舉例來說，如果第一個字母是「t」，那麼第二個你很可能猜中是「h」。如此這般。你會發現，你可以正確猜到的字母占了不小比例。[13]

夏農的研究讓他得出一個結論，英文文本裡每 100 個字母的字串大約有 75% 的冗餘。只有 1/4 的字母真正傳遞了新資訊，剩下的字母某種程度上則是可預測的，如此一來，移除這些字母也就只是稍微移除掉一點不確定性。這代表，在「從思想到語言」以及「從語言到書寫」這兩個編碼步驟中，編碼完成的文本中都包含了大量冗餘。

這不一定是壞事。假設你的任務是去恢復一個褪色而破碎

[13] 你應該猜得出來，這是智慧型手機「預測輸入字」（不論你覺得這功能好不好）背後的原則。

難懂的手稿——那麼有機會幫助你填補空缺的東西正是冗餘。就像夏農的遊戲那樣，猜得聰明有助於回復整個文本。用來破解埃及象形文字的羅塞塔石碑，是把同樣訊息寫成三種語文的碑文。正是冗餘提供了破解象形文字讀法的關鍵。而把同一份資訊寫成多個不同語言版本並生產大量複本的羅塞塔計畫，就仰賴冗餘來確保至少一些複本能夠長長久久。

　　資訊理論提出的問題有以下這幾個：如何盡可能有效地將資訊編碼，但同時也以一種可控制且有效的方式來放入冗餘。所有的當代電腦通訊都包括了偵錯和修正機制，這可能會需要重新傳送訊息，而這些步驟都在我們未察覺的情況下悄悄發生。我們可能會咒罵網路通訊失效，但其實它們已可靠到不可思議，之所以能夠如此，可直接追溯到夏農及其他資訊理論界的先驅者們。

## 聖經編碼

　　英文書寫文本包括不小比例的冗餘資訊。這有辦法測量嗎？《欽定版聖經》（*King James Bible*）大約有 783000 字。這些字裡編碼了多少資訊呢？

　　從網路上下載的《欽定版聖經》純文字版（意即沒有任何花俏的編排格式），檔案大小是 500 萬位元組左右，[14] 既然一位元組有八位元，那麼大約是 4000 萬位元。

　　但我們已經看到，英語的冗餘程度偏高。純文字的《聖經》並不是最佳狀態的編碼，所以它的檔案大小若拿來當做資訊度量並不管用。但我們可以以更有效率的方式來儲存《聖經》字句，而且需要時還可以重新把它組出來。舉例來說，我們可以有一個方案，任何頻繁使用的詞，好比說出現 956 次的「耶路撒冷」，或是 458 次的「為此」（wherefore），可以用代碼來取代；而且，假如我們也提供一個把那些代碼變回字詞的尋找表，

14　合理性快速檢查：這代表每個字占 6.45 位元組。每個字拿掉 1 位元的空格。就得出每個字平均長度 5.45，看起來完全合理。

該方案就可以減少儲存所需的位元組數。

這個途徑相當符合 WinZip[15] 這類電腦程式的作風：它們分析檔案的重複性和其他模式，並不儲存正文本身，而是儲存重建正文的方法。如果壓縮流程為最佳狀態，便可以把一個檔案的正文減少到等於正文情報內容的大小。換言之，它會把壓縮版正文裡的冗餘減少到零。

在韋納・吉特博士（Dr Werner Gitt）的著作《太初有資訊》（*In the Beginning Was Information*）中，《欽定本聖經》在他的計算下，資訊內容接近 1760 萬位元，為全文大小的 44%。換言之，其語言冗餘測量結果為 56%。

只要在純文字《聖經》檔案上使用一個壓縮程式，就可產出一個 2283kb 或大約 1870 萬位元的 .zip 檔，為原文的 47%。把這和吉特博士的 44% 相比，這個案例中的壓縮過程看來似乎滿有效的。相比之下，對赫曼・梅爾維爾的《白鯨記》進行類似的測驗會顯示，壓縮版對上未壓縮版是 0.5MB 對 1.23MB，得出資訊密度為 41%，有 59% 的冗餘。

## 一張圖能否抵千言萬語？

這一節我下筆下得有些猶豫。我在 2017 年寫這段文字時，很痛苦地意識到當這一段出版且被讀者閱讀時，科技應該又有長足進展了。即便如此，談論資訊科技和資料相關數字的這一章，如果沒談到數位資料的儲存，就無法說是完整的。請留意以下某些數位媒介的典型檔案大小：

- 一首典型的 MP3 歌曲：3.5MB——比整本《聖經》的純文字壓縮檔還大——大約每分鐘音樂 1MB。
- 一張 1200 萬像素的靜態影像：6.5MB。
- 一部 DVD 格式的電影：4GB，或者一首 MP3 歌曲的 1000

**地標數字**

- 《聖經》字數——783000
- 《聖經》每頁字數——650
- 《聖經》每頁符號——3600
- 《聖經》每頁資訊量——1.8kB

倍大小。[16]

- 一部 HD 格式的電影：12GB，或者一部標準 DVD 格式電影的 3 倍大小。
- 一部「4K」[17] 格式的電影：120GB，或者一部標準 HD 格式電影的 10 倍大小。

## 儲存容量

動筆時，已可以以合理價錢買到容量 8TB 的外接式硬碟。若以上面列出的檔案來看，這個容量可裝入：

- 約 70 部「4K」電影
- 約 700 部 HD 電影
- 約 2000 部 DVD 電影
- 約 120 萬張照片
- 約 800 萬分鐘（播放時間 15 年）的 MP3 音樂

## 大數據中心

所以，如果輕易就能弄到 8TB 的數據來儲存，那像 Google 那樣的公司會擁有多少數據？以漫畫網站 XKCD.com 聞名的蘭德爾‧門羅（Randal Monroe）曾估計這個儲存量約為 10 至 15 艾位元組（exabyte，EB）。但艾位元是什麼？

以下幫助你回顧：

1000 位元組是 1kB（kilobyte，「千」——$10^3$）

1000 kB 是 1MB（megabyte，「百萬」——$10^6$）

1000 MB 是 1GB（gigabyte，「十億」——$10^9$）

1000 GB 是 1TB（terabyte，「兆」——$10^{12}$）

1000 TB 是 1PB（petabyte，「千兆」——$10^{15}$）

[16] 到了檢查合理性的時候了：一部電影需要一段音樂資料儲存量的 1000 倍。這個嘛，電影可以是一段音樂的 50 倍長，而影像的資訊密度則是聲音的 20 倍。

[17] 4K 是好幾種影像標準的集體用詞，其水平方向解析度接近 4000 像素。相較之下，最高品質的 HD「高畫質」標準，稱作 1440p，有 2560 像素的寬度。

1000 PB 是 1EB（exabyte，「百京」——$10^{18}$）

1000 EB 是 1ZB（zettabyte，「十垓」——$10^{21}$）

1000 ZB 是 1YB（yottabyte，「秭」——$10^{24}$）

或者說，你比較偏好（而且還記得 $2^{10}$ 是資訊世界的「千」的話）：

1024 位元組是 1kiB（kibibyte，「千」——$2^{10}$）

1024 kiB 是 1MiB（mebibyte，「百萬」——$2^{20}$）

1024MiB 是 1GiB（gibibyte，「十億」——$2^{30}$）

1024 GiB 是 1TiB（tebibyte，「兆」——$2^{40}$）

1024 TiB 是 1PiB（pebibyte，「千兆」——$2^{50}$）

1024 PiB 是 1EiB（exbibyte，「百京」——$2^{60}$）

1024 EiB 是 1ZiB（zebibyte，「十垓」——$2^{70}$）

1024ZiB 是 1YiB（yobibyte，「秭」——$2^{80}$）

所以，Google 的數據儲存量據估計大約等同於一到二百萬顆我可以買到的 8TB 硬碟。一百萬顆硬碟——把那畫面描繪出來，當作是**視覺化**的練習吧。或許一個貨棧大小的空間，每排 250 顆硬碟共 200 排，疊成 20 層高。那樣就行了。

那「老大哥」[18] 呢？他有多少數據呢？這個嘛，我們無從得知真相，但美國國家安全局（US National Security Agency）在猶他州有一個龐大的數據中心。當然，那裡的容量保密。有位專家布留斯特・凱爾（Brewster Kahle）曾採分而治之的方法，從建築物的大小估計裡頭有 10000 機架（rack）[19] 的伺服器，每機架裡頭有 1.2PB，那就得出 12EB，跟 Google 設施的規模非常接近。

18　譯注：喬治・歐威爾小說《1984》中對所有人進行無所不在之監視的最高領導人。

19　譯注：標定伺服器、網絡交換機等機房設備的單位。一機架單位高度為 44 公釐，寬度為 480 或 580 公釐。

讓我向你搶先報……

- 托爾斯泰《戰爭與和平》的頁數是歐威爾《動物農莊》頁數的 10 倍。

- 第一代 Apple iPod Mini 音樂播放器的儲存量（4GB）是第一代 Apple II™ 電腦記憶體（4kB）的 1048576 倍

- 大英圖書館的所有館藏物件量（1.7 億）是古亞歷山大圖書館推測館藏（50 萬）的 340 倍

- 《哈比人》電影三部曲每秒 48 格版的總格數（1365000）是托爾金（Tolkien）原著小說《哈比人歷險記》字數（95400）的 14 倍

# 讓我細數端詳
## *書中最大的數字*

存在著許多可能的現實，多到有如無限。然而其中多半都未……存活。大部分都像是從未有人真正寫下來的書。一個群體心智，像人類這種的，點亮了一個特定的世界。讓這個世界與其他宇宙的鬼魅相異之處，就在於我們真真切切地活在這裡。

——魯迪・拉克（Rudy Rucker，美國科幻小說家）

---

**下列哪一個是最大的數字？**

☐ 德州撲克（發下 2 張）起手牌的可能牌組

☐ 旅行推銷員造訪 6 個城鎮（並回家）的方法

☐ 以二進位寫出一個古格爾（googol）用到的位數

☐ 讓 6 個人繞著桌子坐的排列方法數

---

## 數學上的大數字

　　雖然這本書是在講實際數數而非數學，但一本有關大數字的書，如果沒有提到數學中出現的極大數字、尤其是排列組合（combinatorics）這個範疇的話，仍不能稱作完整。

面對數字，我們之前一直採取一種非常粗略的途徑。我們滿足於一種「比較多或比較少」的策略，而且事實上，我們幾乎都只在乎掌握數字的近似大小。我們主要的焦點，一直都是「這是個大數字嗎？」這問題。這不是一本數學書。如果是的話，我們探討的應該是跟本書性質差異很大的數字，我們描述數字方法應該也會嚴謹許多。我們應該會小心確保讀者有瞭解到，整數是精確完整的數字，許多整數的數學性質只有數字精準時才有道理。我們也應該會清楚地把真實存在的數字表示到精準，哪怕那數字以十進位寫到天邊也寫不完。一本關於數字的數學書可能包含了超限數、虛數，甚至超現實數等各種美好的發明（或者應該說發現？）。

不過，這是一本關於實際識數能力的書，所以我們不會花太多篇幅在這些數學主題上。事實上，只有當這些數學主題在解答「這是個大數字嗎？」時能提出有趣意涵，我們才會觸及這些主題。

我們就先來看看那種比我們目前看過的數字都還要大上許多的數字，而那毫無疑問地在真實世界中也有其重要性。

## 排列組合

有人說「組合數學」這個數學主題就只是在數數而已。數數確實是這主題的核心沒錯。打橋牌時，從一副 52 張牌裡發出的 13 張牌可以有多少種組合？如果有 6 種可以選擇的配料，能做出多少種不同的披薩？這類問題常常會拿來介紹這個主題。

你可能會注意到，這兩個問題都是關於「數出世界上有多少種潛在狀態」，而非真實事物。沒有人覺得你真的會把 64 種披薩都做出來，然後一個一個點數有幾個；但這至少比 52 張抽 13 張的 6350 億套牌組要來得少。

我們把這當作「數數」來談論，但這些數字完全不是來自

實際的數數動作。它們全都來自排列組合的計算。而且為了要判定機率，常常會進行組合數學式的數數。打橋牌時，一手牌全都是紅色的機率有多大？大約六萬分之一。隨便選的那份披薩有義式臘腸但沒有磨菇的機率有多大？1/4。所以排列組合和機率通常形影相隨。

這是一個真的常遇到非常大數字的研究領域。52 張牌可出現的不同排法，大約是 $8 \times 10^{67}$。那是個大到很扯的數字，這比至今所知宇宙的半徑用公釐來表達的數字還大。如果你把兩張鬼牌加進去，那個數字又得再乘上 2862，使其足足超過 $10^{71}$。這些數字都比你會在實體世界中遇到的數字大上太多，連天文數字都比不上。那些數字都屬於機率而不屬於現實世界。但有時候，我們需要仔細思考機率。

## 那問題有多難？

以越來越多種方式為我們效勞的電腦和智慧型裝置，都只是遵循幾套指令，以非常快的速度在多到驚人的開關之間做抉擇。它們遵循的指令是電腦程式的步驟，以電腦語言寫成。而電腦程式背後的想法、電腦程式的本質，就是一個演算法。

假設我們想買一台二手車，並在網路上找到了十台符合我們選擇標準的候選車。我們想找出價錢最低的那一台，我承認這問題非常簡單。以下是有系統地進行這選擇的算式：

- 把第一台車記在清單上，稱它為「目前最佳」，然後寫下它的價格和相關事項。
- 把第二台車記在清單上。如果比眼前這台「目前最佳」車更便宜，那它就成了新的「目前最佳」車，然後你就把之前寫下的價格和相關事項蓋掉，放上新的。
- 重複這個步驟，直到清單上沒有新的車。

● 整個流程結束後，哪台車的詳細資料中有最新寫下的「目前最佳」，就是最便宜的車。

演算過程就是這樣。這個例子簡單歸簡單，卻帶來一個想法：這只是一份要遵循的步驟清單，而非一個電腦程式（因為不是使用電腦語言），但事實上，程式背後的**想法**就是這樣。

可以想像，電腦科學家關心的是演算法的複雜度。[1] 如果你面對的任務是分析推特（Twitter）訊息流的統計模式，且希望演算法盡可能在最短時間內算到最多的推文。若你花的時間能壓到競爭者的 1/4，你就更有商業優勢。

在尋找最便宜車款的例子中，需要做到的工作量和清單大小差不多成一個比例。處理二十輛車的清單所需的工作量，會是處理十輛車清單的兩倍，處理一千輛車則會花上 100 倍的時間。研究演算法的電腦科學家會說，這個演算法有著「n 等級的運算」。他們會把其複雜度描述為 $O(n)$，所謂的「大 O 符號」（big-O notation），代表隨著搜索涉及的物件增加，工作量也會增加，而且是按比例增加。

如果再麻煩一點，比如說把車輛清單按價格排序，你就會需要排序演算法。以下是一個簡單的排序演算法可能的模樣：

● 找到最便宜的車，然後把它放在位置 1。
● 從剩下的車中找到最便宜的車，然後放在下一個位置上。
● 重複上面指令直到清單上沒有車。

執行這個算式得要做的比對次數，可以輕易算出來。要找到 n 輛車中最便宜的車，會需要比對（n – 1）次。要找到第二便宜的車，需要（n – 2）次比對（已經減少一台了），如此下去。換言之，為 2 個物件進行分類需要比對 1 次，將 3 個物

1　「複雜度」在這裡不是你認為的那個意思。那真的就只是一個「需要花多少步驟」的度量，而不是步驟本身多「複雜」。而步驟的數量之所以重要，是因為那會點出一個演算法在電腦上運行時可能要花多少時間。

件分類需比對 3 次，將 4 個東西分類需比對 6 次，5 個則要 10 次。不難看出，透用這個演算法來計算，分類 n 個物件需要比對 $(n^2 - n)/2$ 次。隨著清單拉長，這個方程式送出的答案會加速變得越來越大。所以 5 個東西需比對 10 次，但 10 個東西就要比對 45 次，而 15 個東西需要 105 次。1000 個物件則需比對 50 萬次。這就是我們在尋找的洞見，因為這能幫助我們在不同的演算法中做選擇。當我們觀察演算法的複雜度時，往往不會去看小於最大次方小的項目（因為當數字變得非常大時，最大次方會有壓倒性的影響力），所以我們會說這個演算法有 $O(n^2)$ 的時間複雜度。[2]

任何有 n 次方（n、$n^2$、$n^3$，如此類推）時間複雜性的演算法，都會被稱為具備「多項式複雜性」（polynomial complexity）。在事物的尺度中，這一般被視為是中間等級的複雜度。

再向上一步就是「指數複雜度」（exponential complexity）。想像一個簡單的腳踏車密碼鎖有 4 個轉輪，每個上頭有 10 個可能設定。那總共會有 10000 個可能的組合。一次測一個組合，一秒鐘測一次，這位偷車賊就得花上 2.75 小時才能測試完畢。這就目的而言已經算夠好了。不過，若再加上一個轉輪，組合數目就又增加了，「解鎖時間」也得增加一個數量級而來到 27 小時。把數字轉輪增加到 8 個，若要把所有可能性都跑過一次，就得花上 3 年多。這是一個時間複雜度為 $O(10^n)$ 的難題，n 就是轉輪數量；而這也同時成了一個「指數─時間複雜度」難題。

事情不是到這邊就結束：還有複雜度更大的問題存在。舉例來說，接下來的「旅行推銷員難題」（Travelling Salesman Problem）的天然解題法或暴力解題法，就有階乘的時間複雜度，[3] 而階乘（factorial）這東西真的會快速變得很大。

電腦科學家會在乎這些，是因為時間複雜度的度量，決定

[2] 這是一個無效的排序演算法，但很好理解。常用的排序演算式會有 $O(n \cdot \log n)$ 的複雜度。如果物件清單已經幾乎排序完成（舉例來說，如果你在電子試算表上一個已排序好的欄目上增加一些新數值），就可以進一步改善。

[3] 一個整數的階乘，是把所有數到該數（也包括該數）的整數相乘起來。所以（比如說）6 的階乘，通常寫為「6!」，就是 $1 \times 2 \times 3 \times 4 \times 5 \times 6 = 720$。階乘很快就會變得相當大：10! 是 3628800；20! 就超過了 2 百京。

了問題能否以務實手段在現實的時間框架內解決。我們所有的網路安全、所有線上銀行業務和購物之所以能進行，都是基於目前的演算法（尤其是因數分解法）有足夠的複雜度。只要用來編碼的數字夠大，現實世界裡就沒有哪台執行破解密碼演算法的電腦，可以快到足以危及安全。

　　所以，這是思考大數字的一個全新方法：不只是數字會有多大，而是當某些參數增加時，它們成長得多快。就像天文學家更在乎規模，即他們所使用數字的數量級，而不怎麼在乎有效位數。演算法學生也比較關注演算法的複雜度，因為那會讓他知道自己這套演算法可以有效運作，還是會在應用於巨大或普通大小的輸入數據時宣告失敗。

## 誰要當旅行推銷員？

　　恐怕你沒聽過，所以我在這裡解釋一下：旅行推銷員難題是排列組合的難題。這難題當中，有位得開車造訪數個城鎮的推銷員。想當然爾，他會盡可能不要在路途上耗費時間，所以他計畫了一趟一圈繞完的行程。他的難題則是在找到最短路徑。[4]

　　問題在於，這個難題為什麼特別有名，甚至惡名昭彰？答案有兩個部分。雖然這是一個很容易說明並瞭解的難題，甚至理論上我們也知道解開這難題的正確方法，[5]但實際上要解決這難題非常困難，因為可能性實在太多。如果只有 3 個城鎮的話（其中一個是家），那難題想必迎刃而解，因為只有 1 種可能性，也就是走 H（H 代表家）→ A → B → H（或把路徑反過來，長度還是一樣）。4 個城鎮，也就是 3 個城鎮和家的話，就只有 3 種可能行程（同樣不計反方向的同條路）。5 個城鎮就有 12 種可能，這就比較花工夫一點。但接下來，數字就快速變大了。

[4]　「最短」可以代表最小的距離、時間、成本，或者任何相等的度量衡。

[5]　這很簡單。把所有可能的路徑列出來，然後選擇最短的。難題在於列出所有可能性並替每個可能性一一估值所花的時間。

| 城鎮數 | 路徑數 |
| --- | --- |
| 家＋2 | 1 |
| 家＋3 | 3 |
| 家＋4 | 12 |
| 家＋5 | 60 |
| 家＋6 | 360 |
| 家＋7 | 2520 |
| 家＋8 | 20160 |
| 家＋9 | 181440 |
| 家＋10 | 181.4萬 |
| 家＋11 | 1996萬 |
| 家＋12 | 2.395億 |
| 家＋13 | 31.135億 |
| 家＋14 | 435.9億 |
| 家＋15 | 6538.4億 |
| ⋮ | ⋮ |
| 家＋20 | 121.6京 |
| ⋮ | ⋮ |
| 家＋25 | 7.756秭 |
| ⋮ | ⋮ |
| 家＋30 | 1.326溝（$1.326 \times 10^{32}$） |

這裡的每個數字都是城市階乘的一半（n!/2）。

事實上，這比指數成長還快：[6] 每一步和前一步相比，光是乘以的倍數就越來越大。

我們有頗大的電腦，對吧？這些大數字對它們來說小菜一碟，不是嗎？真的不是。當某個東西開始呈比指數成長還大的成長時，解決難題的成本會高到**不成比例**的時間點終將到來，而且很快就會來。換言之，算出解答所需的成本／時間／精力成長的速率，遠超過難題規模的成長率，而到達一個無法支撐的負荷量。

這之所以是個大問題的第二個理由，就在於這難題並不是真的關乎旅行推銷員（很驚訝吧！），那只是一個碰巧能簡單表達難題的說法。會在乎這件事的，不是只有替外勤策劃旅程的行銷部門而已。事實上，有很多難題等同於（或者近似）旅行推銷員難題，而好的解答真的非常有用。

許多領域都會出現這類問題：在替印刷電路板鑽孔時、在維修燃氣渦輪發動機時、在 X 射線晶體學、在基因體定序、在電腦佈線、在倉庫提貨工作、在交通工具路線安排和送貨排程、在印刷電路板的佈置、在手機通訊、在糾錯碼，甚至也出現在包括遊戲裡要做出決定，以及把立體畫面呈現在螢幕上的種種程式設計裡。

這就形成了一整個由相關難題集合而成的大家族，對這些難題來說，一旦出現更有效的解答方式，就能帶來龐大利益。面對這些難題，我們確實知道有一個能得出解答的算式，但要輸入的資料組為數驚人，光是算出解答所需的運算能力，成本上就已經高到驚人。而問題就在於大數字。

## 不管了，到底什麼是數字？

一開始是數數字：1, 2, 3……從那時候開始，人們便以越來越「不自然」的方式擴張「數字」的概念。分數只是倒轉了數

字概念：若有一塊肉要分給 4 個採集獵捕者，這樣一整塊肉就得切（分）成片段。零的概念則是「阿拉伯」（其實是印度）數字系統中必要的附屬物，讓一個無限量的數字標記法得以存在，而這可能早在公元 7 世紀就開始使用了

　　負數則很明顯是荒誕無稽之物。怎麼可能會有比什麼都沒有還少的數字，然後加上 5 後居然會得出 3 ？但在交易借貸的世界裡，你能看出這個反向算述法怎麼運作，而且運作起來始終如一且十分有用。所以負數就獲准加入了俱樂部。[7]

　　一致性和實用性等性質，也是虛數和複數獲採用的背後原因。許多人仍在與這些數字奮戰（虛數名稱中所謂的「虛構」意涵沒什麼幫助，因為這些數的虛構程度不比零還多，就跟其他所有數字一樣，它們都是數學概念）。但一致且（驚人地）實用這兩點，讓它們成為評價極高的新成員，在 18 世紀廣受歡迎。

　　到這邊還沒完：19 世紀的格奧爾格・康托爾（Georg Cantor）發現了一種將無限分類並標明程度的方法，而創造了超限數（transfinite number）。接著還有 p 進數（p-adic number），在小數點的左邊可以有無限位數。超實數（Hyperreal number）和超現實數（surreal number）可用來呈現無窮小量。事實上，這些新的數學物件都通過了入門測驗，順利加入數字的俱樂部。它們被接受是因為一致性（若它們包含已成立的數字，就不能違反已被建立的屬性）和實用性（只要有用就可採納）。靈感豐沛的約翰・荷頓・康維（John Horton Conway）寫過一本書叫做《論數字與遊戲》（*On Numbers and Games*），書中開發出一類數字稱作「超現實數」，接著讓這些數字等同於各種紙上遊戲裡的位置。就像這樣，數學家持續在「數字」這個分類中添加新物件。

[7]　一閃而過的念頭：哪個數字比較小？0.1 或者 -1 ？故事是唐納・川普（Donald Trump）走過一個乞討者身邊，聲稱那名乞討者的錢比他多了 90 億，因為當時川普身上正背負著重債。毫無疑問地，乞討者對這件事的觀點跟他不同。當你嘗試沿著「世上百分之 x 的人擁有全球百分之 y 的財富」這條線來建立數學陳述時，這個關於大負數的議題，就成了要認真思考的問題了。

## 那「古戈爾」和「古戈爾普勒克斯」呢？

當愛德華・卡斯勒（Edward Kasner）在寫《數學與想像》（*The Mathematical Imagination*，1940 年）時，他要九歲的外甥米爾頓・賽洛塔（Milton Sirotta）為那些他拿來幫「極大數和無限的差異」舉例說明的數字 $10^{100}$ 取個名字。後來這數字被取名為「古戈爾」（Googol），而且，儘管這數字除了好記之外沒什麼特別顯著之處，但它還是使自己成為一個真正的地標數字。在物理學上，這數字比可觀測宇宙和一個電子的質量比還要大。

一旦你有了創造大數字的方法，你想做多少就可以做多少，而且越做越大，所以就有了同樣由卡斯勒和外甥賽洛塔所創立的「古戈爾普勒克斯」（googolplex），也就是 $10^{googol}$。這個數字甚至連完整寫下來都不可能：宇宙根本沒有那麼多材料來寫這數字，也沒有空間來放。

## 那葛立恆數呢？

1980 年版的《金氏世界紀錄》第一次把葛立恆數（Graham's number）記為「在嚴謹數學論證中使用過的最大有限數」。現在它已不是衛冕者，但仍代表某類數字，而那類數字光要說自己是什麼，就已經很困難。毫不意外地，葛立恆數來自於排列組合中的難題。

隨著我們遇上的數字越來越大，從數數字開始，通過 1000 的舒適圈，來到天文數字，我們需要使用不同策略，好在思考上容納這些數字。我們重新安排了我們思考數字的方式，將概念的重擔轉移並重新平衡重心。這有時候代表說，我們得要從直接瞭解一個數字，轉而瞭解造出這數字背後的算式。

舉例來說，當我們認定「百京」（quintillion）不再比 1018 清晰多少而改用科學標記法時，我們就已經改將演算法（在這

個例子是計算 10 的次方）當作我們瞭解該數字的主要方式。葛立恆數是這種轉變的一個極端版本；任何對這數字的解釋，幾乎就是在解釋建構這個數的演算法。這是一個將數字的次方帶往超乎想像的作法。掌握演算法就已經夠難了，而數字本身則已超出可概念化的程度。甚至沒人知道它的頭位數是多少。儘管建構這個數字的方法已有清楚的定義，但從未有人真的照著這套步驟去算——誰。也。沒。辦。法。

　　到了這地步，你可能會想問：有**任何**辦法可以理解這些數字有多大嗎？答案是沒有，實在沒有，沒有直接的辦法。唯一的辦法是瞭解達到這些數字的過程，並利用我們舒適圈的小數字來展現這些過程中的各個步驟。

　　你可能會問：那葛立恆數到底還是不是一個數？這是個非常好的問題。我們唯一知道的就是建構這個數字的方法，但那是一個永遠沒辦法照著進行的方法，因為那需要的空間和時間比宇宙所能提供的還多。但你再想想，我們平常寫下的每個數字，甚至連我這杯咖啡的價錢 2.5 英鎊，都不是數字本身，而是一個建構這數字的方法，一個演算法。差別只在於對過程的熟悉程度不同而已。

## 那無限呢？

　　即便我們永遠數不來，但我們知道數字可以無限數下去。不管我們數到多大，我們永遠都到不了某處，在那裡我們可以說，到啦！各位，數到這邊就是全部囉。我們不知道宇宙是否無限，但我們可以思考並計算的長度、質量和時間都沒有上限。然而，嘴巴說數字範圍沒有極限是一回事，把無限本身當成一個東西來談，卻是完全另一回事。無限並非一個目標，我們的數列上沒有它的位子。

　　即便如此，前面也已提過，19 世紀時格奧爾格・康托爾專

心致志於思考無限以外的數字，並以一種和已確立的數字方針一致且能證明有用的的方式來思考。你應該預料得到，他的成果激發了強烈的反應，畢竟他講的可是某種很難理解的東西，什麼是要把不同種類的無限做分類？但到最後仍獲得了數學圈的接受和採納。19 和 20 世紀數學界的一位領頭者大衛‧希伯特（David Hilbert）就曾稱讚康托爾的成果：「沒人可以把我們從康托爾創造的樂園中驅逐出去。」

　　康托爾做的，是替「超限數」這種能適用於無限數字組的新類型數字（像自然數適用有限數字組一樣），建構一套創造方針。每個超限數都是一個「無限」，因此比任何你可以說出的有限數字還要大。所以，如果你去問康托爾的超限數「是不是個大數字？」，這問題根本沒有意義。那數字處在它自己的領域中。

---

**你只要處理數字就行了……**

- 0和1之間的實數數量（「連續」〔continuum〕超限數）等於所有實數的量。
- 重新排列70個物件的方法略多於一古戈爾。
- 在阿基米德的著作《數砂者》（*The Sand Reckoner*）中，他估計裝滿宇宙的砂礫為 $8 \times 10^{63}$ 顆。
- 所有有理數的總數量（「阿列夫零」〔aleph-null〕超限數）等同於所有自然數的總數量。

# 第四部
# 公共生活的數字

# 識數公民

美好的生活，就是被愛所鼓舞、被知識所引導的生活。

—— 伯特蘭‧羅素（Bertrand Russell[1]）

[1] 譯注：英國哲學家、數學家兼邏輯學家，致力於哲學的普及化。本句引自《我信仰什麼》（ *What I Believe* ）Routledge 出版，2013 年，第 10 頁。版權屬伯特蘭‧羅素和平基金會所有，由 Taylor & Francis 同意授予。

　　每一天，我們都做出決定，不只影響我們自己也影響周遭人。有些選擇有立即而直接的後果，比如我們投下的選票；有些選擇是無聲的，比如我們過往造訪某些網頁時買下的產品，留下了足跡，影響了遠端做出的商業決定。有些選擇就比較喧嘩，比如我們公開表達的論點。有些人在公共生活中提高音量並活躍地發揮作用，有些人則擔任家長、教師或同事角色，以較為和緩的方式接觸並影響他人。不論安靜或吵鬧，我們的選擇都會激起漣漪，而這些選擇加總起來塑造了我們社會的模樣。我們應該盡可能地讓那些選擇被知識所引領。

## 世界的骨架

　　達文西曾解剖人類和動物的身體，來瞭解他筆下人類和動物的肌肉骨骼。他瞭解到，能因選擇或意外而被改變或扭曲的表相，是不足夠的。對達文西這位藝術家來說，他筆下的人物因肌肉組織得到了輪廓、份量、力道和動作，但深藏肌肉之下的骨骼，以及骨骼連結的方式，向他展現了人體關節的可能範

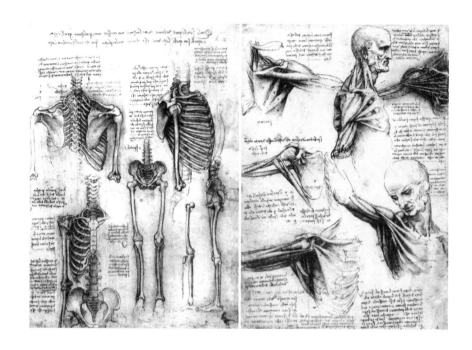

圍。這是他筆下人物擁有如此龐大力量的因素之一。但要能瞭解到這個地步,達文西得要看穿皮相之下的事物。

我們都拚了命想要瞭解這個世界。然而我們看到的多是表面,而那有可能會使人混淆。真的,太多事實、太多數字,導致我們無法適當地吸收、詮釋並判斷我們所得到的一切資訊。

人很容易就陷入確認偏誤。我們把新資訊和我們的成見做比對,並藉此過濾某些資訊。如果新資訊與我們的世界觀相合,我們就接受、認可並不加批評地將它分享出去。當資訊威脅到我們的偏見時,我們便找理由反駁,緊抓住任一絲將其合理化的可能。

我們沒辦法從頭開始就把每個決定都完整想過。我們總要參照一個內化了的世界模型來做選擇。如果該模型夠緊密地合乎現實,那我們所做的決定就比較可能有好結果。然而,一個根據表象塑造的模型,有可能是一個差勁的模型。最好是遵循達文西的解剖例子,試著找出深藏在表層下的東西。而那就代

表說，去瞭解這世界的肌肉和骨骼。如果我們的價值和信仰都連結於深刻的理解之上，這兩者就會更有說服力，也更不容易被情緒操弄所傷害，更會在證據顯示需做出改變時有更靈活的反應。

　　這聽起來或許相當天真，但要創造像這樣的一個心智模型，除了以識數、邏輯且理性的方式來理解我們所生存的世界，並以這種理解為基礎來創造心智模型之外，我不知道還有什麼別的方法。如果我們老實地尋求對世界的真實見解，那數字就會在我們正確時支援我們，並在我們錯誤時挑戰我們。

　　那並不是說有個唯一且絕對的「正確」觀點。科學理解會不斷變化，而科學是透過尋找「越錯越少」的解釋來持續前行。同一套現實往往能在因果關係上做出不同詮釋。人們擁有不同的價值觀，並以不同目標為優先。當觀點和價值在公開辯論中衝突時，數字常被用來當作武器，有時真正是辯論的一個環節，但時常就只被用來轉移焦點。瞭解數字從哪裡來，以及數字代表什麼意思，能幫助我們理解這些論爭，讓我們判斷這樣的論爭是關乎表面還是關乎更深刻的現實。是皮相，還是骨架？

## 全球數字

　　全世界各地的人所面對的難題，有越來越多一模一樣。不只是類似的難題，而是難題本身橫跨了國界，而各國政府不能單憑自己處理問題。土地汙染、海洋汙染、空氣汙染；氣候變遷、生物棲地和生物多樣性消失；國家失衡造成的區域和全球影響；跨國公司的租稅套利；組織犯罪；然後，沒錯，還有恐怖主義。這些本身就極複雜且困難的問題，因為其「國際」性質，人們幾乎沒辦法對付。

　　很難看出身為個體的我們，能對這些問題有什麼影響力。

但我們身為各國公民，可以嘗試選出一個能適切關注這些廣大議題的政府；至於身為世界公民，我們可以在自己的聲音能產生正面貢獻的地方發聲。我們可以把時間、精力和金錢奉獻給我們所相信的運動。

但我們要怎麼知道「適切關注」是什麼意思？我們怎麼知道我們的精力和資源花在哪裡才是最妥善的？就如羅素所主張的，我們心中的愛或許會鼓舞我們，但若要獲得有效的指引，就必須仰賴我們腦中的內容、仰賴知識。而知識就意味著數字。

本書的這一部分要處理幾個在國家和全球層級上的重要主題，在這些主題中瞭解數字與否會產生差異。這部分涉及了金錢和經濟；人口和牲口的成長；野生動物的數量減少；差異和不平等的度量衡；以數字呈現生活品質的嘗試。

當然，這不是一份詳盡清單。相反地，這部分呈現的是一個識數方針怎麼使用挑選過的範例，來闡明某些非常重要的問題，並建立脈絡讓我們瞭解這些問題。

而在這些問題裡，第一個便是金錢。

# 百萬大富翁
## *數現金*

這邊 10 億、那邊 10 億，很快你就要講到真錢了。

——艾佛列特・德克森（Everett Dirksen）[1]

如果你的錢數得來，那你就不是有錢人。

——讓・保羅・蓋蒂（Jean Paul Getty）[2]

[1] 譯注：20 世紀前半的美國共和黨政治人物。

[2] 譯注：美國實業家，蓋蒂石油公司創辦人。

下列哪個最大？

☐ 阿波羅登月計畫的成本（以 2016 年美金價值計）

☐ 科威特 2016 年的國內生產毛額

☐ 蘋果公司 2016 年的營業額

☐ 俄羅斯的黃金儲備值（2016 年 7 月）

## 記帳棍和股東

　　商業一直都仰賴著借貸。其實很少有生意一談妥，就一口氣完成所有商業交易，這通常不太可行也不方便。現代的會計系統能可靠地記錄借貸，但早在發明複式簿記的許久之前，中世紀歐洲就已經發展出一種方法，能把借貸用一種防竄改的方

式記錄下來。

記錄者在一根木頭的一邊或者好幾邊上刻下痕跡，用以標記借貸量。接著，他們把這根所謂的「記帳棍」從中切開，讓兩半擁有能相符的刻痕。其中一片會切得比較長，稱作「股」（stock），由出借者、也就是股東所持有。短的那片則稱作「襯片」（foil）。

牽涉其中的金錢則用一連串不同寬度的刻痕記錄下來。在理查・菲茲尼爾（Richard FitzNeal）於 12 世紀所寫的專著《國庫對話錄》（*Dialogue Concerning the Exchequer*）中，有以下的記載：

刻痕的方式如下。在記帳棍頂端刻下一道，刻痕厚度比照掌寬，來代表 1000 鎊；接著 100 鎊以拇指寬的刻痕代表；20 鎊，是小指頭寬度；1 鎊，則是膨脹的大麥粒寬；1 先令稍微窄一些；然後 1 分錢就是刻一道不切下木頭的刻痕。

當借貸結清之後，「股」和「襯片」就會重新拼在一起。此時關鍵之處在於，付清債務的人可以確認他們是付錢給有資格接受還款的一方。紋路既然相符，就證明「股」和「襯片」來自於同一根記帳棍，就算這筆債已賣給別人，股的信物也會一併轉交過去，成為有形證據。而刻痕的相符，能證明數字沒有被更改。所以，記帳棍仰賴的是某些日後會讓紙鈔和其他金融工具得以通用的原則：「借貸的象徵物可從一個債權人轉交給另一個，且錢可以化為資訊形式，即以驗證手段所支持的數字」的想法。而在當前的 21 世紀，這同樣原則正支撐著錢的一種最新型態，也就是比特幣（Bitcoin）。

儘管今日的錢大多數都是以一種安全資訊的型態為人所持有，但在過去大部分的時間裡，錢的形式都是稀有或貴重的實

體物件，而那之中最重要的一種就是硬幣。

## 古錢裡都是些什麼？

　　1516 年，一座位於波希米亞（Bohemia）地帶（今屬捷克共和國）約西姆斯塔爾（Joachimstal）城的銀礦場開始運作。來自該礦場的銀礦於 1518 年首度鑄成硬幣，而那一批銀幣被稱為「約西姆斯塔勒」（Joachimsthaler）。該名稱被縮寫為「塔勒」（thaler，後來在荷蘭文的解譯中又拉長為「獅子塔勒」〔leeuwendaalder〕）[3]。這些詞為我們帶來許多不同的貨幣單位名稱：包括斯洛維尼亞的「脫拉爾」（tolar）、羅馬尼亞和摩爾多瓦的「列依」（leu）、保加利亞的「列弗」（lev），當然還有美國的美元（dollar）。

　　但歷史遠比波希米亞造幣廠悠久的前例也不少。最早發現硬幣的地方，是今日土耳其境內屬於古代呂底亞（Lydia）王國的領地。其中最古老的，據信鑄造於公元前 700 年左右。那些硬幣是不太規則的金銀合金團塊，只有一面有花樣。我們認定它們是錢幣的理由，就在於它們有標準化的重量。

　　公元前 3 世紀時，羅馬人在朱諾・莫聶塔（Juno Moneta）神殿裡生產硬幣。莫聶塔這個名字來自拉丁文的 monere，意指「提醒、警告或指示」，而透過這神殿的名稱，我們可以找到「鑄幣廠」（mint）和「錢」（money）這兩個詞（此外還有「告誡」〔admonish〕）的源頭。羅馬人把他們的貨幣流通到了帝國各處，而其基本單位為「第納里烏斯」（denarius）。12 第納里烏斯合為 1 索利都斯（solidus），而 20 索利都斯合為 1 鎊（libra）。[4]

　　查里曼（Charlemagne）把一套奠基於羅馬人的貨幣系統引入了歐洲。就金錢而言，1 鎊原本是重量 1 磅的銀製一分錢，法

[3]　這名字指的是荷蘭版銀幣上的獅子（leeuwen）。

[4]　在拉丁文中，1 磅重是 libra pondo。從這個詞裡，我們得到了里拉（lire）、里弗爾（livre）、英鎊，甚至披索（peso，拉丁美洲及菲律賓等地使用之貨幣名稱）和比塞塔（peseta，字面意思是「重量」）（譯注：西班牙與安道爾在採用歐元前使用的貨幣）。

5　而「丹尼」這個用在絲綢庫存的絲線細密度度量，也來自同個源頭。根據現代定義，丹尼這個度量是指 9000 公尺絲線的重量以克計；所以絲線的細密度就可藉由替已知長度的纖維秤重而得出結果。而查里曼鑄造的一丹尼硬幣，大約重 1.2 克。

文稱丹尼（denier，而一磅是 240 枚這樣的硬幣）[5]，而 1 先令則是 1 鎊的 1/20。模仿查里曼的銀本位系統在歐洲流傳開來，像是西班牙的硬幣名稱「錢」（dinero）就反映了這個情況。在英國及繼承大英帝國貨幣系統的國家裡，這個系統一直存續到了 1970 年代。

歐洲大部分都採用查里曼的銀本位，而阿拉伯與拜占庭世界則採用金本位。伊斯蘭的伍麥亞王朝（Umayyad dynasty）發行金第納爾（dinar，同樣來自拉丁文的第納里烏斯），而拜占庭則發行後來所謂的拜占特（bezant）。直到現在，紋章學中黃色圓形標誌的稱呼仍是「拜占特」。

至於英國的單位吉尼（guinea）則非常奇妙：1 鎊再加 1 先令。一筆有中間人安排的交易，會由買家支付某一數量的吉尼，其中該數量的鎊要給賣家，至於多出來的先令則是被中間人當作佣金收走，因此佣金等同於 5%。更奇妙的一點是：等於 21 先令（252 便士）的吉尼，會平均地被 7 和 9 均分而不會多出幾便士的零錢。

「現金」（cash）這個詞有很奇妙的雙重語源。第一個起源來自中世紀法語的 caisse，根源於拉丁文的 capsa（意指盒子，通常是圓柱形）。[6] 另一方面，早期那種中間開方孔的中國銅幣也被稱做「cash」，而這個詞最初源自梵語的「karsha」（銅）。這種錢從公元前 2 世紀就開始使用，並以繩索從中間的孔穿成一串，而形成了「貫」，按規定是一千錢成一貫，有時候再分成數百個。這些一般來說行走時掛在肩上的貫錢，通常比整數一千略少，因為把這一貫錢串起來的活會拿走幾個工錢。

6　比較小的這種東西很自然地就是一顆「膠囊」（capsule）。

到了唐朝（大約是公元 600 至 900 年）時，人們開始使用「飛錢」。飛錢其實就是最早的紙幣，視為等同於貫錢的證明券，有時候甚至上面畫上了代表的貫錢數量。而絲綢布帛也在唐朝年間成了一種眾人認可的償債工具，因此也成為一種貨幣。

標準的一匹布為 12 公尺長、54 公分寬，用於高價值的交易活動。

第一個印度硬幣可追溯到公元前 6 世紀。「盧比」（rupee）這個字來自一個印度語用詞，意指「有形的」或「有印記的」，至少從公元前 4 世紀就開始使用，指的是銀幣。在 1957 年改為十進制之前，1 盧比還是分為 16 安那（anna），而每 1 安那又分成 4 派沙（paisa，該詞根源是指「1/4」），而 1 派沙又分成 3 派（pie）。改採十進制之後，盧比就變成等同於 100（新）派沙。

先令仍然是肯亞、烏干達和坦尚尼亞的基本貨幣名稱，而在 2002 年採用歐元之前，先令（schilling）也是澳洲的貨幣單位。這個名字源自古諾斯語，意思是「切分」。

「克朗」（crown）這名字也得以存續，在斯堪地那維亞諸國稱作 krone ／ krona（台灣稱「挪威克朗」及「瑞典克朗」），在捷克則稱做 koruna（台灣稱「捷克克朗」）。英國的 1 克朗銀幣（silver crown）則等同於西班牙銀圓（Spanish dollar），等於 1/4 英鎊；且由於 20 世紀早期的固定匯率制中 1 英鎊等於 4 銀圓，因此 1 克朗銀幣在 1940 年代的英國得到一個暱稱叫做「銀圓」（dollar）。

早在美國革命之前，人們就普遍使用 dollar 來稱呼廣泛通行於美洲大陸的西班牙銀圓。當新國家成立需要新貨幣時，美國人便於 1775 年採用了這個名稱。[7] 西班牙銀圓的硬幣本身可切成八份（除了 Spanish dollar 之外，西班牙銀圓也稱做「八份」〔piece of eight〕）[8]。八份中的兩份構成 1/4 的圓，也因此美國的 1/4 元（quarter）有時會叫做「兩片」。十分錢（dime，原本拼法是法國式的 disme）這個字來自拉丁文的 decima（1/10），而「五分錢」（nickel），其實是用鎳（nickel）這種金屬做的。而 1 美元有時叫做「巴克」（buck）是因為，沒錯，因為 18 世

[7] 在 1857 年之前，西班牙銀圓都是美國的法定貨幣。

[8] 這枚硬幣讓《金銀島》（*Treasure Island*）裡的那隻鸚鵡弗林特船長（Captain Flint）有了牠的名言：「八份銀幣！」（pieces of eight!）

紀的美國會拿鹿（buck）的皮來交易。

## 測量金錢

金錢以兩種方式用來測量經濟實力：貨幣量可代表資本、累積的資產儲量；或者債務，則指停滯的錢。貨幣量也可以呈現收入或支出的流動，那是流通中的錢。[9] 把這兩個用途搞混在一起是很常見的（舉例來說，國債是資本量、一種累積；而國家財政赤字是一個收入量、一種流量）。這是水庫和河流的差別。

說起來，一筆錢就只是一種比較華麗的數數形式，而非測量任何一種真正實體量的方式。我們說一筆錢有多少美元多少美分，不過是用美分這最小單位來表示該總數。對其他貨幣來說，一筆錢也同樣就只是數出了有多少法定貨幣的最小代表單位而已。

當我們測量距離、質量、時間的時候，我們可以仰賴一套信譽卓著且可靠的標準單位制，那是被全球所接受的國際單位制。然而，我們在金錢方面沒有這樣的絕對標準，只得選擇一種貨幣來符合我們的目標。身為今日世界最強勢貨幣的美元，是本書中我們用來測量金錢的貨幣。[10] 但就算是偉大的美金，也非一個固定的參照點。

## 貨幣：金錢的擺動準繩

貨幣之間的匯率會持續變化。所以，如果你要尋找地標並希望熟記轉換方法的話，就得不時更新資訊。新聞媒體比較擅長在報導中換算國內外貨幣：即便如此，若能對世界主要貨幣之間的比值有約略印象的話，將會相當有幫助。要記得，貨幣

[9] 「貨幣」（currency）這個詞（指英文）本意是什麼？以下是線上字源學字典（Online Etymology Dictionary）的條目：「currency」，1650 年代，「流動的狀態，」來自拉丁文的 currens，currere（「跑」，見 current (adj.)）的現在分詞；（由約翰·洛克〔John Locke〕）於 1699 年從「一道水流」或「路徑」延伸出「金錢的循環」的意義。

[10] 當我寫作本章時，英鎊對上美元和歐元都明顯貶值，而這是市場人心反對英國投資的結果，而美元本身也正在貶值。親愛的讀者，你比我還清楚這最後會發生什麼事。

的絕對價值並不比貨幣間的比值來得重要，也不比那些貨幣比值隨時間變化的方式來得重要。

記住這一點之後，右方是 2017 年末一些確切的地標匯率。

## 利息和通貨膨脹

如果問的是利率和通貨膨脹率的話，要回答「那是個大數字嗎？」始終都不容易。看起來普通、甚至特別小的數字，都可以悄悄導致極大的金融效應。舉例來說，跟高利貸金主以很低的月利息 10% 借 1000 元（或者不該借這筆錢才對，我們等下就來看為什麼）。的確，這個利息聽起來比你預計要付給銀行的利息要高一點，但說真的，也沒高到多誇張。真的嗎？

事實上，如果你忘了付月息，讓它一個月一個月累積的話，一年後你就會累積到一筆高達 3138 元的債。[11] 如果同一筆 1000 元的債務兩年都沒還，累積的債務就會是 9850 元。

看起來很小的利率差異，可以有很大的效應。如果利率低一點，好比說每個月不是 10% 而是 5% 的話，一年後的總債額就「只有」1796 元，而兩年則是 3225 元。利率砍半的話，會讓需要支付的利息比一半還要少很多。

複利的計算方式，就只是把成長率換算成如此成長所得出的效應。這和對數尺度背後的邏輯基本上一模一樣。在對數尺度上，每一步都代表了前後一致的倍數增加和成長量。當你有了一筆以複利成長的錢（或債務），利率就代表你每一期的步伐大小，而你的利率計期（在我們的例子中是數個月）就代表你走了幾步。而我們已經知道，在對數尺度上我們很快就會達到非常大的數值。

而成長的反面是萎縮，這是在通貨膨脹時會發生的事。同

### 地標數字

100 美元可以讓你買到大約：

- 125 澳幣（AUD）
- 120 加拿大幣（CAD）
- 95 瑞士法郎（CHF）
- 85 歐元（EUR）
- 75 英鎊（GBP）
- 780 港元（HKD）
- 10800 日圓（JPY）
- 650 人民幣（CNY）
- 6400 印度盧比（INR）
- 5750 俄羅斯盧布（RUB）

[11] 計為 $1000 \times (1.10)^{12}$。

樣地，看起來無害的數字若持續長時間發酵，就會產生令人震撼的效應。

## 還記得一元只是一元的時候嗎？

通貨膨脹是另一個阻礙人直接理解金錢數字的複雜問題。質量擁有「公斤」這種固定又穩定的參考單位，時間和距離也有科學定義下的絕對標準，但金錢沒有絕對的標準。就連過去的金本位或銀本位也非絕對值。先不管匯率變動，任何貨幣本身的價值都會持續隨時間變化，通常會在通貨膨脹造成影響時貶值。而且一說到錢，我們就都會失去對相關數字的思考掌握力。

至於利息，以百分比呈現、看似夠平穩的通貨膨脹率，若是透過複利計算，也會造成驚人的巨大效應。1970 年代，美國的平均通貨膨脹率是每年（per annum，pa）7.25%。7.25%pa 的通貨膨脹率，看起來不怎麼凶猛，和二戰前的德國，或者更近期的 1990 年代辛巴威的惡性通貨膨脹相比，並不怎麼樣，但這已經夠有破壞力了。如果你每年都加重這樣的通貨膨脹率，並且累加十年，你手頭上美元的購買力最後會整個下滑 50% 再多一些。所以，1980 年的一美元能買到的東西就只有 1970 年一美元的一半。你藏在床墊下的錢都會少掉一半的價值。

相對地，2000 年代，美國平均通貨膨脹率是 2.54% pa，而這代表那十年間的貶值係數只有 22%。失去 22% 的價值依舊是一個反對把錢藏在床墊下的強力論點，但沒有 1970 年代的狀況那麼糟。

長遠來看，過去的一個世紀裡，美國平均的通貨膨脹率是 3.14% pa。這代表經過了一百年的累加之後，金錢貶值了 95.5%。換個說法就是，今天的一美元只能買到一百年前價值

4.5 分錢的東西。在英國，這個膨脹率平均是 4.48%，累加起來讓錢貶值了 98.75%——一英鎊只有以前價值的 1/80：以舊幣制來算是 3 便士，等於今日的 1¼ 便士。英國和美國看起來夠小的 1.34% pa 通貨膨脹率差異，在經過一整個世紀之後，讓英鎊貶值到當初同等美元的 1/4 價值。

比對過去不同年份的金額，我們必須考量通貨膨脹。我們必須明確指定該金錢單位適用於哪一年，以此來訂正我們所使用的金錢單位。所以我們會說 1970 年的美元，或者 2017 年的英鎊。如果要比較（好比說）越戰的花費和伊拉克行動的花費，越戰的花費就必須放到一個可比較的指定日期，來重新估算其價值（因此，若將越戰花費根據通貨膨脹來調整為 2016 年的美元，估計結果就是越戰的 7780 億美元，對上伊拉克的 8260 億美元）。

通貨膨脹另一個更微妙的效應，是當我們測量金額時，數世紀以來通貨膨脹累積的效應，會導致我們現在的日常消費金額變得非常高。一份年薪可能到幾萬美金甚至更多，而以本書而言，這就是一個大數字了。國家預算是以數十億甚至數兆計。說到錢的時候，如果問起「那是個大數字嗎？」，就是在問一個比平常還要難應付的問題。

在珍奧斯汀（Jane Austen）的《傲慢與偏見》中，浪漫的男主角達西先生（Mr Darcy）據說一年有 10000 英鎊的收入。那是個大數字嗎？如果以今日看這個數字的話當然不算，但英鎊從 1810 年以來價值改變了多少呢？

通貨膨脹讓「理解背景設定在過去的書中所提到的金額」變得格外困難。為了讓你方便理解，這裡準備了一份計算簡表，來告訴你歷史上的金額（英鎊或美元）要乘以多少倍才能與當代貨幣等值（以 2016 年幣值為準）：[12]

---

**概略測量**

要大略算出利率何時會讓你的錢倍增，就把 72 除以利率以百分比顯示的那個數字。以 6% 的利率來說，會花上 12 年。

重新檢查：

1000 美元 × $(1.06)^{12}$ = 2012 美元

同樣算式也可以讓你知道通貨膨脹率要花幾年，就能把你手頭上金錢的價值砍半。以 1970 年代的美國來說，美元價值大約會在 10 年左右砍半（72/7.25 = 9.9 年）。同樣道理也能適用於其他所有成長率。每週都能多吸引 10% 訪客的網頁要讓瀏覽者加倍，只需要 72/10 = 7 週而已。

---

12　當我動筆時，英鎊正在暴跌。這些數字都是脫歐之前的……

| 假設該書的<br>背景年代為… | 多久以前<br>（以 2016 年幣值為準）？ | 英鎊的話<br>要乘以… | 美元的話<br>要乘以… |
|---|---|---|---|
| 2015 | 1 年前 | 1.02 | 1.01 |
| 2011 | 5 年前 | 1.12 | 1.07 |
| 2006 | 10 年前 | 1.33 | 1.19 |
| 2001 | 15 年前 | 1.52 | 1.36 |
| 1996 | 20 年前 | 1.7 | 1.5 |
| 1991 | 25 年前 | 2.0 | 1.8 |
| 1986 | 30 年前 | 2.7 | 2.2 |
| 1976 | 40 年前 | 6.6 | 4.2 |
| 1966 | 50 年前 | 17.1 | 7.4 |
| 1941 | 75 年前 | 46.3 | 16.3 |
| 1916 | 100 年前 | 80 | 22 |
| 1866 | 150 年前 | 109 | ～ |
| 1816 | 200 年前 | 89 | ～ |
| **1810** | **206 年前** | **72**[13] | ～ |
| 1766 | 250 年前 | 160 | ～ |
| 1716 | 300 年前 | 189 | ～ |
| 1616 | 400 年前 | 233 | ～ |
| 1516 | 500 年前 | 922 | ～ |

[13] 一件有趣的事情值得注意，那就是這個數字比同一排上面的數字低。這反映的是 1816 年至 1866 年間的通貨淨緊縮。1819 年至 1822 年間，英國通貨膨脹每年都是負的，並在 1822 年低到了 – 13.5%。

　　適用於達西先生收入的 1810 年係數會是 72，代表說他的年收入 10000 英鎊若以今日來看，會是高到不尋常的 72 萬英鎊，而那確實是一筆大數字，足以讓他輕易成為「1%」的頂尖高收入者。

## 購買力的非常規指數

匯率並沒有充分反映不同國家的金錢相對價值。不同的貨物和勞務會根據各地條件來遵守各自的供需，還有一大堆其他因素也可能影響到你的錢實際上能在不同國家買到多少東西。

1986 年，《經濟學人》（*The Economist*）雜誌以一種半幽默的方式來闡明這一點，而採用了大麥克指數（Big Mac Index）。其中的想法是，如果追蹤麥當勞大麥克漢堡的價格（他們判定這是一種在國際各地都能取得且大致上各地都達到標準化的日用品），就可以追蹤不同貨幣的真正相對購買力。三十年後，這個指數仍在運作中。2017 年 9 月時，大麥克最貴的地方是瑞士（6.74 美元），最便宜的地方是烏克蘭（1.70 美元）。美國則是 5.30 美元，而英國是 3.19 美元。

因為麥當勞在非洲不如肯德基強勢，因此有人採用了肯德基指數（KFC Index）來測量非洲一地的購買力。

在同一種脈絡下，彭博（Bloomberg）企業情報組織發表了比利指數（Billy Index），以全球家具供應商宜家家居（IKEA）各地都有出售的「比利」書櫃[14]為指數根據。2015 年 10 月，比利在斯洛伐克最便宜（39.35 美元），而在埃及最貴（101.55美元）。這書櫃在美國賣 70 美元，英國則是 53 美元。

[14] 對，我家也有一組。

## 測量經濟

錢可以用來測量很多東西，尤其是一個國家的經濟規模。以下是許多國家 2016 年時的國內生產毛額（GDP）[15]排成數字梯。如你所預期的，最小的經濟體都是島國。要記住，數字梯上每三階就代表增加為 10 倍；所以這是某種對數尺度：數字會相當快地變得非常大。

[15] 下一章會更深入探討 GDP。至於現在，就先把這想成是一個國家一年能賺多少。這等於是國家的年薪。

| | |
|---|---|
| **地標 GDP 數字** | |
| • 薩摩亞——10 億美元 | |
| • 蒙特內哥羅——100 億美元 | |
| • 塞爾維亞——1000 億美元 | |
| • 波蘭——1 兆美元 | |
| • 印度——10 兆美元 | |
| • 美國——17 兆美元 | |
| • 中國——23 兆美元 | |

| | |
|---|---|
| 1000 萬美元 | 紐埃島（Niue）的 GDP = 1000 萬美元 |
| 2000 萬美元 | 聖赫勒拿、亞森欣與崔斯坦達庫尼亞（Saint Helena, Ascension, and Tristan da Cunha）　的 GDP = 1800 萬美元 |
| 5000 萬美元 | 蒙哲臘（Montserrat）的 GDP = 4400 萬美元 |
| 1 億美元 | 諾魯的 GDP = 1.5 億美元 |
| 2 億美元 | 吉里巴斯的 GDP = 2.1 億美元 |
| 5 億美元 | 英屬維京群島的 GDP = 5 億美元 |
| 10 億美元 | 薩摩亞的 GDP = 10.5 億美元 |
| 20 億美元 | 聖馬利諾的 GDP = 20.2 億美元 |
| 50 億美元 | 東帝汶的 GDP = 49.8 億美元 |
| 100 億美元 | 蒙特內哥羅的 GDP = 106 億美元 |
| 200 億美元 | 尼日的 GDP = 203 億美元 |
| 500 億美元 | 拉脫維亞的 GDP = 509 億美元 |
| 1000 億美元 | 塞爾維亞的 GDP = 1010 億美元 |
| 2000 億美元 | 烏茲別克的 GDP = 2020 億美元 |
| 5000 億美元 | 瑞典的 GDP = 4980 億美元 |
| 1 兆美元 | 波蘭的 GDP = 1.05 兆美元 |
| 2 兆美元 | 南韓的 GDP = 1.93 兆美元 |
| 5 兆美元 | 日本的 GDP = 4.93 兆美元 |
| 10 兆美元 | 印度的 GDP = 9.72 兆美元 |
| 20 兆美元 | 美國的 GDP = 17.42 兆美元 |
| | 中國的 GDP ＝以購買力計為 21.3 兆美元，或以名目匯率計為 11.2 兆美元 [16] |

16　11 兆的數字是根據刻意壓低的匯率；21 兆的數字是根據該國購買力的估計數字。

**真有錢！**

- 德國的 GDP（2016年：3.98兆美元）是**巴基斯坦** GDP（2016年：9880億美元）的4倍

- **英國的** GDP（2016年：2.79兆美元）比**法國** GDP（2016年：2.74兆美元）略多

- **中國石油**的營業額（2015年：3680億美元）是**雀巢公司**營業額（2015年：922億美元）的4倍

- **法國**總稅收（2016年：1.29兆美元）是**芬蘭**總稅收（2016年：1280億美元）的10倍

- **福斯汽車**營業額（2015年：3100億美元）是**通用汽車**營業額（2015年：1560億美元）的2倍

- **巴西**的 GDP（3.14兆美元）是**玻利維亞** GDP（783億美元）的40倍

- **英國**的出口額（2016年：8000億美元）是**愛爾蘭**出口額（2016年：4020億美元）的2倍

- 《**STAR WARS：原力覺醒**》的製作成本（2億美元）是**藍寶堅尼** Gallardo跑車成本（20萬美元）的1000倍

# 虛張聲勢者的國家財政指南

為教育付出的稅，和放任人們無知所要付出的代價相比，連千分之一
都不到。

　　　　　　　　　　　　──湯瑪斯．傑佛遜（Thomas Jefferson）

如果你覺得教育很昂貴，就等著看無知的代價有多大吧。

　　　　　　　　　　　　　　　　　　　　──巴拉克．歐巴馬

　　我們有多少人真的懂國家財政呢（經濟學家不算）？若講到
我們政府透過稅收使用在我們身上的錢，誰會對那些數字有清
楚的感覺呢？很少有人會讚美自己繳的稅，也很少有人徹底感
激政府為我們花的錢。似乎每一個存在過的反對黨都宣稱他們
可以消除政府內的效率低落，但又不可避免地在掌權之後，下
一個政府又把那些承諾過的「節省效能」轉換成「削減項目」。

　　先別憤世嫉俗，理解（至少大略知道）政府財政如何運作，
以及相關數字規模有多大，都是有幫助的。這不是一堂經濟學
課，但按照本書精神，我希望能為你描繪出夠正確的圖像，讓
你能對相關數字大小有可靠印象，同時又能讓事情保持清楚簡
單，而不會糾纏在那些讓經濟變成如此難以掌握的眾多複雜因
素之間。

　　這幾頁會用非常概略的描繪，好從根本上建立相關數值之
間的相對規模，好比說，美國和中國大致上有同樣數量級的經

濟體，而英國則是略多於上述規模的 1/10。

　　若把每個國家的數字都包含進去，恐怕會讓這一章變成一大串表格。所以我只選了三個國家來描繪這些要點：我所居住的英國，以及美國和中國這兩個世界上最大的經濟體。它們分別在有強烈對比的環境和制度下運作。

　　另一個難題在於這些數字會隨時間不斷改變。通貨膨脹和經濟成長的效應（還不提其他眾多的改變力量）讓我這裡所寫的數字很快就過期。不過，這一章的要點是展現**相對**的大小和規模，所以我鎖定了近期的某一年，也就是 2016 年，這一年所有的帳目和校正如今都已經塵埃落定。最後，我們會使用美元為標準貨幣。

　　先跟你說一聲，IsThatABigNumber.com 網站，有一些和國家財政相關的頁面，可讓你從數十個國家中選擇，並讓你探索你選的國家的這類數字。

## 我們賺多少？

　　「國內生產毛額」或 GDP：這個枯燥無味的名字就是我們的出發點。就像家庭一樣，經濟選擇的主驅動力就是多少錢進來，所以所有的國家經濟選擇都是由該國賺了多少錢所驅動。[1]

　　我們把術語拆解開來：「生產」（Product，GDP 的英文中指「產量」）指生產了多少；「國內」（Domestic）代表它和該國經濟活動有關（相對於該國公民在外國的經濟活動）；「總值」（Gross）點明了這數字不考慮貶值或其他價值損失。GDP 絕非測量一國經濟活動的完美方式（舉例來說，它就沒有測量經濟活動中的無薪工作和黑市交易），但它隨處可得，而且總體來說計算得小心謹慎。

　　因為我們喜歡把大數字表達成**人均比**，所以我們也對人口

<br>

1　世界生產總值（Gross World Product，GWP）是全世界的國內生產總值的總和。

非常有興趣。國家的大小差異極大，而我們可以藉由單單比較絕對的經濟統計數字，來得到一點有用的結論。使用國家人口當成基數，可以讓我們做出人均比對，而那就會比較有意義。

　　所以：

| 度量衡 | 英國 | 美國 | 中國 |
|---|---|---|---|
| 國家生產總值 | 2.79 兆美元[2] | 18.56 兆美元 | 21.27 兆美元[3]<br>（官方數字11.22兆美元） |
| 人口 | 6400 萬 | 3.24 億 | 13.74 億 |
| 人均 GDP | 43300 美元 | 57300 美元 | 15490 美元 |

## 政府稅收收多少？

　　稅收有許多不同的模樣和形式，這些數字嘗試把所有形式的稅收都包含進來。

| 度量衡 | 英國 | 美國 | 中國 |
|---|---|---|---|
| 稅收 | 1 兆美元 | 4.36 兆美元[4] | 4.68 兆美元[5] |
| 稅收占 GDP 比 | 36% | 23.5% | 22% |
| 人均稅收 | 15460 美元 | 13460 美元 | 3400 美元 |

## 政府花了多少錢？

　　政府為了替自己的支出計畫籌措資金而收稅（並貸款），它們都花了多少？

[2]　2016 年數字來自《中央情報局世界概況2017》（*CIA World Factbook 2017*）。匯率為 2016 年 12 月 31 日數據。

[3]　說到經濟時，事情很少會那麼簡單。動筆時，中國政府提出了控制過的匯率。這代表說如果我們使用官方匯率，就會低估中國國內金錢的購買力。這裡比較大的數字是較有意義的數字。

[4]　包括聯邦稅、州稅以及地方稅，還有「社會保險費」。

[5]　為了在國際間做比較，也為了與先前引述的中國 GDP 保持一致，這個數字（以及中國的其他數字）已利用和 GDP 一樣的購買力係數做了比例調整。

| 度量衡 | 英國 | 美國 | 中國 |
|---|---|---|---|
| 政府支出 | 1.10 兆美元 | 5.66 兆美元 [6] | 5.50 兆美元 |
| 支出占 GDP 百分比 | 39% | 30.5% | 26% |
| 人均支出 | 17200 美元 | 17470 美元 | 4000 美元 |

[6]　包括社會福利支出。

**地標數字**
（同樣是去掉不少細節的近似值）
- 英國政府支出——1兆美元
- 美國政府支出——5.5兆美元
- 中國政府支出——5.5兆美元，與美國相當，但人口為4倍。

[7]　盈餘有時確實會發生：舉例來說，2016年挪威就有110億美元的盈餘。

[8]　包括社會保險費和社會福利。如果我們把這些都排除，赤字就會小很多，剩下 5300 億美金，占 GDP 的 2.9% 且人均為 1636 美元。

## 平衡在哪？

如果政府花了比稅收還多的錢，那年就會出現赤字，而政府就得借貸來補足赤字。相反地，如果該國花費比稅收少，那就會是盈餘，政府就可以償還借貸，甚至（但很罕見地）會累積一筆總盈餘。[7] 以下數字是負數，反映的是在所有案例中都是赤字。

| 度量衡 | 英國 | 美國 | 中國 |
|---|---|---|---|
| 盈餘減赤字 | −0.10 兆美元 | −1.3 兆美元 [8] | −0.43 兆美元 |
| 占 GDP 百分比 | −3.6% | −7.0% | −2.0% |
| 人均 | −1560 美元 | −4000 美元 | −310 美元 |
| 占支出或收入百分比 | −9% | −23% | −15% |
| 支出收入比 | 110% | 130% | 117% |

對於盈餘減掉赤字這種用來表現「兩個幾近平衡的大數字之間差異」的數字，我總是保持警覺。這個數值對兩邊背後大數字的變動都非常敏感，因此這種對比很難解讀。上表中最後一行展現了另一種做法，就是改列出不同國家的「支出收入比」，而這就比較容易比對了。

也要注意到這個赤字是年度數字，代表的是金錢**流量**，而

不是金錢**累積量**。這是該年政府墊付的金額。

## 我們整個欠多少？

　　赤字是你一年所墊付的錢，也就是那年你得要借的金額。**國債**就是該國該年借款的總淨值（還得追加利息）。

| 度量衡 | 英國 | 美國 | 中國 |
|---|---|---|---|
| 國債 | 2.57 兆美元 | 13.7 兆美元 | 4.2 兆美元 |
| 占 GDP 百分比 | 92% | 74% | 38% |
| 人均 | 40200 美元 | 42300 美元 | 5900 美元 |

## 那讓我們花掉多少錢？

　　一個政府因為有向人民收稅的能力而能為**國債**擔保。因為有這權利，藉由這權利建立了一個可靠的收入來源，所以銀行、退休基金等機構和其他投資者，才願意以較低利率把錢借給政府：他們評估這筆債無法償還（或無法支付利息）的風險很低。

| 度量衡 | 英國 | 美國 | 中國 |
|---|---|---|---|
| 國債利息 | 400 億美元 [9] | 2330 億美元 | 2700 億美元 [10] |
| 占國債百分比 | 1.6% | 1.7% | 3.3% |
| 占 GDP 百分比 | 1.4% | 1.3% | 1.27% |
| 占稅收百分比 | 4.0% | 5.3% | 5.8% |
| 人均 | 625 美元 | 720 美元 | 195 美元 |

[9] 官方數字是 530 億美元，但 130 億美元是由政府付給自己，作為量化寬鬆（Quantitative Easing，QE）計畫的一部分。

[10] 2016 年的估計數字是基於 2017 年的債務和利息水準。

　　這種數字會引發人們熱烈討論「緊縮政策」這個政治議題。

這會讓一些人感到憤怒，認為（以表中為例）美國政府每徵稅 20 美元就有 1 美元拿去付給國債利息。本書對此不表示立場：這裡只是想讓你瞭解一下數字代表什麼意思，還有數字的份量有多少。

我們傾向於對借貸有負面聯想，大體上來說這情有可原。債務確實是負資產，但債務也能給人力量；一個剛起步的企業創辦人可能會把確保信用額度視為非常正面的開展。年輕夫婦可能會因為房貸核可而興奮不已，因為這樣他們就能買第一棟房子。同樣地，政府的借貸讓政府有靈活運作的能力。

## 再看一眼 GDP

如果 GDP 是國家每年的生產值，那它生產出的是什麼？要不是在國內用掉（所謂「消費」）、保留在國內（所謂「投資」），不然就是送出了國外（所謂「出口」）。如果把進口量也算進去，就應該會有一個平衡。

$$GDP ＋進口＝消費＋投資＋出口$$

所以，我們就來看看這三個案例國家是怎麼分配的：

| 度量衡 | 英國 | 美國 | 中國 |
| --- | --- | --- | --- |
| GDP | 2.79 兆美元 | 18.6 兆美元 | 21.3 兆美元 |
| 私人消費 | 1.84 兆美元 (66%) | 12.7 兆美元 (69%) | 7.89 兆美元 (37%) |
| 政府消費 | 0.54 兆美元 (19%) | 3.29 兆美元 (18%) | 2.98 兆美元 (14%) |
| 投資 | 0.49 兆美元 (18%) | 3.04 兆美元 (16%) | 9.66 兆美元 (45%) |
| 出口 | 0.80 兆美元 (29%) | 2.23 兆美元 (12%) | 4.68 兆美元 (22%) |
| 進口 | (0.88 兆美元 ) (32%) | (2.73 兆美元 ) (15%) | (3.93 兆美元 ) (18.5%) |

## 又再看一次 GDP

觀察這種經濟主要測量結果的最後一種方式：怎樣的活動產生了這個生產值？

| 度量衡 | 英國 | 美國 | 中國 |
|---|---|---|---|
| GDP | 2.79 兆美元 | 18.6 兆美元 | 21.3 兆美元 |
| 農業 | 0.02 兆美元 (1%) | 0.2 兆美元 (1%) | 1.8 兆美元 (9%) |
| 工業 | 0.54 兆美元 (19%) | 3.6 兆美元 (19%) | 8.5 兆美元 (40%) |
| 服務業 | 2.23 兆美元 (80%) | 14.8 兆美元 (79%) | 11.0 兆美元 (51%) |

這是農業比例極低的時代特徵。現在只有少數國家的經濟體以農業為主要基礎：少數例子包括獅子山（71% 農業）和索馬利亞（60%）。如今大多數成熟的經濟體都是服務業經濟體，連中國的服務業也已超越工業，成為 GDP 的主要成分。

## 範例：國防支出

這些數字對我們而言有什麼用？我試著呈現一批節選的數字，來描述三個對比極大的國家。舉例來說，你會發現中國的私人消費比率極低，但相對有極高的投資比率；或者也能看出，英國和美國有多麼高度仰賴服務業（而在中國也是逐漸增加）。

我希望這些數字也能成為地標數字，能幫助你把新聞裡的數字放入有意義的脈絡中。舉個例子，我們來看看每個國家花了多少在國防上：

| 度量衡 | 英國 | 美國 | 中國 |
| --- | --- | --- | --- |
| GDP | 2.79 兆美元 | 18.6 兆美元 | 21.3 兆美元 |
| 政府支出 | 1.10 兆美元 | 5.66 兆美元 | 5.50 兆美元 |
| 國防支出 | 0.051 兆美元<br>(GDP 的 1.8%) | 0.611 兆美元<br>(GDP 的 3.3%) | 0.404 兆美元<br>(GDP 的 1.9%) |
| 占政府支出百分比 | 4.7% | 10.8% | 7.4% |

## 範例：研究支出

相對地，我們來看看每個國家花多少錢在研究開發上：

| 度量衡 | 英國 | 美國 | 中國 |
| --- | --- | --- | --- |
| GDP | 2.79 兆美元 | 18.6 兆美元 | 21.3 兆美元 |
| 政府支出 | 1.10 兆美元 | 5.66 兆美元 | 5.5 兆美元 |
| 研發支出 | 0.045 兆美元 | 0.47 兆美元 | 0.41 兆美元 |
| 政府支出占比 | 3.6% | 7.9% | 14.5% |

# 每個人都算數
## *人口增減*

我遇到很多人談起氣候變遷時，都覺得人口成長是一大問題。但全世界每年出生的兒童人數從 1990 年以後就停止增加了。全世界 15 歲以下孩童的總人數現已穩定地維持在 20 億左右。

——漢斯·羅斯林（Hans Rosling，瑞典國際衛生學教授，活躍於全球衛生工作）

---

**下列哪一個數字最大？**

☐ 重慶人口數

☐ 澳洲人口數

☐ 藍麂羚的全球估計頭數

☐ 保加利亞人口數

---

## 立於尚吉巴：這世界有多擠？

### 地球上有 75 億人。那是一個大數字嗎？

《立於尚吉巴》（*Stand on Zanzibar*）是約翰·布魯納（John Brunner）於 1968 年發表的科幻小說。這書名來自作者的推測，

就是到了 2010 年，如果全世界所有人口都一人站在另一人的肩膀上，尚吉巴島就能容納所有人。這是一本絕佳的預言小說，描繪了一個與今日地緣政治學和生活調性都能產生強烈共鳴的未來。但這書名所說的前提是怎麼成立的？

布魯納預測，2010 年時地球上有 70 億人口。事實上，當時有 69 億人，非常接近。布魯納書名背後的計算，是假設每個人都分到一塊 2 英呎 ×1 英呎的土地（以公制計約為 0.6 公尺 ×0.3 公尺）。那相當小，而且人口非常擁擠。但我們先來處理一下布魯納的數字，來重新確認一下這數字合不合理。他讓每個人分配到小於 0.2 平方公尺的土地，也就是平均每平方公尺上有 5 人，那等於每平方公里上有 500 萬人。

桑吉巴島面積為 2461 平方公里，或者 24.61 億平方公尺。在布魯納指定的密度下，桑吉巴島可容納 120 億人，遠超過他正確預測的 70 億人口。事實上，120 億這個人口數超過大部分對本世紀的世界人口推測，不過我們等下會再提。

我們地球的土地總面積約為 1.5 億平方公里，是桑吉巴島面積的 6 萬倍。如果人類完美平均地分布在整個世界的陸地上，也就是包括南極洲、撒哈拉沙漠和其他遙遠不宜人居之地在內的所有土地上，那麼大約會是每平方公里 50 人，即每個人擁有 2 萬平方公尺的土地，也就是每個人擁有略少於三座足球場的土地。

人沒辦法在 0.2 平方公尺上過活，但也不用一個人擁有三座足球場。所以人們實際上住起來有多密集？澳門，這個中國的特別行政區兼香港的姐妹城市，是全世界人口密度最高的地方。這裡每平方公里容納了 2.1 萬人。算出來的話是每人 48 平方公尺，你可以把這視覺化為一片 6 公尺 ×8 公尺的土地。但你想必知道，要分配的還不只個人空間。這塊土地還得提供每個人都占一份的所有公共空間：道路、學校、公園、[1] 超市等等一

切所需。所以，如果世界上每個人都住得像澳門那麼密集的話，就代表 35.7 萬平方公里就可容納地球的所有人口。我們有辦法把那視覺化嗎？

如果我們要尋找一個大略就是這面積的國家，我們會發現日本土地面積大約為 36.5 萬平方公里。若每個人都願意容忍澳門居民的擁擠程度，那日本的土地面積就可以容納全世界的人，即 75 億的人口。

或者，你可以想像單一個巨大的圓形城市，直徑為 675 公里，以行駛高速公路的速度橫跨該城，需要花上大半天。如果赤道長度現已常駐你的腦中成為地標數字，那你會記得那是 4 萬公里長。那很適合視覺化為一種帶狀城市，繞著整個世界長 4 萬公里，但寬度不到 10 公里。從赤道走到南北邊緣只要各一小時就夠了，再接下來到南北極之間不會有任何人居住。

那樣想像的話，世界突然沒有那麼擠了。

但還是面對現實吧，這個超級城市會擠到不行。用全球人口密度最高的地方當做我們的模型，可能不是最理想的做法，就算放到更大的面積上恐怕也不可行。光是物資供給和廢棄物處理等問題，到頭來會是無法克服的難題。那如果改用一個已確立可行的集合都市，身為全世界最大的集合都市珠江三角洲，來當模型的話呢？

這個巨大地帶也包括了澳門及香港，整個大小有 39400 平方公里，是極大量人口的居住地。有多少人呢？估計值可說驚人地不精確，從 4200 萬到 1.2 億都有，那我們就用 8000 萬來大略計算吧。結果算出來的是每平方公里約 2000 人，大約是澳門人口密度的 1/10。每人分到的土地面積是 500 平方公尺：我們可以把這視覺化為 25 公尺 ×20 公尺大小的土地。這密度要裝下全地球人口的話，大約需要 375 萬平方公里。

換言之，一條想像中環繞赤道的帶狀都市圈，如果人口密

度與珠江三角洲相似，就得要有略小於 100 公里的寬度。

　　若你比較喜歡圓形的超級都市，那它的直徑是 2200 公里。那看起來像什麼呢？你可以想成是整個歐盟大小（大了 17%，土地面積約為 440 萬平方公里），那樣就能以珠江三角洲的人口密度，來把全世界人口容納進去，還有多餘空間呢。或者，如果想要更貼近的大小，那就把阿爾及利亞、尼日和突尼西亞三國併在一起，就可以得到大約 380 萬平方公里的總土地面積。

　　或許珠江三角洲感覺起來還是太密集了些。如果讓人人都享有歐盟人民現在享有的平均活動空間呢？歐盟是大約 5.1 億人口的家，總面積為 440 萬平方公里，平均人口密度約為每平方公里 120 人，是珠江三角洲的 1/17。在這個密度下，全世界人口需要大約 6500 萬平方公里，大約是全球面積前七名國家，也就是俄羅斯、加拿大、美國、中國、巴西、澳洲和印度的總和。

　　中國人口密度稍微比歐洲高一些，是每平方公里 145 人。英國的人口密度約為歐洲平均密度的兩倍多，大約每平方公里 271 人。相對地，美國就顯得稀疏，每平方公里只有 33 人。紐西蘭還更空曠，人口密度只有美國的一半左右，大約每平方公里 18 人。

　　所以，這就看你的期望了：如果你能忍受現在歐洲的擁擠程度，那整個地球就很夠我們全部人住。如果你想要在美國或紐西蘭能找到的開闊活動空間，那麼，的確，整個地球平均來說會比你喜歡的狀態還要擁擠很多。

## 智人的興起與又興起

在歷史的黎明期，大約公元前 3000 年，即人類發明書寫並開始記事的時候，全世界估計約有 4500 萬人。3000 年後公元起始時，大約有 1.9 億人。從那時到現在為止又過了 2017 年（本書成書於 2017 年），而我們已有 76 億人口。公元 1 年的世界上每有一個活人，現在就有 40 個。

但兩千年是非常長的一段時間，而 40 倍的增長只等同於兩千年來每年平均成長率 0.18%。以下是呈現人口成長發生狀況的圖：

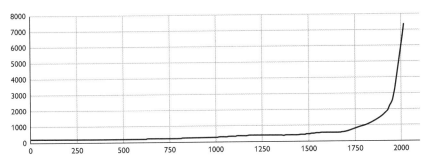

世界人口成長（百萬）

所以，那完全不是穩定進程。我們稍微把這分個類。

• 公元 1 至 1000 年：每年 0.09%
平均成長率的一半左右。

• 公元 1000 至 1700 年：每年 0.10%
小幅增加。

• 公元 1700 至 1900 年：每年 0.50%
大幅增加到先前成長率的五倍。

• 公元 1900 至 2000 年：每年 1.32%.
又一次大幅增加，比兩倍還多。

提醒一下，看著這張圖呈現我們在對數那章看過的摩爾定律時，你可能會想到，我們需要使用對數尺度，來讓這些飛奔的數字呈現出一點脈絡。

現在呢，就如我們所知的，在對數尺度上，指數成長看起來會像是直線。所以這成長已超過了指數成長：甚至連對數尺度都沒辦法馴服這種發生在最近幾百年的劇烈人口攀升。

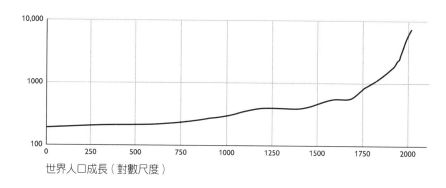

世界人口成長（對數尺度）

然而，觀察最近幾十年，雖然世界人口持續增加，如今的成長率卻不如整個 20 世紀那麼高。事實上，世界人口成長率在 1960 年代達到每年 2% 的高峰，而現已下降到目前的每年 1.13% 左右。如果目前的成長率持續維持下去，世界人口預期會在大約六十年後增加一倍。

但許多人口學者認為不可能。理由是全世界的出生率已經穩定下來，而 15 歲以及以下的兒童數量，也從 1990 年以來就大致保持在 20 億左右——那至今已經有三十年了。以漢斯・羅斯林的說法，就是我們已達到「兒童巔峰值」。儘管我們可以預期，隨著那幾世代的孩子成熟，並被大略同等的人口數給取代之後，[2] 世界人口數會持續成長，但人口的成長率會持續下滑。聯合國目前預測，世界人口數會在本世紀末達到極大值，大約是 110 億。那比起現在的人口多了不少，但可完全不像 1960 年代和 1970 年代所預想的那種似乎不可避免的馬爾薩斯式指數成長惡夢。[3]

[2] 譯注：指他們又生育出同等數量的兒童，使得各年齡層人口數都達到同等巔峰值。

[3] 譯注：18 世紀英國人口學家托馬斯・羅伯特・馬爾薩斯〔Thomas Robert Malthus〕認為，成指數成長的人口將超越食物供應增量，導致大量人口糧食不足。

# 人類預期壽命

推動人口成長的不只是高出生率，還有一個可喜的事實是，平均來說，我們現在活得比以前久太多了。下圖顯示預期壽命在三個相當不一樣的國家中是怎麼逐年改變的：[4]

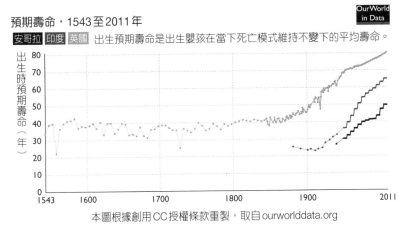

預期壽命，1543至2011年

安哥拉 印度 英國 出生預期壽命是出生嬰孩在當下死亡模式維持不變下的平均壽命。

本圖根據創用CC授權條款重製，取自ourworlddata.org

[4] 這些圖來自 OurWorldInData.org，該網站提供能給人靈感的公共生活數字資源。

可以明顯看出20世紀人類壽命急遽增加，而且不只發生在已開發的西方國家。這個圖顯示的是「出生時的預期壽命」，是很普遍使用的壽命測量，但我們先把這個詞分解一下。

- 「出生時」，點出這個測量有把嬰兒和兒童死亡率算入。
- 「預期」這個詞要特別注意，這代表的意思和「平均」很接近。

所以「預期壽命」的算法，是把某特定日期出生的一「群」人的預期未來壽命平均起來。每一年，表格都會顯示一個點來代表那個平均值，但你可以把那些點想成替更廣泛的分布狀態標出了中心，而這分布狀態是從 0（算入死去的嬰兒和兒童人口）一直到老年（算入一大群在平均年齡死去的人）。[5]

[5] 就如我們會在下一章看到的，一組數字的平均值並不一定就是「普通」值。

　　來看看 1850 年以前。這張圖顯示，在那之前預期壽命在 40
左右盤旋了許多世紀。這並不是說，在那時代一個 40 歲的人就
快走到生命盡頭。那些社群中一定有不少人合乎我們今日標準
的老人，但他們的長壽被那些太早夭的生命給拉低。所以，預
期壽命把那些年輕死去的人和年老死去的人平均計算，而低平
均就跟高幼兒夭折率一樣，點出了整體而言他們在一輩子當中
活在較差的生活條件中。

## 兒童死亡率

　　「數據呈現世界」網站的這段話我實在無法再多說什麼：

我們看不出有所進展的一個理由是，我們察覺不到過去有多糟。1800
年，我們祖先的健康條件是讓世界上 43% 的新生兒在 5 歲生日前死去
……，1960 年的兒童死亡率還是 18.5%。那一年裡每 5 個孩子就有 1
個在童年就死去。

　　以圖表現則為

本圖根據創用 CC 授權條款重製，取自 ourworlddata.org

　　想像一下，活在本圖 1950 年代印度統計數字的社會裡，會是什麼感覺？在那裡，每 4 個孩子就有 1 個在 5 歲前死去，相比之下，當前的英國在圖中顯示為大約 250 人中有 1 個。這個堪稱是進步。

　　處理嬰兒及幼童的死亡肇因，絕對促進了預期壽命的拉長，但那也絕對不是唯一因素。就算不計幼年死亡，預期壽命還是成長了。下圖顯示的是滿 10 歲者預期壽命的近年趨勢及未來預測。換言之，這個統計排除了幼年死亡。

**10 歲之預期壽命，1950 至 2095 年**

展現一名 10 歲兒童預期生存之餘生。2015 年後顯示為聯合國之中推估值（mid-variant projections）。

安哥拉　印度　英國

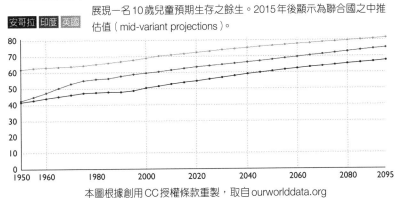

本圖根據創用 CC 授權條款重製，取自 ourworlddata.org

　　你可以發現，這三個國家不論是過去紀錄還是未來預測，都顯示預期壽命穩定增加的走勢。

　　對抗致命疾病的**醫療進步**所導致的兒童死亡率降低，使得越來越多人能安享天年。未來的**醫療技術**可能會以一種過去只在科幻作品中想到的方式，開始把這所謂的天年再拉長。但當下最大的改變，還是來自於我們之中有越來越多人能夠活到老年。

## 我們不是這星球唯一的住客

　　從許多方面來說，智人都是地球上生存過最成功的動物物

種。我們已經散布到全球各處，而且我們的人口還遠遠超過任一種同等大小的動物數量。今日有 75 億人活著，而過去已經有大約 1000 億人活過。

整體算來，我們的重量大約是 3600 億公斤——那比地球上所有陸地哺乳動物質量的 1/4 還多一些。唯一能贏過這數字的就是家牛的 5000 億公斤，個體數比 10 億略多。

但如果觀察尺寸較小的生物，我們就被超越了。世上有多少螞蟻呢？這沒有一致的答案，連一致的數量級都沒有。不管別人說全世界所有螞蟻的生物質量是超過人類質量還是等同人類質量，那都只是一般常拿來說說的「事實」。然而，這樣的主張禁不起嚴格檢查。不過，如果要說個體數的話，我們可以很確定螞蟻一定超過我們，但我們連到底超過幾個數量級都不知道。最近一部 BBC 的紀錄片指出，全世界螞蟻估計總數已從 1 京修正到只剩 100 兆，但就算這樣，也比人類人口大 4 個數量級（10000 倍）。

然而，南極磷蝦這種海洋生物的數量可能遠比我們重上許多。據估計，以生物質量來看，磷蝦大約重 5000 億公斤（和地球上的家牛總重量大致相同）。

這些數字大歸大，然而一旦把植物的生物質量也算進來就顯得很小；地球所有植物的生物質量來到了 520 兆公斤。那是地球所有陸生生物總質量的 400 倍。

但就算那個極大的數字，地球上一切生物的總質量也只不過是北美洲五大湖湖水質量的 1/40，以及整個地球質量的百億分之一。地球上的生命只是整個行星的極小一部分而已。

## 物種數量

6　小型哺乳動物的數量非常難確定。褐鼠跟老鼠的數量或許能與人類相匹敵。

人類是地球上數量最多的大型哺乳類，[6] 所以不意外地，排

名緊追在我們之後的物種，就是我們為了牠們的力量、肉乳、毛皮和陪伴而挑選來馴化的動物。這些物種從多到少排列，分別是：牛（10 億）、綿羊（10 億）、豬（10 億）、羊（8.5億）、貓（6 億）、狗（5.25 億）、水牛（1.7 億）、馬（6000萬）和驢（4000 萬）。

要過了這一批家畜之後，才會輪到數量最多的野生物種，先是大約有 1600 萬頭的東部灰大袋鼠，[7] 然後是 1100 萬頭的食蟹海豹。其實海豹還有好幾種，有些數量達上百萬。要算有幾條海豚恐怕相當難（而且有 42 種），但牠們的數量也是以百萬計。但要記得，這還是比人類少 3 個數量級。

許多種類的羚羊跟鹿，包括牛羚和駝鹿等等，也都是以數百萬計，但這些數字相對於人類和家畜都是很小的數字：小了1000 倍。停下來思考一下：還記得本書前面舉的「1:1000」比例的例子嗎？這個嘛，地球上每 1000 頭乳牛才會有 1 頭美洲黑熊。每 1000 頭黑熊才會有 1 頭雙峰駱駝。

[7] 把四種袋鼠──紅大袋鼠、東部西部灰大袋鼠、岩大袋鼠或灰大袋鼠（兩種都稱 wallaroo）──算在一起的話，2011 年大約有 3400 萬頭袋鼠。

## （從多到少的）動物數量數字梯

| | |
|---|---|
| 100 億 | 人類（智人）──74 億 |
| 10 億 | 家牛──10 億 |
| 5 億 | 家犬──5.25 億 |
| 2 億 | 水牛──1.72 億 |
| 1 億 | 馬──58 億 |
| 5000 萬 | 驢──4000 萬 |
| 2000 萬 | 東部灰大袋鼠──1600 萬 |
| 1000 萬 | 食蟹海豹──1100 萬 |
| 500 萬 | 藍麂羚──700 萬 |
| 200 萬 | 飛羚──200 萬 |
| 100 萬 | 東方狍──100 萬 |

| 50 萬 | 灰海豹——40 萬 |
| 20 萬 | 黑猩猩——30 萬 |
| 10 萬 | 大猩猩——95000 |
| 5 萬 | 倭黑猩猩——50000 |
| 2 萬 | 非洲犀牛（黑犀牛加白犀牛）——25000 |
| 1 萬 | 小貓熊——10000 |
| 5000 | 東部大猩猩——5900 |
| 2000 | 野生大貓熊——1800 |
| 1000 | 野生雙峰駱駝——950 |
| 500 | 衣索比亞狼——500 |
| 200 | 姬豬——250 |
| 100 | 蘇門答臘犀牛——100 |
| 50 | 爪哇犀牛——約 60 |

多虧了眾多倡議運動者的努力，人們普遍來說已留意到那些有滅絕風險的物種。當然，把保育的精力率先投注於數字梯底端的物種（其實可以填進底端空位的物種還有很多）是很適當的。但看看那些我們不覺得有滅絕風險的物種——即便是在數字梯中段的物種，那些完全沒在任何「受威脅」名單中的物種，數量也實在很少。

如果你前往非洲南部某個野生動物保護區來一趟野外旅行，你會獲得一種印象是，路邊到處都是成群的飛羚。然而，飛羚的總數其實只有 200 萬頭，在這世界上和人類的比例為 4000:1。世界上最大的城市裡就住了這數字 10 倍的人。我們真的已經把野生動物擠進了地表上非常小的地方去。

# 這裡管事的就是我們

我們人類要是能早點瞭解到保護自然景觀和野生動物對我們的福祉和生活品質有多重要，或許就會開始想要做點什麼。

——吉姆・福勒（Jim Fowler，美國動物學家兼生態紀錄片主持人）

　　在準備寫本書時，沒有什麼比蒐集世界動物統計數量更令人清醒的了。很不幸地，這些總的來說並不是大數字。

　　我認為，問題不在於有太多人類：每條人命都很寶貴，而且每個活著的人都有可能為全人類的偉大故事做出貢獻。問題在於非人類太少了。在比較數字時發現，英吉利海峽小島澤西島（Jersey）上的人口，居然是全世界老虎數量的 25 倍，這著實令我震驚。紐約市麥迪遜廣場花園可提供全世界現存獵豹每頭 2 個座位，這真是個有趣的**視覺化**！

　　就如我們看到的，數量少到驚人的，不只是那些知名且上相的瀕危物種。野生動物紀錄片中，大群黑斑牛羚穿越非洲莽原的畫面讓我們興奮激動。這本來令人印象深刻，但你後來就會得知，光是奈洛比這座城市就有比全球黑斑牛羚多 2 倍的人口住在裡頭。

　　甚至連家畜家禽都沒有你以為的那麼多。儘管豬是人類那麼重要的食用動物，但世界上只有略少於 10 億的豬隻（半數在中國）。世上有 5 億隻狗（我們最好的朋友？ 10 個人連 1 隻都分不到）。

　　保育工作忙於保護那些瀕臨滅絕的動物，那當然沒錯。但看了看這些數字後，我知道那只不過是諸多難題中最緊要的一個而已。我們的努力真的不夠。光是讓最瀕危的物種活下來就已是耗盡心力的目標。我們的目光裡必須有更大的數字。

　　目前全世界每個國家以各類方法進行了保護，而全世界的

平均值是 14.8%。這數字代表「至少 1000 公頃、由國家指定作為科學用途保留區而限制民眾造訪之徹底或部分受保護」的「陸地受保護面積」，以及「國家公園、自然紀念物、自然保護區或野生動物保護區，受保護景觀以及以永續利用為主要目的而進行管理的地帶」。一大串還真難念。這也呈現出一個相當廣泛的定義，廣泛到不太符合我們的目的。[8]

為了尋找更確鑿的測量值，我轉而求助一份世界最大型陸上保護區的清單。該清單顯示，全世界最大的保護區是東北格陵蘭，大小幾乎有 100 萬平方公里。接著是阿爾及利亞的阿哈加爾國家公園（Ahaggar National Park），有 45 萬平方公里；還有卡萬戈—尚比西跨邊界保護區（Kavango–Zambezi Transfrontier Conservation Area），位於尚比亞、辛巴威、波札那、納米比亞和安哥拉等國交界，由許多毗鄰小公園混合而成，總面積達 39 萬平方公里。清單上所有保護區加起來有 430 萬平方公里。這只是地球陸地面積的 2.9% 而已。

換言之，我們人類只要能再把 3% 的陸地面積還給自然，就能讓世界野生動物可居住面積一下子增加一倍多。當然，我這樣是過度簡化。這樣的變化對人類來說會非常有破壞性，而且會造成巨大的政治挑戰。這絕不可能直截了當地達成。[9] 就算如此，我們為了自然和野生生物，只保護並保存了地表上那麼小的面積，實在是荒謬且極度目光短淺的。

8 的確，那就包括了我住的地方。這是英國一個稱作「薩里丘」（Surrey Hills）的地區，而且是農村，但實在很難算是野生生物保護區。

9 或許不能說這想法的野心過了頭。有些人的提議甚至比這還前進，好比說生物學家愛德華．威爾森（Edward Osborne Wilson），他呼籲把地球的一半都留給野生生物。

## 力量歸給人民？

- **奧地利**人口（871萬）大約和**秘魯利馬**的人口（869萬）一樣多
- **巴基斯坦**人口（2.02億）是**德國**人口（8070萬）的2.5倍
- **波多黎各**人口（358萬）是全球**非洲水牛**估計數量（890000）的4倍
- **巴貝多**人口（291500）是**東部大猩猩**估計數量（5880）的50倍
- **非洲象**估計數量（700000）是**阿拉伯劍羚**估計數量（7000）的100倍
- **印尼爪哇**人口（1007萬）是全球**巽他雲豹**估計數量（10000）的1000倍
- **西撒哈拉**人口（587000）大約和**盧森堡**人口（582000）一樣多
- **摩洛哥**人口（3370萬）是**冰島**人口（336000）的100倍

# 量量我們怎麼過活
## *人命的品質和不均*

---

下列哪個國家在幸福指數上分數最高？

☐ 英國

☐ 加拿大

☐ 哥斯大黎加

☐ 冰島

---

## 測量差異和不均

歡迎來到沃比根湖（Lake Wobegon），這裡每個女人都強壯，每個男人都俊俏，而且每個孩子都在平均值以上。

——蓋利森・凱勒（Garrison Keillor，美國作家、配音兼電台主持人）

—2015 年英國的平均稅後收入大約是 24000 英鎊。那是個大數字嗎？

—加拿大較貧困的半數人口擁有全國財富的 12%。那是個大數字嗎？

—2015 年，全球 12% 的人口過著赤貧生活。那是個大數字嗎？

英國索普公園（Thorpe Park）的「無影飛車」（Stealth）的設計基於一個非常簡單的概念。乘客出發後，幾乎瞬間就會沿垂直軌道下滑。在沒有追加推力的情況下，他們又爬上了頂端（62 公尺高），接著又立刻垂直下降。這真的滿恐怖的。[1] 列車接著緩坡向上，然後減速完成一圈。整趟行程僅僅花不到半分鐘，而整條軌道則有半公里長——那讓平均速度來到每小時 60 公里，就數字本身來看其實沒多了不起。

[1] 相信我，那真的很恐怖——我搭過。至於為什麼叫無影飛車，就隨大家自己猜吧！

但這裡真正的重點是速度差異。乘客在 2 秒內從靜止起點加速到每小時 129 公里，接下來往上滑時失去了大部分的初速，然後就在恐怖的落下中失而復得。速度的變化感覺起來就有如 G 力，而那就是讓過程驚悚的理由。平均值不一定每次都能呈現全貌。

在美國德州的休士頓，8 月的平均風速大約是每小時 5.5 公里。但在 2017 年 8 月 26 日，颶風哈維（Hurricane）以超越每小時 200 公里的風速登陸。為災難做準備的時候，平均值沒什麼大用。你需要知道天氣狀況怎麼變化，並希望能正確預料到

極端值。

　　而那就是不少數字及都會碰到的情況：有時候平均值毫無意義，有時候平均值會完全誤導人。2013 年，英國納稅人平均稅後收入比 24000 英鎊略多，但大部分的薪水族（其實是 65% 的薪水族）的稅後收入比這平均數還低。原因就在於若是談到收入，我們面對的是偏態分布（skewed distribution）。

　　以下是該收入統計資料集的長條圖，顯示了分成九段的收入各有多少百分比的人口（2013 年英國納稅人稅後收入）：

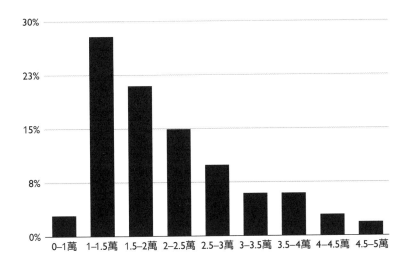

　　這個偏態很清晰：有相當多的納稅人收入偏低，少數有較高收入，還有非常少的人（沒有顯示出來，他們數量少到無法畫成有效圖形）收入相當豐厚。不可免地，在數學上那些少數非常高的案例所產生的效果，就是把平均值拉高。因此我們很清楚看到，24000 英鎊是計算平均值，但顯然不是普遍數字。[2]

　　我們使用平均值有部分原因是因為比較容易處理。平均值讓概略計算變得簡單，而在研究及寫作本書時，我也忝不知恥地在各處使用平均值來簡化大數字，好把它們拉下凡間，來到人類尺度。但平均值有一個均質化效果，含有一種假設，認為

2　論證數據出現偏態的另一種方式：如果們我把這種納稅人分布狀態中的前 10% 和後 10% 都去掉（在對稱分布中應該不會改變平均值），平均收入會掉到 21000 英鎊。這顯示前 10% 的「拉高力」，遠比後 10% 的「拉低力」強上太多。

不管用來算出平均值的基數（比如全體納稅人口）是什麼，身為該基數的每個成員都是均等的。舉凡我們做人均計算，這種識數公民的工具箱裡面一定有的計算方法，我們就是在算平均數，也因此有可能會漏失眼前觀測數據的變化性。我們通常能做到最好的也只到如此，而且這通常也是值得踏出的第一步，但我們應該要小心這當中的危險。

每個統計學家的工具箱裡都裝了一套用來概述這些資料集的標準描述統計。這之中的第一個是**平均數**（mean），是我們多數人會稱為「平均」（average）的東西。接下來是**變異數**（variance），就如其名，是一個資料相較於平均數的高低差異值。第三個是分布的**偏態係數**（skewness），是不勻稱程度的度量衡。[3] 對一位統計學家來說，這些描述統計可提供不少洞見，但對非統計學家來說，這些數字可能會很難解讀。如果我們使用平均數，我們會失去很多資訊。更糟的是，我們到頭來可能會給出錯誤的印象。

當我們就納稅人平均收入提出報告時，我們通常想傳達的是某種「什麼是**尋常狀態**」的意義。因此，平均數在此會誤導人。在這個例子中，比較該用的是收入**中位數**，那指的是把整套資料集分成兩半：中位數以上和以下的資料「個數」會一樣多。若要歸納中位數做出的資料統計，可去觀察有多少案例落在中位數圖中的每一段百分位數長條裡，也就是觀察收入最低的 10% 納稅人賺多少錢，然後接下來的 10% 納稅人賺多少，如此類推下去。

回到英國收入資料這邊。把所有資料看過的話，會得知中位數納稅人的收入是 19500 英鎊。如果我們把一組人全部按順序排好，排最中間的那個就是中位數。50% 的案例比這個值低；那就叫做第 50 百分位數。要進一步瞭解資料中的變化性，你可以看其他的百分位數。在 2013 納稅人收入的例子中，我們可以

[3] 這些稱為矩分布（moments of the distribution）。而且還不止於此：第四個是峰度（kurtosis），測量分布的尾端有多重。在那之後，對矩的意義解讀就會變得更困難。

展現以下數字：

| 百分位數 | 收入 | 注記 |
|---|---|---|
| 第 10 | 11400 | 有 10% 的納稅人收入比這數字還低 |
| 第 20 | 13100 | 有 10% 的人收入介於這數字和 11400 之間 |
| 第 30 | 14900 | |
| 第 40 | 17000 | |
| 第 50 | 19500 | 中位數（一半賺得更多，另一半更少） |
| 第 60 | 22600 | |
| 第 64 | 24000 | 平均數 |
| 第 70 | 26600 | |
| 第 80 | 32600 | 80% 的人賺得比這數字少 |
| 第 90 | 41500 | 10% 的人賺得比這數字多 |
| 第 99 | 107000 | 賺得比這還多的「前 1%」人物 |

　　我們顯然不太可能對新聞裡看見的每一個統計數字都做這種分析，但請記住，如果下一次有個政客引用數據說「平均收入增加」，他說的那個因素可能不會對所有納稅人都有同樣的影響。

## 那是個大國家嗎？

　　聯合國有 193 個成員國。其中 5 個是安全理事會的常任成員國，並憑藉這地位而擁有更高權力。不過，所有其他國家也都被平等對待，並在聯合國大會上有同樣的票數。當奧運選手在開幕式中依國家隊順序進場時，他們也被平等對待，擁有同樣大小的牌子以及同樣的大會廣播。公平性似乎主張，每個國

家都應該獲得同等待遇。但如果說到實質政治經濟影響力時,很明顯地,不是每個國家都有同樣的份量。我們知道世界上的國家有大有小,然而我們並不完全瞭解那個分配的偏態到底有多大。

想想底下這張圖表;若以一定人口為一個範圍,世界上可分進各範圍內的國家各有幾個。世界上超過半數的國家都有少於 1000 萬的人口,只有 13 個國家有 1 億以上的人口。

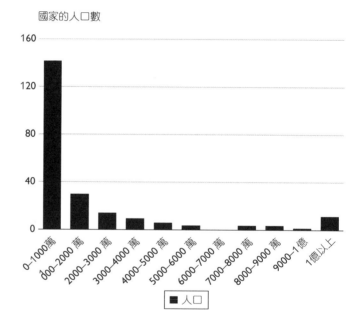

世界上所有國家的平均國內人口數為 3200 萬人。但那數字實在不能當做上面這張圖所顯示的中間點。只有 40 個國家的人口比這數字多,而有 189 個國家的人口數小於 3200 萬。同樣地,碰上這種不平衡的分布,平均值就不是有用的值。在這個

例子中，中位數大約是 550 萬。芬蘭和斯洛伐克就很接近這個「普通國家」的數字大小。

## 測量不均──基尼係數

　　1912 年，社會科學家兼統計學家科拉多・基尼（Corrado Gini）發表了一種用來把一組資料中的「統計分布」──或變化性──加以量化的測量方式。這種基尼係數（Gini Index）非常好計算，而且只用一個數字就抓住了分布中的「不公平性」，因此最常用來測量收入和財富分配的不均。基尼值為 0，代表完全均等，每個人有的都一樣多。基尼值為 100 代表完全不均，即一個人全部獨拿。

　　以下選出一些國家的收入不均基尼係數，從最平等的排到最不平等的。這張表也顯示出一個與之相關的不平等描述：該國收入較低的 50% 人口，獲得該國百分之多少的收入。一個完全沒有不均的國家，這個值就會是 50%。

| 國家 | 基尼係數 | 後 50% 獲得全國收入的 x% |
| --- | --- | --- |
| 丹麥 | 24.8 | 後 50% 獲得全國收入的 34.2% |
| 瑞典 | 24.9 | 後 50% 獲得全國收入的 34.1% |
| 德國 | 27.0 | 後 50% 獲得全國收入的 32.9% |
| 澳洲 | 30.3 | 後 50% 獲得全國收入的 31.0% |
| 加拿大 | 32.1 | 後 50% 獲得全國收入的 30.0% |
| 英國 | 32.4 | 後 50% 獲得全國收入的 29.8% |
| 波蘭 | 34.1 | 後 50% 獲得全國收入的 28.9% |
| 日本 | 37.9 | 後 50% 獲得全國收入的 26.8% |

| | | |
|---|---|---|
| 世界 | 38.0 | 後 50% 獲得全國收入的 26.8% |
| 泰國 | 39.4 | 後 50% 獲得全國收入的 26.0% |
| 奈及利亞 | 43.7 | 後 50% 獲得全國收入的 23.8% |
| 美國 | 45.0 | 後 50% 獲得全國收入的 23.1% |
| 中國 | 42.2 | 後 50% 獲得全國收入的 24.6% |
| 巴西 | 51.9 | 後 50% 獲得全國收入的 19.7% |
| 南非 | 62.5 | 後 50% 獲得全國收入的 14.8% |

　　上表數字顯示了有關收入分配的不均。財富的不均則是另一個問題。而這部分的差距更大。以下是同樣的表，但以財富不均的順序來整理：

| 國家 | 基尼係數 | 後 50% 獲得全國財富的 x% |
|---|---|---|
| 日本 | 54.7 | 後 50% 獲得全國財富的 18.4% |
| 中國 | 55.0 | 後 50% 獲得全國財富的 18.2% |
| 巴西 | 62.0 | 後 50% 獲得全國財富的 15.0% |
| 澳洲 | 62.2 | 後 50% 獲得全國財富的 14.9% |
| 波蘭 | 65.7 | 後 50% 獲得全國財富的 13.4% |
| 德國 | 66.7 | 後 50% 獲得全國財富的 12.9% |
| 加拿大 | 68.8 | 後 50% 獲得全國財富的 12.0% |
| 英國 | 69.7 | 後 50% 獲得全國財富的 11.7% |
| 泰國 | 71.0 | 後 50% 獲得全國財富的 11.1% |
| 奈及利亞 | 73.6 | 後 50% 獲得全國財富的 10.0% |
| 瑞典 | 74.2 | 後 50% 獲得全國財富的 9.8% |
| 南非 | 76.2 | 後 50% 獲得全國財富的 8.9% |

| 美國 | 80.1 | 後 50% 獲得全國財富 7.4% |
| 世界 | 80.4[4] | 後 50% 獲得全國財富 7.3% |
| 丹麥 | 80.8 | 後 50% 獲得全國財富 7.1% |

**4** 請注意，這個數字並不是各國基尼係數的平均——該數字測量的是全球的整體不均程度。國家之間的不均是讓數字如此大的理由。

　　這些數字裡有很多東西值得思考。首先，可以注意到上表中顯示的財富不均，遠比再上一個表格中的收入不均嚴重很多。也可以注意詭異之處：就收入而言，丹麥是最平等的國家，然而在財富上卻是非常不平等。[5] 日本在收入不均上接近世界水準，但在財富上卻是最平等的國家。

**5** 納米比亞和辛巴威有比這更大的財富分配不均。

# 生活水準：千禧年發展目標

被測量的東西，就得到了管理。

—— 應出自彼得‧杜拉克（Peter Drucker）

　　公元 2000 年時，聯合國發表了千禧年宣言（Millennium Declaration），承諾八項國際發展目標。189 國領袖簽署了這項宣言。從數字的觀點來說，讓這套目標有趣起來的因素就是那八個來自這份宣言的指定目標，而且它們有特定的量化子目標及一個特定的結束日期，也就是 2015 年。換言之，它們可以被驗證。

　　可預見地，這些目標並未獲得普世首肯，而是政治折衷的結果。這些目標在當時和日後都受到許多批評。不過整體來說，批評聲音是針對目標選擇（許多團體對於目標不包含它們自己的利益而感到失望），以及給予目標的相對優先順序。倒是沒有誰主張這些目標本身不值得追求。

　　指定的目標、確切的期限：一個識數又愛問問題的人所期

盼的莫過於如此。我們就來看看最後結果怎麼樣。

## 目標 1：根絕赤貧與飢餓

**目標 1.A：** 在 1990 至 2015 年間，將一日生活費不到 1.25 美元[6] 的人口所占百分比減少一半。

*成果：超乎預期*

1990 年，全球所有開發中國家總計有接近一半的人口每日靠不到 1.25 美元過活。這個百分比到了 2015 年時已降到 14%。若以全球所有人口計，這個百分比從 36% 降到 12%。

**目標 1.B：** 讓所有成年男女和年輕人獲得有尊嚴的工作。

*成果：非常差*

1991 年至 2015 年間，開發中區域的就業人口百分比從 64% 掉到 61%。在已開發區域，則是從 57% 掉到 56%。儘管如此，中階工作者（每日生活費超過 4 美元的人數），在 1991 至 2015 年間幾乎成長至三倍。這一群人現在構成了開發中區域內一半的勞動力，而他們在 1991 年僅占 18%。

**目標 1.C：** 在 1990 至 2015 年間，把飢餓人口的所占百分比減半。

*成果：進展相當好*

開發中區域營養不良人口所占的百分比，自 1990 年以來幾乎掉了一半，從 1990 至 1992 年左右的 23.3%，掉到 2014 至 2016 年的 12.9%。

## 目標 2：普及基本教育

**目標 2.A：** 確保到了 2015 年時，世界各地不分男女的孩童，都能完成徹底的基本教育課程。

[6] 配合通貨膨脹有所調整。這個數字若以 1996 年的幣值來算，就是一天一美元。

**地標數字**

2015年時，處於赤貧狀態的人已從1990年的36%減至12%

成果：進展良好

開發中區域的小學淨入學率，從 2000 年的 83%，提高到
2015 年估計的 91%（當然，100% 的目標在現實中不可能達
成）。已開發區域的數字穩定保持在 96%。

## 目標 3：推廣性別平等並賦與女性權能

**目標 3.A：**最好能於 2005 年前在基本教育和中等教育中消除性
別不平等，且在 2015 年之前於所有層級之教育中達成。

成果：進展傑出

開發中地區有大約 2/3 的國家，在基本教育中達成了性別平
等。就算無法達到平等，那些國家也大幅接近這目標。觀察非
農業區薪資工作的性別比，可發現女性占勞動力的百分比，從
1990 年的 35% 提高到 2015 年的 41%。

## 目標 4：減少兒童死亡

**目標 4.A：**在 1990 至 2015 年間，使 5 歲以下死亡率減少 2/3。

成果：進展良好

全球 5 歲以下死亡率已經降低了一半以上（降低了
53%），1990 年至 2015 年間死亡率，則從 90‰降到了 43‰。

## 目標 5：增進產婦健康

**目標 5.A：**在 1990 至 2015 年間，將產婦死亡率降低 3/4。

成果：進展普通

1990 年以來，產婦死亡率已降低了將近一半（降低了
45%）。

**目標 5.B：**2015 年時，全球普遍獲得生育健康。

成果：進展緩慢

開發中區域只有一半的懷孕女性能接受建議應有的最低限度四項產前護理診療。而在全世界，15 至 49 歲結婚或有伴侶之女性使用任何避孕方式的比例，從 1990 年的 55% 增加到 2015 年的 64%。

### 目標 6：對抗 HIV/AIDS、瘧疾以及其他疾病

**目標 6.A：**於 2015 年遏止人類免疫缺陷病毒／愛滋病，並開始逆轉其擴散

*成果：進展普通*

2000 至 2013 年間，新增的人類免疫缺陷病毒感染者人數滑落了大約 40%，估計值從 350 萬降到了 210 萬。根據紀錄，2005 年死於愛滋病的人數為 240 萬（死亡人數巔峰年）。到了 2013 年，死亡人數已降低至 150 人。因愛滋病而成為孤兒的兒童人數在 2009 年達到巔峰。

**目標 6.B：**2010 年時，使所有需要人類免疫缺陷病毒／愛滋病治療的人普遍獲得治療。

*成果：進展良好*

2014 年 6 月，有 1360 萬名帶有人類免疫缺陷病毒者，正接受抗反轉錄病毒療法（antiretroviral therapy，ART），和 2003 年僅有 80 萬人相比增加不少。1995 至 2013 年間，反轉錄病毒療法使 760 萬人免於愛滋病發死亡。

**目標 6.C：**於 2015 遏止瘧疾等其他主要疾病，並開始逆轉其發生範圍。

*成果：進展傑出*

2000 至 2015 年間，全球的瘧疾發生率估計降低了 37%，而全球的瘧疾死亡率則降低 58%。1990 至 2013 年間，肺結核造

**地標數字**

每年死於愛滋病之人數，據信於 2005 年達到巔峰的 240 萬人

成的死亡率降低了 45%。

## 目標 7：確保環境永續

**目標 7.A：**將永續開發的原則併入國家政策及綱領中；逆轉環境資源的流失。

*成果：好壞兼具，但大部分都不佳*

森林砍伐的速度已減緩到 1990 年代速度的 60%。溫室氣體排放持續增加，現在的程度已比 1990 年高了 50%。多虧全球共同將損害臭氧物質消除，臭氧層預計將於本世紀中復原。海洋過漁的情況正在加劇。缺水影響著全球超過 40% 的人口，且預期仍會增加。

**目標 7.B：**將生物多樣性流失的狀況減緩，在 2010 年時讓流失率顯著降低。

*成果：好壞兼具，但大部分不佳*

測量物種滅絕趨勢的紅皮書指數（Red List index）顯示，迄今所有分類群內經調查過的物種中，有相當高比例的物種在整體數量和分布上呈現下滑。這代表它們越來越瀕臨滅絕。全球受保護區域的範圍從 1990 年開始擴張，而且受保護區域預期會在 2020 年時至少達到陸地及內水面積的 17%，以及海洋與海岸面積的 10%。

**目標 7.C：**在 2015 年時，使無法以永續方式獲得安全飲水和基本公共衛生的人口所占比例減半。

*成果：好壞兼具──在飲水方面傑出，在公共衛生方面普通*

1990 到 2015 年之間，全球使用改良飲用水源的人口比例，從 76% 增加到了 91%，且從 2010 年就已超出原訂目標。無法獲得改良式公共衛生的人口比例從 46% 降為 32%。

**目標 7.D**：2020 年時，至少讓 1 億名貧民窟居住者生活顯著改善。

*成果：穩定進展*

開發中區域內居住於貧民窟的城市人口，從 2000 年接近 39.4% 下滑到 2014 年的 29.7%。

### 目標 8：展開全球發展夥伴關係

**目標 8.A**：進一步發展開放的、基於規範的、可預期的、非差別待遇的貿易和金融系統。

*成果：進展普通*

已開發國家從開發中國家進口的物品中准許進口免稅的比例，在過去的 15 年中顯著增加（從 54% 到 79%）。

**目標 8.B**：處理最低度開發國家（least developed countries，LDCs）的特殊需求。

*成果：差，幾無正向改變*

**目標 8.C**：處理內陸開發中國家和小島嶼開發中國家的特殊需求。

*成果：差，幾無正向改變*

**目標 8.D**：透過國家與國際手段全面處理開發中國家的債務問題，使其能長期支撐債務。

*成果：一開始令人振奮，但預期將惡化*

2013 年，開發中國家的債務負擔率是 3.1%，測量方式為外債利息對上出口收益的百分比。以 2000 年的數字 12.0% 來看，這是相當大的進步。

**目標 8.E**：與製藥公司合作，使開發中國家能獲得可負擔且必需的藥品。

　　*成果：無確實資訊。*

**目標 8.F**：與私人企業合作，讓新科技的益處得以發揮，尤其是資訊及通訊的新技術。

　　*成果：大幅進展，但增加了不均*

　　2015 年，全世界 95% 的人口都在行動─蜂巢式訊號的覆蓋下。網際網路的滲透力從 2000 年的全球僅 6% 使用人口，成長到 2015 年的 43%，籠罩了 32 億人。儘管已開發國家 82% 的人口都有使用，但開發中國家只有大約 1/3 的人口在使用。在撒哈拉以南的非洲，數字大約是 20%。

### 整體成果量起來如何？

　　這是一份結果好壞不一的成績單。目標本身是個大雜燴，從結果來看，很明顯地不是每一種最後都能輕易進行測量。在某些例子中，它們看起來比較像願望，而不是目標。

　　另一方面，有些成果可說令人讚歎。有些最基本的目標進展特別出眾：貧窮和饑餓減少，兒童死亡率和提供基本教育方面的進展，以及疾病治療。越來越少人死去，越來越少人活在飢餓貧窮中，疾病的擴散得以逆轉：感覺起來情況正在好轉。

## 生活品質：人類發展指數

丹麥人付的稅非常高，卻因此享有許多美國人都無法想像的生活品質。

——伯尼‧桑德斯（Bernie Sanders）

　　1990 年，經濟學家赫布卜‧烏‧哈格（Mahbub ul Haq）與

諾貝爾獎得主阿馬蒂亞·森（Amartya Sen）共同設計並發表了人類發展指數（Human Development Index，HDI），這是一個由聯合國所支持的人類發展（不然呢）度量衡，其目標是將發展的度量衡重新聚焦，好專注於以人為本的政策。

人類發展指數結合了三要素：預期壽命、教育和收入。換言之，這是以一個數字來回答「在這個或那個國家裡，平均而言人民是否享有長壽、良好的教育和收入？」

在目前定義下，一個國家若有 85 歲的預期壽命、全人口平均受 15 年教育、就學者有 18 年的預期教育時間，且人均收入一年有 75000 美元的話，就可達到完美分數。

人類發展指數是根據平均值，而平均值有可能會因為資料集的偏態而產生誤導。為此，2010 年發表了人類發展指數的一種變體，即不均修正的人類發展指數（Inequality-Adjusted HDI，IHDI），來納入每個國家的不均效應。人類發展指數可當作是測量每個國家邁向好生活的潛能，而不均修正的人類發展指數則是藉由「處罰」健康、教育和收入上的不均，來測量國家的成果。

挪威穩健地在人類發展指數（和不均修正的人類發展指數）排行表上列居首位。該國 2015 年的人類發展指數預期為0.949。兩項排行表的榜尾都是中非共和國。以下是其他國家與這兩國相比的情況：

| 國家 | HDI | IHDI |
|------|------|------|
| 挪威 | 0.949 | 0.898 |
| 澳洲 | 0.939 | 0.861 |
| 丹麥 | 0.925 | 0.858 |
| 德國 | 0.926 | 0.859 |

| | | |
|---|---|---|
| 美國 | 0.920 | 0.796 |
| 加拿大 | 0.920 | 0.839 |
| 瑞典 | 0.913 | 0.851 |
| 英國 | 0.909 | 0.836 |
| 日本 | 0.903 | 0.791 |
| 波蘭 | 0.855 | 0.774 |
| 巴西 | 0.754 | 0.561 |
| 中國 | 0.738 | 0.543[7] |
| 泰國 | 0.740 | 0.586 |
| 全球 | 0.717 | N/A |
| 南非 | 0.666 | 0.435 |
| 印度 | 0.624 | 0.454 |
| 奈及利亞 | 0.527 | 0.328 |
| 中非共和國 | 0.352 | 0.199 |

[7] 2012 年數字。

　　儘管這些測量值可以被批評，但 HDI 與 IHDI 還是代表了人們認真嘗試過且至少測量了一些多數人同意能邁向「美好生活」的事物。

　　在本指數的 2015 年版本中，很不可思議地，在 188 個國家中只有 13 個的人類發展指數，從前一年的數字下掉。另外，有 11 個國家的指數維持恆定。至於剩下的 164 個國家的指數都記為增加。

　　我們可以用「進步」這個詞嗎？這不是近來流行的用語，但我（帶有一些保留地）認為這像是有進步。長久以來，人們老是重提「過去的日子」，覺得過去總是比現在還要好。模糊的記憶中總是潛藏著一個黃金時代。這些數字可以用來反對那

種觀點。儘管世上還是有許多不對的事，但我覺得這些數字是
足以樂觀的因素。

## 生活品質：幸福指數

這是一個簡單到會讓你突然愣住的概念：評估生活品質的
方式，就是去問人們覺得有多幸福。這感覺起來幼稚天真，然
而我們知道，幸福不只是合乎所謂更客觀的生活情況數值而已。

所以在 2011 年時，聯合國展開了一套資料蒐集流程，
而在 2012 年完成了第一份世界幸福度報告（World Happiness
Report）。報告選了六個解釋因素，來評估世界各地的幸福分數：

- 人均國內生產總值
- 社會救助
- 預期健康壽命
- 人生抉擇的自由
- 慷慨程度
- 互信程度

此外，還有一個「殘差的」或者未經解釋的因素，反映的
是不能被那六個解釋因素所考慮的幸福分數——一個也促成了
國家幸福度的 X 因素。

以下是我們採樣的國家排名：

| 國家 | 幸福指數 | 未經解釋 |
| --- | --- | --- |
| 挪威 | 7.54 | 2.28 |
| 丹麥 | 7.52 | 2.31 |

| | | |
|---|---|---|
| 加拿大 | 7.32 | 2.19 |
| 澳洲 | 7.28 | 2.07 |
| 瑞典 | 7.28 | 2.10 |
| 美國 | 6.99 | 2.22 |
| 德國 | 6.95 | 2.02 |
| 英國 | 6.71 | 1.70 |
| 巴西 | 6.64 | 2.77 |
| 泰國 | 6.42 | 2.04 |
| 波蘭 | 5.97 | 1.80 |
| 日本 | 5.92 | 1.36 |
| 中國 | 5.27 | 1.77 |
| 奈及利亞 | 5.07 | 2.37 |
| 南非 | 4.83 | 1.51 |
| 印度 | 4.32 | 1.52 |
| 中非共和國 | 2.69 | 2.07 |

又一次地，挪威拔得頭籌，他們應該有推動一些正確的行動。而又一次地，中非共和國敬陪末座。未經解釋的欄位有些耐人尋味。南非和日本比預期中來得更陰鬱（至少在看了六個解釋因素後仍如此）。而巴西和奈及利亞則是在未經解釋的欄位中得到最高分，可見這些地方的人比他們條件下所見的幸福還更幸福。

**生活的標準**

- 澳門的人均 GDP（11萬美元）和**阿拉伯聯合大公國**的人均 GDP（109000美元）大略相等
- **紐西蘭**的人均 GDP（37500美元）和**格陵蘭**的人均 GDP（37600美元）大略相等
- **捷克共和國**的人均 GDP（31750美元）是**盧安達**人均 GDP（1575美元）的 20 倍
- **挪威**的人均 GDP（67800美元）是**玻利維亞**人均 GDP（6800美元）的 10 倍
- **孟加拉**的收入基尼係數（不均程度）（32.1）和**加拿大**的基尼係數（32.1）完全一樣
- **愛爾蘭**的人類發展指數（0.923）和**冰島**的人類發展指數（0.921）幾乎一樣
- **澳洲**的幸福指數（7.284）和**瑞典**的幸福指數（7.284）完全一樣

# 總結
## *數字仍然算數*

我的大命題是，儘管世界看起來混亂無序，但如果你把它轉譯成數字和形狀的世界，模式便會浮現，接著你就能瞭解為何事情物會是它們這般模樣。

——馬庫斯・杜・索托伊（Marcus du Sautoy）[1]

[1] 譯注：英國數學家、科普專家，主要領域為群論和數論。

---

**下列何者為真？**

☐ 末日近了

☐ 過去的日子比較好

☐ 船到橋頭自然直

☐ 我們會走向陽光燦爛的高地 [2]

[2] 譯注：英國首相邱吉爾 1940 年面對納粹德國進逼時所發表之演說內容。

---

這一題本書沒有答案。


## 數字很自然

　　數字和我們對數字的感覺，自然而然就會從世界與我們的生活中產生。當第一批人開始瞭解、描述並掌控自己的生活與世界時，他們就開始使用數字。後來證明，數字不只對組織社

會來說至關重要，在打造我們這個複雜而令人困惑、但也美好到驚人的世界時也不可或缺。數字這把鑰匙能解開我們對自然的理解，並讓我們能駕馭物理、化學、生物等科學潛在力量。數字讓智人這種中等的猿類成為這行星上壓倒性的存在，而且還讓他們形成了單一個全球社群，有著可能在宇宙中獨一無二的集體知識與判斷力。

然而，數字近來似乎逃出了我們的掌心。能夠獲得的資訊永遠比我們能領略的還要多。大數據填飽了那些咀嚼數字的演算法，那些演算法又在無形中塑造了我們的生活。我們是不是該擔憂？為什麼我們還是得為了數字而煩惱？識數還是要緊的事嗎？

## 不能叫電腦去處理這堆數字的事嗎？

幾十年來，電腦都在處理例行的簿記工作，但我們還是會雇用會計。幾十年來，電腦替工程師、建築師、保險精算師，以及所有識數的專業工作做了困難的算數活。五十年前還是工程師必備工具的計算尺，現在已是古董。然而那些專業工作並沒有消失。電腦只是一種工具，隨著這工具越來越強大，它開始更像個夥伴了。

今日世界中，你會在哪裡找到最強的棋士？不不，不是電腦——這麼說吧，不只是電腦而已。確實，IBM 的深藍（Deep Blue）於 1997 年打敗了加里·卡斯帕洛夫（Garry Kasparov）。不過在挫敗之後，卡斯帕洛夫對於他失敗的意義做了深刻的思考。他想到，人類和電腦是以非常不同的方式在面對棋賽，而他便從這番洞見中想到了進階西洋棋（Advanced Chess，也稱為自由棋〔Freestyle Chess〕），要由人類和電腦共同組成「隊伍」來競賽。這些有時會由多人加多台電腦組成的隊伍，就是現在

世界上最強的西洋棋「選手」。

這就提示了人和機械的一種可能的調和方式：合作，而非競爭。而且在這種相互協力中，人類能起的作用，就是使用我們的數感來把抽象數字連結到實作的現實中。

## 鑽研數字的專家還不夠讓我們失望嗎？

在英國脫歐前的討論中，麥可・戈夫（Michael Gove，時任英國司法大臣）主張：「我們已經受夠了專家。」這段話應該會讓你愣住。一名資深大臣這麼輕率地忽視身邊那些最有見識的意見，實在難以令人接受。他可不敢反駁水電工或外科醫生的專業吧。

但我可以瞭解他的論點為什麼會引起共鳴。過去識數專家很少絕對正確。有太多領域中，我們看到專家公然提出異議，最明顯的或許是經濟和醫學這兩塊。但科學是透過辯論而進展，甚至透過失敗而進展。那就是它的力量：那是一個自我療癒的系統。如此我們穩定且不為所動地逐步演進，漸漸對真實有更多、更正確的瞭解。忽視專業知識就是誤解專業，這不僅無知，還不負責任，更透露出自己不明白知識是如何取得的。

## 但專家連下定決心都沒辦法！

使用資料不足造成的失誤，遠不及那些完全不使用資料所造成的錯誤。
——查爾斯・巴貝吉（Charles Babbage）[3]

不要因為缺乏精準度或確切性而排斥數字。一個數字不精準不代表它就沒有價值。經濟學這類學門的專家永遠沒辦法做出精準預測——畢竟，他們的主題是人類的行為。但就算數字

3 譯注：19世紀英國數學家、發明家兼機械工程師，被視為電腦研究的先驅。

含糊，通常還是能提出充分的基礎，讓人做出踏實的抉擇。若想做出正確的決定，無論是知道某些政策的結果並不確定，甚至去測量那個不確定性，都是缺一不可的事。擁有識數能力，某部分來說就是指能以批判觀點對付不確定要素，以此對該在何處投以信賴做出較好的判斷，並知道何時要格外仔細或嚴加調查。

務必要盡可能對專家說法有所懷疑，但不要置之不理——要應用**交叉比對**來測試。質問列出來的數字合不合理。透過識數能力，把自己放到一個能看出論點強弱的位置。你可以開發自己的專門技術：一種揭穿郎中騙局已綽綽有餘的專門技術。「但你又不能保證……」永遠不是一個強到可以忽視專家意見的論點。

## 但你們可以用數字證明一切，不是嗎？

用統計學騙人很容易；然而，不用統計學騙人更容易。

——菲德里克・莫斯提勒（Frederick Mosteller）[4]

[4]　譯注：美國統計學家，被認為是 20 世紀最偉大的統計學家。

不完全是：數字確實可以支撐差勁論點，但對於更識數的人來說真的就有得吵了。真實世界的數字會形成一個相連網路，並在許多地方聯繫上現實。在這網路上追尋蛛絲馬跡，直到你找到一個可以獨立證明為真的數字，而且你有可能會找到不一致之處。我們越是識數，就越有機會發現騙局和錯誤。

### 五種技法

我們要如何揭穿數字騙局呢？可以交叉比對，檢查合理性並尋找不一致處。可以問：「以我已知的數字來看，那是個大數字嗎？」行筆至此，你已經擁有可以這麼做的技巧：

- 少數幾個挑選得當的**地標數字**，能提供一把建立脈絡所需的量尺。
- **視覺化**能幫助你形成一個數字合理與否的觀點。
- **分而治之**讓你能剖開複雜狀況，並把問題簡化為更簡單的形式。
- 使用**比率和比**可以把大數字簡化為你個人舒適圈內的**人類尺度**等價數字。
- **對數尺度**讓你能在規模差異極大的數字間做出有意義的比對。

## 知識就是力量

用統計學騙人很容易。不用統計學講真話很難。

　　　　　——安德烈・丹克爾斯（Andrejs Dunkels，拉脫維亞數學家）

　　透過網際網路，我們現在能獲得的資訊之多，是我們父母輩想像不來的。如果沒有網路，本書也無法下筆：書裡的東西沒有多少是 Google 查不到的。人們或許已不再有知道事實的需求，因為網際網路已成為一種隨時存在的資源：我們大腦的延伸。維基百科會替我們做記憶的工作，不是嗎？

　　不是。我們還沒走到那一步，而我主張永遠不要走到那一步。知道一件事，是讓一件事立即在你腦中可被使用，不是只當成一個事實，而是被嵌入一個意義和關聯的脈絡中。就算你的知識不完美且不精準，或者你擁有的只有對重要數字規模的模糊印象，那通常也已給你足夠的力量來高喊抓賊。直到現在，人腦在不同知識間產生連結並合成新知識的能力依舊無與倫比。

　　如今的生活更為複雜，因為數字的量變得更大，而且數字個數也越來越多。人們對此可能作出的回應是，讓自己麻木到

舒適自在。如果我們這麼做，就是向無力感投降。真理成了一種貶值貨幣，這讓我們隨波逐流，對隨便哪個花言巧語的販子膜拜祈禱。

或者，我們可以選擇奮力一搏，並試圖瞭解事物，使用數字來獲取瞭解事物的信心，並為我們的信念和價值提供支柱。

## 生活雜亂無序。但生活美好無比

我們沒有一人知道沉睡於群眾精神中的所有潛能，也不知道當事物有了正確的互動時，群眾會有多少種方式來令我們大吃一驚。

——瓦茨拉夫・哈維爾（Vaclav Havel）[5]

5 譯注：捷克作家、劇作家、政治異議份子；捷克民主化之後曾出任總統。

在本書引言中，我描述了回憶中的水域景像。水面混亂無序地移動著，很難看出整團水往何處去。我拿這來比喻人們試圖瞭解世上事物會變好還是變差時所面臨的處境。

事實上，對於水會往哪移動，我可是毫不懷疑的。除去一些例外，它正往對的方向流動。我們可能會遇上多事之秋，但我們曾經擁有不錯的時代，也正經歷一段不錯的時代。人們活得更久了。人們過得更健康了。人們得到更好的教育了。千禧年發展目標儘管仍有不完美之處、該受合理批判，但還是證明事情正在改變，而且許多事情正在好轉。當你觀察人類發展指數時，也可以看到同樣的趨勢。

若能在歷史上挑一段時間度過一生，你會想在 1817 年、1917 年、1967 年還是 2017 年身為一個 20 歲的人呢？毫無疑問地，是現在。雖然自 1960 年代以來的五十年，有比更之前幾十年的社會科技進展所帶來的自由，而成為一段刺激到不尋常的時代，但在我們面前的機會是更豐富的。科技能為人類創造力和成就開拓的選擇，真是難以想像：接下來的五十年會是一場

奇妙的旅程。雖然未知而令人畏懼，但也很刺激。

　　我們近年看到了人類生活條件的進步，而那背後有什麼呢？就是科學，那代表減少疾病、食物生產與保存方式的改善，以及通訊和教育的進步。「進步」（progress）這個詞已經褪流行。我們已被灌輸「科學製造的難題比解決的多」這類台詞，但那並不正確。事實上，正有空前數量的人口，他們的生活品質被提升到前所未有的高度。

　　但就算進步的漲潮能把每個人都抬高一點點，進步的好處卻非人人均享。這就限制了數十億人的潛力。這是創造力、人力和生命的浪費。令我們羞愧的是，許多人仍在非人的條件下生存，但這樣的人數已比去年少（而明年還會更少）。如果我們會（也應該要）為了世界分配的不公、為了我們對自然世界造成的毀滅、為了仍在延燒的戰火感到羞愧，我們其實也要為了現在過著健康有意義生活的數十億人感到驕傲，而那樣的生活有無可質疑的價值。

　　我們對於環境已造成不可逆轉的損害，如地球上的氣候、資源、動物數量等。若要談長期潛在的結果和代價，沒有什麼能跟這個相比。我們不可能全身而退，也不可能把糟糕的毀壞痕跡全都拋諸腦後。但我們會活下來嗎？是的，我們會活下來。是誰會讓人活下去？是那些擁有一套與現實連結且清晰一致的世界觀的人。那些人能看出深處的水如何流動，同時能忽視上頭漂浮的白沫水泡。他們即這世上的識數公民。

　　人類歷史充滿了恐懼和驚歎。我們犯下了惡行，也有過輝煌的成就。但最重要的是，我們有所進步。我們在過往之上繼續累積。我們寫下人性的故事。我們並不一定會徹底從過去的錯誤中學習，但大致來說情況有在好轉。整體而言，數十億人的正面貢獻還是比負面影響來得更有分量。

　　我們並非以和緩而不受阻礙的步伐，朝著一個正面、可預

測、詳細安排好的大一統未來邁進。生命依舊混亂無序且令人困惑。但活在今日的七十幾億人中，每一個人都有產生貢獻的潛力。每個生下來的孩子都帶來未來的希望。以健康良好的狀態多活的每一年，都是一個寫下人類歷史新篇章的機會。

　　生命是美好的。好好把握。

你是否願意知道……

- 泰晤士河的長度（386公里）是蘇伊士運河長度（193.3公里）的2倍
- 尼安德塔人最古老化石的年份（距今35萬年）是最古老洞窟壁畫年份（距今3.5萬年）的10倍
- 全世界冠海豹的估計數量（662000）是斯瓦爾巴群島（Svalbard）人口（2640）的250倍
- 土星環的直徑（282000公里）是木星直徑（140000公里）的2倍
- 灣流G650商用噴射機的質量（45400公斤）是一台大平臺鋼琴質量（450公斤）的100倍
- 空中巴士A380的全長（72.7公尺）是足球球門寬度（7.32公尺）的10倍
- 加拿大橫貫公路（7820公里）是美國66號公路從芝加哥到洛杉磯總長（3940公里）的2倍
- 曼哈頓島的長度（21.6公里）是一張信用卡的短邊長度（54公釐）的40萬倍

# 書末

## 引言

---

**哪一個數字最大？**

☐ （2016 年為止）生產的波音 747 數量：1520

☐ 福克蘭群島的人口：2840

☐ 一茶匙裡的砂糖顆粒數：4000

☑ （2015 年時）環繞地球的人造衛星數量：4080

---

網頁連結：http://IsThatABigNumber.com/link/q-intro

### 參考書目

Dehaene, Stanislas, *The Number Sense: How the Mind Creates Mathematics*. Oxford University Press, 1997 (revised and updated edition, 2011)

### 值得一逛的網頁連結[1]

卡爾・薩根解釋埃拉托斯特尼怎麼計算世界的大小

　　http://IsThatABigNumber.com/link/b-intro-sagan

[1] 所有在「書末」這一節的連結都可以從 http://IsThatABigNumber.com/link/book 前往。

塞繆爾・皮普斯開始寫日記

http://IsThatABigNumber.com/link/b-intro-pepys

## 什麼算數？

---

下列哪個最多？

☐ 世界上的航空母艦數：167 艘

☑ **紐約的摩天大樓數：250 棟**

☐ 蘇門答臘犀牛的估計頭數：100 頭

☐ 人體內的骨頭數：206

---

網頁連結： http://IsThatABigNumber.com/link/q-count

### 參考書目

Feynman, Richard, *What Do You Care What Other People Think*? W.W. Norton, 1988

### 值得一逛的網頁連結

國普查局人口鐘

http://IsThatABigNumber.com/link/b-count-census

費曼的思考

http://IsThatABigNumber.com/link/b-count-feynman

國際海洋探測委員會（International Council for Exploration of the Seas）關於數海洋魚數的文章

http://IsThatABigNumber.com/link/b-count-fish1

魚類生物質量估計

http://IsThatABigNumber.com/link/b-count-fish3

cognitivefun.net 的線上小數速算測驗

　　http://IsThatABigNumber.com/link/b-count-sub1

衛報上關於自閉症學者丹尼爾‧譚米特（Daniel Tammet）的文

　　章 http://IsThatABigNumber.com/link/b-count-tammet

## 世界上的數字

下列哪個的重量最小？

☐ 中等大小的鳳梨：900 公克

☐ 普通的一對男用皮鞋：860 公克

☑ 一杯咖啡（包括杯子）：765 克

☐ 一瓶香檳：1.6 公斤

網頁連結： http://IsThatABigNumber.com/link/q-numeracy

### 值得一逛的網頁連結

Podcast 廣播《99% Invisible》：東門廊的兩種命運

　　http://IsThatABigNumber.com/link/b-numeracy-99pi

ResearchGate：倫敦聖保羅座堂的一些音響特性

　　http://IsThatABigNumber.com/link/b-numeracy-StPauls

## 關於尺寸

下列哪個最長？

☐ 一台倫敦巴士：11.23 公尺

☐ 暴龍的估計身長：12.3 公尺

☑ 袋鼠可以跳躍的距離：13.5 公尺

☐ 《星際大戰》的一架 T-65 X 翼戰機：12.5 公尺

---

網頁連結： http://IsThatABigNumber.com/link/q-length

## 值得一逛的網頁連結

阿茲提克的人類單位

　　http://IsThatABigNumber.com/link/b-measure-aztec

凱文 F 打造樂高帝國大廈的計畫

　　http://IsThatABigNumber.com/link/b-measure-legoesb

樂高小人偶的所有尺寸資料

　　http://IsThatABigNumber.com/link/b-measure-legoscale

斯巴達拉松比賽

　　http://IsThatABigNumber.com/link/b-measure-spartathon

# 光陰流逝

---

下列哪一個時間最長？

☑ 開花植物出現至今：1.25 億年

☐ 最早的靈長類出現至今：7500 萬年

☐ 恐龍滅絕至今：6600 萬年

☐ 最古猛瑪象化石的年份：480 萬年

---

網頁連結： http://IsThatABigNumber.com/link/q-time

## 參考書目

Hofstadter, Douglas, *Metamagical Themas*. Basic Books, 1985

Schofield & Sims, *World History Timeline* [Wall Chart]. Schofield & Sims, 2016

**值得一逛的網頁連結**

關於安提基特拉機械的文章

　　http://IsThatABigNumber.com/link/b-time-antikythera

Swatch 使用 .beats 的網路時間

　　http://IsThatABigNumber.com/link/b-time-beats

## 多維測量

以下哪個體積最小？

☑ （美國）佩克堡水壩的水量：23 立方公里

☐ 日內瓦湖的水量：89 立方公里

☐ （委內瑞拉）古里水壩的水量：135 立方公里

☐ （土耳其）阿塔土克水壩的水量：48.7 立方公里

網頁連結：http://IsThatABigNumber.com/link/q-volume

**參考書目**

Klein, H. Arthur, *The World of Measurements*. Simon & Schuster, 1974

**值得一逛的網頁連結**

NewGeography.com 關於城市人口密度的文章

　　http://IsThatABigNumber.com/link/b-area-urban

石油儲備的討論

http://IsThatABigNumber.com/link/b-volume-oilreserves

英國石油關於油輪的文章

http://IsThatABigNumber.com/link/b-volume-oiltanker

關於雨量的數字集

http://IsThatABigNumber.com/link/b-volume-rain

## 重量的數字

---

下列哪一個的質量最大？

☑ 一台空中巴士 A380（最大起飛重量）：575000 公斤

☐ 自由女神像：201400 公斤

☐ 一台 M1 艾布蘭（M1 Abrams）戰車：62000 公斤

☐ 國際太空站：420000 公斤

---

網頁連結：http://IsThatABigNumber.com/link/q-mass

### 值得一逛的網頁連結

關於柯帝斯地獄俯衝者飛機的文章

http://IsThatABigNumber.com/link/b-mass-curtiss

Live Science 關於雪巴人的文章

http://IsThatABigNumber.com/link/b-mass-sherpa

National Physical Laboratory 關於秤重的文章

http://IsThatABigNumber.com/link/b-mass-weighing

# 已達全速

下列哪個最快？

☐ 人力飛行機的最高速：每小時 44.3 公里

☑ 長頸鹿的最高速：每小時 52 公里

☐ 人力船的最高速：每小時 34.3 公里

☐ 大白鯊的最高速：每小時 40 公里

網頁連結：http://IsThatABigNumber.com/link/q-speed

## 值得一逛的網頁連結

Brit Lab 影片：掉下來的一便士殺不殺得了你？

http://IsThatABigNumber.com/link/b-speed-penny

# 中場休息

## 值得一逛的網頁連結

音量的危險程度

http://IsThatABigNumber.com/link/b-logs-decibels

音符的頻率

http://IsThatABigNumber.com/link/b-logs-keyboard

維基學院關於摩爾定律和英特爾處理器的文章

http://IsThatABigNumber.comlink/b-logs-moore1

摩爾定律的數據

http://IsThatABigNumber.com/link/b-logs-moore2

英國國家統計局死亡率表

http://IsThatABigNumber.com/link/b-logs-mortality

線上模擬計算尺

http://IsThatABigNumber.com/link/b-logs-sliderule

# 蒼天在上

---

下列哪個最大？

☐ 一天文單位：4960 萬公里

☐ 太陽到海王星的距離：450 萬公里

☐ 地球繞太陽軌道的（周長）長度：9.4 億公里

☑ 哈雷彗星離太陽最遠（遠日點）的距離：52.5 億公里

---

網頁連結：http://IsThatABigNumber.com/link/q-astro

### 值得一逛的網頁連結

十的力量：用對數尺度邏輯來展現宇宙大小的影片

http://IsThatABigNumber.com/link/b-astro-universe

卡文迪什測量世界重量的實驗

http://IsThatABigNumber.com/link/b-astro-cavendish

SkyMarvels：展現地球與月球繞著質心舞動的影片

http://IsThatABigNumber.com/link/b-astro-barycentre

# 整堆能量

---

下列何者最大？

☐ 代謝 1 克脂肪釋放的能量：38 千焦

☑ 擊中地球的隕石中 1 克所含之能量：500 千焦

☐ 燃燒 1 克汽油釋放的能量：45 千焦

☐ 引爆 1 克 TNT 炸藥釋放的能量：4.2 千焦

---

網頁連結： http://IsThatABigNumber.com/link/q-energy

## 值得一逛的網頁連結

能量密度表

　　http://IsThatABigNumber.com/link/b-energy-density

給鐵匠的鋼材發光顏色指南

　　http://IsThatABigNumber.com/link/b-energy-glow

自燃溫度

　　http://IsThatABigNumber.com/link/b-energy-ignite

Our World In Data 的能源生產指南

　　http://IsThatABigNumber.com/link/b-energy-production

Sandia 的太陽能潛力分析

　　http://IsThatABigNumber.com/link/b-energy-solar2

全球能量耗用

　　http://IsThatABigNumber.com/link/b-energy-worldwide

# 位元、位元組和字

---

下列哪一個有最大的電腦記憶體？

☐ 第一台蘋果麥金塔電腦：128KB

☑ 第一台 IBM 個人電腦：最大 256KB

☐ BBC Micro B 型電腦：32KB

☐ 第一台康懋達 64（Commodore 64）電腦：64KB

網頁連結：http://IsThatABigNumber.com/link/q-info

**參考書目**

Gitt, Werner, *In the Beginning Was Information.* Master Books, 2006

**值得一逛的網頁連結**

Mashable 對 Google 算出全世界書籍總量的解釋

　　http://IsThatABigNumber.com/link/b-info-books

File Catalyst：媒體檔案大小

　　http://IsThatABigNumber.com/link/b-info-media

美國國家安全局的數據中心持有多少數據？

　　http://IsThatABigNumber.com/link/b-info-nsa-data

Zachary Booth Simpson：古騰堡計畫的辭彙分析

　　http://IsThatABigNumber.com/link/b-info-vocab

Commonplacebook.com：知名小說的字數

　　http://IsThatABigNumber.com/link/b-info-words

# 讓我細數端詳

下列哪一個是最大的數字？

☑ 德州撲克（發下 2 張）起手牌的可能牌組：1326

☐ 旅行推銷員造訪 6 個城鎮（並回家）的方法：360

☐ 以二進位寫出一個古格爾（googol）所用到的位數：333

☐ 讓 6 個人繞著桌子坐的排列法：120

網頁連結：http://IsThatABigNumber.com/link/q-maths

**值得一逛的網頁連結**

Wait But Why：企圖解釋葛立恆數的一個非常好的嘗試

    http://IsThatABigNumber.com/link/b-math-grahams

Optimap 網站會解決結點數量較小的旅行推銷員難題

    http://IsThatABigNumber.com/link/b-math-tsp

Numberphile（一個非常有價值的 YouTube 站）介紹無限

    http://IsThatABigNumber.com/link/b-math-infinity

# 百萬大富翁

---

下列哪個最大？

☐ 阿波羅登月計畫的成本（以 2016 年美金價值計）：1460 億美元

☑ 科威特 2016 年的國內生產毛額：3011 億美元

☐ 蘋果公司 2016 年的營業額：2156 億美元

☐ 俄羅斯的黃金儲備值（2016 年 7 月）：647 億美元

---

網頁連結：http://IsThatABigNumber.com/link/q-money

**參考書目**

CIA, World Factbook. US Directorate of Intelligence, 2017

**值得一逛的網頁連結**

經濟合作暨發展組織經濟數據

    http://IsThatABigNumber.com/link/b-money-oecd

各國研發支出

    http://IsThatABigNumber.com/link/b-money-rnd

英格蘭銀行：英國通貨膨脹計算器

    http://IsThatABigNumber.com/link/b-money-uk-inflation1

美國財政部：美國國債統計

    http://IsThatABigNumber.com/link/b-money-us-debt-stats

美國通貨膨脹計算器

    http://IsThatABigNumber.com/link/b-money-us-inflation

# 每個人都算數

下列哪一個數字最大？

☐ 重慶人口數：819 萬

☑ 澳洲人口數：871 萬

☐ 藍麂羚的全球估計頭數：700 萬

☐ 保加利亞人口數：714 萬

網頁連結 http://IsThatABigNumber.com/link/q-pop

## 參考書目

Brunner, John, *Stand on Zanziba*r. Doubleday, 1968

## 值得一逛的網頁連結

Index Mundi：不同時期之受保護區域

    http://IsThatABigNumber.com/link/b-population-indexmundi

世界人口歷史：以地圖呈現

    http://IsThatABigNumber.com/link/b-population-map

聯合國：世界人口展望報告

    http://IsThatABigNumber.com/link/b-population-un

世界銀行：受保護區域地圖

　　http://IsThatABigNumber.com/link/b-population-worldbank

The Millions：關於約翰・布魯納《立於尚吉巴》之論文

　　http://IsThatABigNumber.com/link/b-population-zanzibar

# 量量我們怎麼過活

---

下列哪個國家在幸福指數上分數最高？

☐ 英國：6.714

☐ 加拿大：7.316

☐ 哥斯大黎加：7.079

☑ 冰島：7.504

---

　　網頁連結：http://IsThatABigNumber.com/link/q-quality

## 參考書目

United Nations, *Millennium Development Goals Report*. United Nations, 2015　Helliwell, J., Layard, R. & Sachs, J., World Happiness Report 2016, Update (Vol. I).　Sustainable Development Solutions Network, 2016

## 值得一逛的網頁連結

索普公園的無影飛車行程

　　http://IsThatABigNumber.com/link/b-quality-stealth

傑出的網站「Our World In Data」討論不均現象

　　http://IsThatABigNumber.com/link/b-quality-owid

# 總結

下列何者為真？

☐ 末日近了

☐ 過去那段日子比較好

☐ 船到橋頭自然直

☐ 我們會走向陽光燦爛的高地

這一題你得自己決定答案。

## 有用的數字來源

Our World In Data

http://IsThatABigNumber.com/link/b-summary-owid

CIA Factbook 中情局《世界概況》

http://IsThatABigNumber.com/link/b-summary-cia

Gapminder

http://IsThatABigNumber.com/link/b-summary-gm

世界銀行

http://IsThatABigNumber.com/link/b-summary-wb

OECD 經濟合作暨發展組織

http://IsThatABigNumber.com/link/b-summary-oecd

ONS 英國國家統計局

http://IsThatABigNumber.com/link/b-summary-ons

XKCD

http://IsThatABigNumber.com/link/b-summary-xkcd

# 致謝

要感謝每一位動筆過程中鼓勵我的人。最特別是要感謝我太太，貝芙莉‧摩斯─莫里斯，沒有她的鼓勵和支援，我可能早因各種理由而放棄動筆了。

感謝我的兒子從小就挑戰我的思維，讓我思考保持銳利，（也希望我有）保持誠實。

感謝我的姐姐，蘿絲‧馬林納里克，這位隱形的編輯助手以銳利的眼光和判斷力，在將草稿錘鍊成形時幫了太多忙。

感謝我的經紀人，亞泰勒斯版權經紀公司的雷絲利‧賈德納，她認定了一本講數字的書可能會有讀者，而為這本書找上了適合的出版社。

感謝牛津大學出版社的每一位，特別是丹‧泰柏對本計畫的信心。也要感謝所有參與定稿編輯與籌備的人，尤其要感謝麥克‧克拉克，在要緊時給予協力。也要謝謝 SPi Global 的英國專案經理麗莎‧伊頓，在面對沒經驗的作者時展現的十足耐心。

感謝我所有的朋友，特別是馬克‧克洛波和艾莉卡‧克洛波始終不變的友情和對這個計畫的熱情，以及他們對我的信心。感謝多年來耐心聽我討論自己這份古怪熱情的每個人。

這本書裡有太多事實和數字，如果我都沒忽略掉一些錯誤的話，那反而太不可思議了。當然，若有那樣的錯誤，一概由我負責。不過，我想對任何一位發現數字相關錯誤的人說：「幹得好，你的識數技巧練得真不錯！」

安德魯‧C‧A‧艾略特
於佩珀哈羅
2018 年 2 月

ALPHA 45

# 數字公民：

## 如何打造你的識數世界觀，輕鬆成為現代公民！

*Is That a Big Number?*

| | |
|---|---|
| 作　　　著 | 安德魯・C・A・艾略特（Andrew C. A. Elliott） |
| 譯　　　者 | 唐澄暐 |
| 總　編　輯 | 富　察 |
| 副 總 編 輯 | 成怡夏 |
| 執 行 編 輯 | 成怡夏 |
| 行 銷 企 劃 | 蔡慧華 |
| 封 面 設 計 | 廖　韡 |
| 內 頁 排 版 | 宸遠彩藝 |

| | |
|---|---|
| 社　　　長 | 郭重興 |
| 發 行 人 暨 出 版 總 監 | 曾大福 |
| 出　　　版 | 八旗文化／遠足文化事業股份有限公司 |
| 發　　　行 | 遠足文化事業股份有限公司 |
| | 231 新北市新店區民權路 108 之 2 號 9 樓 |
| | 電話　02-22181417 |
| | 傳真　02-86611891 |
| | 客服專線　0800-221029 |

| | |
|---|---|
| 法 律 顧 問 | 華洋法律事務所 蘇文生律師 |
| 印　　　刷 | 成陽印刷股份有限公司 |

| | |
|---|---|
| 初 版 一 刷 | 2020 年 7 月 |
| 定　　　價 | 500 元 |

國家圖書館出版品預行編目 (CIP) 資料

數字公民：如何打造你的識數世界觀，輕鬆成
為現代公民 / 安德魯 .C.A. 艾略特 (Andrew C.A.
Elliott) 作；唐澄暐譯 . -- 初版 . -- 新北市：八旗
文化出版：遠足文化發行，2020.07
　　面；　公分 . -- (Alpha；45)
譯自：Is that a big number?
ISBN 978-986-5524-17-3( 平裝 )

1. 社會科學　2. 數字　3. 量化研究

501.2　　　　　　　　　　　109008777